# TINTO

## Handreichungen für den Unterricht

von
Dr. Rüdiger Urbanek
Linda Anders
Vanessa Bollenberg
Ursula Brinkmann
Nele Granseyer
Gabriele Müller
in Zusammenarbeit mit
der Redaktion Grundschule

illustriert von
Eva Czerwenka und
Isabelle Metzen

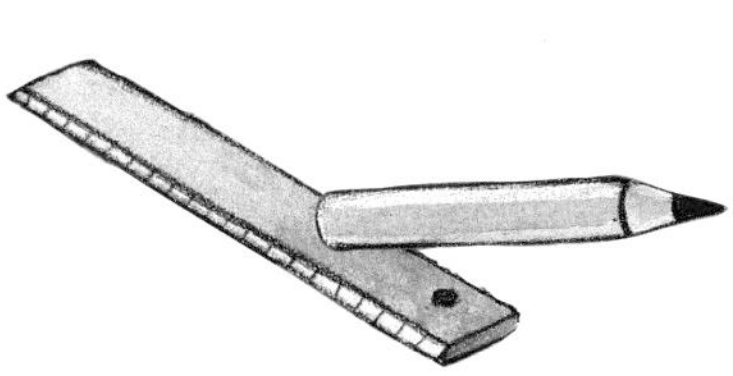

Cornelsen

TINTO

# Handreichungen für den Unterricht

von Dr. Rüdiger Urbanek,
Linda Anders, Vanessa Bollenberg, Ursula Brinkmann, Nele Granseyer, Gabriele Müller
in Zusammenarbeit mit der Redaktion Grundschule

Projektleitung: Imke Pelz

Redaktion: der springende punkt/Eva Hauck

Illustrationen: Eva Czerwenka und Isabelle Metzen

Umschlagillustration: Eva Czerwenka

Umschlaggestaltung: tritopp, Berlin

Layout und technische Umsetzung: krauß-verlagsservice, Ederheim/Hürnheim

**www.cornelsen.de**

1. Auflage, 1. Druck 2018



Druck: H. Heenemann, Berlin

ISBN: 978-3-06-084194-3

PEFC
PEFC/04-31-1156

**PEFC zertifiziert**
Dieses Produkt stammt aus nachhaltig bewirtschafteten Wäldern und kontrollierten Quellen.

**www.pefc.de**

# Inhaltsverzeichnis

# Vorwort

Liebe Lehrerinnen und Lehrer,

die Erfahrungen im Umgang mit Schrift können zu Beginn der ersten Klasse innerhalb einer Lerngruppe recht unterschiedlich sein, da die Heterogenität der Lernanfängerinnen und Lernanfänger in den letzten Jahren merklich zugenommen hat. Kinder mit sehr guter vorschulischer Förderung in Familie und Kindergarten sitzen neben Kindern mit erheblichen Entwicklungsrückständen; Mädchen und Jungen mit Deutsch als Zweitsprache (DAZ) bzw. sehr unterschiedlichen Herkunftssprachen müssen sich in der Bildungssprache und auch in ihrer Umgebung neu orientieren, verarbeiten oft schwere Traumata und bedürfen auch deshalb besonderer Zuwendung; Kinder mit den Förderschwerpunkten Lernen, Sprache sowie emotional-soziale, geistige bzw. körperlich-motorische Entwicklung finden sich zunehmend in den Klassen und fordern ebenfalls eine spezielle Aufmerksamkeit.

Dies sind jedoch nicht die einzigen Herausforderungen für jede verantwortungsbewusste Lehrkraft. Konzepte wie jahrgangsübergreifendes Lernen oder flexible Schuleingangsphase wurden an den Schulen eingeführt und z. T. wieder rückgängig gemacht, Eltern fordern vehementer gute Lernergebnisse ein, Lernstandsanalysen führen dazu, dass Lernergebnisse der Klassen kritisch verglichen werden; die Übergänge zwischen Kindergarten und Klasse 1 sowie zwischen Klasse 4 und der weiterführenden Schulform gelingen nicht immer reibungslos; Gymnasien, Berufsausbildung, Hochschulen, die Wirtschaft insgesamt machen auf schulische Defizite aufmerksam. Durch die stetig größer werdende Komplexität unserer Welt werden ständig neue Probleme und Aufgaben an die Schulen herangetragen. Dies führt dazu, dass die Lehrkräfte mit zunehmend mehr Anforderungen konfrontiert sind.

Die Lehrkräfte wollen all die Herausforderungen annehmen und suchen deshalb nach Materialien und Konzepten, die ihnen beim möglichst reibungslosen Schriftspracherwerb sicher helfen, die selbsterklärend, problemlos umsetzbar und erfolgversprechend sind.

All diese Entwicklungen hatten und haben Konsequenzen für die TINTO-Neubearbeitung 2018 und den neuen Materialzuschnitt, der sich (neben der weiterhin erhältlichen JÜL-Ausgabe TINTO blau und TINTO grün) an jahrgangshomogene erste Klassen richtet.

Eigentlich alle Kinder, aber vor allem die Kinder, die mit Lernschwierigkeiten kämpfen oder auch der deutschen Sprache nicht ausreichend mächtig sind, profitieren besonders von einem strukturierten, schrittweise aufeinander aufbauenden Lese- und Schreiblehrgang. Dieses Arbeiten ist mit dem neu entwickelten **TINTO-Buchstabenkurs** möglich, der sich an den den Erstlesebuchkapiteln zugeordneten Buchstabenplateaus/-gruppen orientiert. Dabei steht die Lauttabelle, das bewährte **Buchstabenhaus,** weiterhin als Einprägungshilfe sowie als Angebot zum selbstständigen Verschriften zur Verfügung und bietet so einen zusätzlichen motivierenden Anreiz.

Sprachlich und intellektuell weit entwickelte Kinder mit gut ausgebildeten phonematischen Fähigkeiten können schon eher mit einem größeren Laut- und Buchstabenbestand umgehen, sich im Buchstabenhaus orientieren, sich selbst neue Laute und Buchstaben erarbeiten, freie Texte schreiben etc. Für sie können bereits zu Beginn der ersten Klasse der überarbeitete **TINTO-Buchstabenordner** und das u. a. um aufeinander aufbauende Leseübungen erweiterte **Arbeitsheft Schreiben/Lesen** die angemessenen Herausforderungen darstellen.

Für alle Kinder bildet das neu überarbeitete **TINTO-Erstlesebuch** die Basis: Hier finden sich – neben den bewährten Kapiteleinstiegsbildern – an den Buchstabengruppen des Buchstabenkurses orientierte Texte für alle sowie darüber hinausgehende Texte zur Differenzierung.

Bevor wir Ihnen nun auf den nächsten Seiten nähere Ausführungen zur didaktischen Konzeption geben (Kapitel 1), die einzelnen Materialien genauer beschreiben (Kapitel 2), Erfahrungsberichte aus der Praxis schildern (Kapitel 3), praktische Unterrichtshinweise (Kapitel 4) und schließlich umfangreiche Tipps zum Thema Lernentwicklung beobachten und fördern (Kapitel 5) geben, möchten wir noch eine kleine Anmerkung machen:

Im Kommentartext ist in der Regel von der Lehrer*in* die Rede – wir bitten die Kollegen um Nachsicht, dass wir uns angesichts der realen Geschlechterverteilung in den Grundschulen für diese Sprachregelung entschlossen haben – auch zugunsten eines besser lesbaren Textes (statt „die Lehrerin bzw. der Lehrer").

Viel Erfolg mit TINTO in Ihrem Unterricht wünschen

und das TINTO-Team!

# Didaktische Konzeption 1

## 1.1 Das Differenzierungskonzept von TINTO

TINTO stellt unterschiedliche Materialien zur Gestaltung eines gelingenden Schriftspracherwerbs zur Verfügung (Beschreibung der Materialien: s. Kapitel 2). Die Lehrerin kann daraus ein ihrer Klasse und ihrem didaktischen und pädagogischen Verständnis entsprechendes Lernangebot individuell zusammenstellen. Folgende Konstellationen der Hauptbestandteile bieten sich an:

A

**A:** Das **Erstlesebuch** wird kombiniert mit dem **Buchstabenkurs.** Dieser ist ein klar strukturierter Lehrgang mit einer Buchstabenfolge (die Buchstabengruppen orientieren sich am Erstlesebuch) und stützt besonders Kinder, die sich mit offenen Lernangeboten eher schwertun.

B

**B:** Das **Erstlesebuch** wird kombiniert mit dem **Buchstabenkurs** und dem **Arbeitsheft Schreiben/Lesen,** das seinen Schwerpunkt auf das angeleitete und freie Schreiben und Rechtschreiben sowie auf den Sachunterricht legt. Das strukturierte Leseangebot im Arbeitsheft Schreiben/Lesen folgt dabei den Buchstabengruppen des Buchstabenkurses und des Erstlesebuches.

C

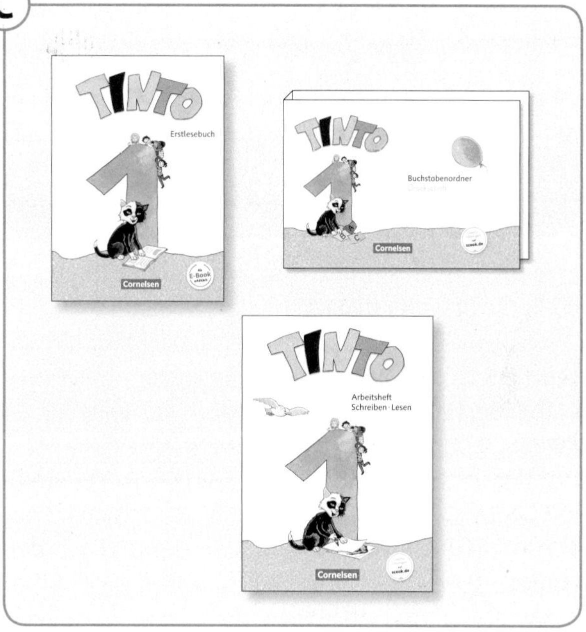


**C:** Wie B, aber statt des Buchstabenkurses wird der **Buchstabenordner** verwendet. Mit dem eher offen angelegten Ordner kann die Reihenfolge der erarbeiteten Buchstaben von der Lehrerin oder sogar vom Kind selbst individuell festgelegt werden. Ebenso ist natürlich eine Buchstabeneinführung analog zur Buchstabenfolge des Erstlesebuches (bzw. des Buchstabenkurses) möglich. Diese Materialkombination wendet sich stärker an Kinder, denen ein eher selbstständiger Zugriff auf das Lernmaterial entgegenkommt.

Möglich ist auch, in einer Klasse unterschiedliche Konzepte zu realisieren. So kann – exemplarisch dargestellt – ein Kind, das bereits lesend zur Schule kommt, nur mit dem Erstlesebuch und dem Arbeitsheft Schreiben/Lesen als thematische Basis angemessen gefördert werden. Man könnte dieses Kind – seinem Leistungsstand entsprechend – evtl. sogar zusätzlich schon mit dem **TINTO-Training: Richtig schreiben 1/2** (s. 2.8) arbeiten lassen (das wird jedoch die Ausnahme sein!). In der gleichen Klasse wird aber den meisten Kindern, die noch keinen Buchstaben kennen, mit der Kombination A oder B am besten geholfen.

Ergänzend können weitere Materialien individuell auf die Kinder abgestimmt genutzt werden, z. B. die **interaktiven Übungen** (s. 2.6) oder auch die kleinen Leseübungshefte **TINTO-Training: Richtig lesen** (s. 2.9). Bei besonderen Problemen, z. B. bei der auditiven Diskrimination, empfiehlt sich der Einsatz der **TINTO-Grundübungen** (s. 2.13) oder auf das Kind abgestimmter **Förder-Kopiervorlagen** (s. 2.12).

Die gemeinsame Basis aller aufgezeigten Vorgehensvarianten ist das **TINTO-Erstlesebuch** (s. 2.1). Auf ein besonderes Merkmal des Erstlesebuches soll hier schon eingegangen werden:

Zu jedem Kapitel gehören drei Doppelseiten, auf denen jeweils drei Texte mit unterschiedlichem Anspruchsniveau stehen.
Der jeweils linke, „leichte" Text nutzt nur eine eingeschränkte, von der Buchstabenprogression des Buchstabenkurses bestimmte Anzahl von Buchstaben. Er stellt die Basis **für alle** Kinder dar **(Niveau 1).**
Der schwarze Erweiterungstext oben auf den rechten Seiten geht etwas über den bekannten Buchstabenbestand hinaus und ist noch **für viele** lesbar **(Niveau 2).**
Der untere Tatzentext darf dagegen die ganze Breite der Buchstaben enthalten und wird sicher nur **für manche** Kinder in der Klasse genutzt werden **(Niveau 3).**
So wird das unterschiedliche Leseniveau der Kinder einer ersten Klasse berücksichtigt.
Ergänzt wird das Angebot in den Arbeitsheften (**Buchstabenkurs** und **Arbeitsheft Schreiben/Lesen**) durch dreifachdifferenzierte Aufgaben im Niveau 1–3 sowie zusätzliche Tatzenaufgaben.

In den Basistexten des Erstlesebuches sowie in den Arbeitsheften sind die **Silben** zudem in zwei Farben (schwarz/orange) dargestellt. Dies erleichtert den Leseanfängern die Durchgliederung des Wortes und damit den schwierigen Schritt der Synthese, d. h. des Verschleifens der den Buchstaben entnommenen Laute. Die so unterschiedlich dargestellten Silben unterstützen zwar das Erfassen der Wortstruktur, können aber nicht verhindern, dass das Kind z. B. das Wort „Kinder" zunächst als „Kien-deer" ausspricht (rekodiert), da es nicht wissen kann, wie die einzelnen Vokale ausgesprochen werden. (Es wählt dabei meist die geschlossene und lange Vokalvariante.)

Viele Kinder werden bei dieser für sie schwierigen Synthese durch den Einsatz der **Lautgebärden** unterstützt, die auch im Buchstabenkurs und im neuen Buchstabenordner verwendet werden. Weil die verschiedenen Gebärden fließend ineinander übergehen, hilft dies dem Kind, den Stimmstrom nach den einzelnen Lauten nicht zu unterbrechen, sondern die Laute ebenfalls fließend ineinander übergehen zu lassen.
Erst wenn ein Kind erkennt, dass die von ihm so rekodierte Vorform des Wortes gleichbedeutend sein soll mit dem ihm bekannten Wort „Kinder", findet die Erschließung der Bedeutung statt, d. h. das eigentliche Lesen (Dekodieren). Dieser Sprung ist umso schwieriger, je weiter die individuelle Aussprache des Kindes von der Norm entfernt ist, und umso leichter, je genauer seine Erwartungen im Hinblick auf das zu erlesende Wort sind (Hypothesenbildung). Solch eine Leseerwartung wird bei TINTO sowohl durch die Kapiteleingangsseiten als auch durch das zum einzelnen Text gehörende Bild gezielt erzeugt.

Ein zweites besonderes Merkmal von TINTO ist die Nutzung einer Lauttabelle, des **Buchstabenhauses** (s. 2.2). Sie unterstützt die Anbahnung der Laut-Buchstaben-Beziehung und deren Festigung. Auf sie greift das Kind zurück, wenn es mittels Abhören Wörter schreiben will. Oder wenn es ein Wort lesen möchte, das einen dem Kind noch unbekannten Buchstaben enthält.
Dabei muss die von Dr. Jürgen Reichen in den 1980er-Jahren in der Schweiz entwickelte Methode „Lesen durch Schreiben" von dem didaktischen Ansatz, wie er in TINTO gewählt wurde, sorgfältig unterschieden werden. Beim neuen TINTO läuft nicht das Schreiben dem Lesen voraus (wie bei Reichen), sondern Lesen- und Schreibenlernen sind gleichzeitig verlaufende, sorgfältig aufeinander abgestimmte Prozesse. Das lautgetreue Schreiben ist hier keine Methode, sondern es stellt einen Schritt in der Lernentwicklung dar, so wie es die Kultusministerkonferenz (KMK) in ihrer „Empfehlung zur Arbeit in der Grundschule" vom 11.06.2015 formuliert hat: *„Beim Schriftspracherwerb ist das lautorientierte Schreiben ein Entwicklungsschritt auf dem Weg zum normgerechten Schreiben. Das Kind wird ausgehend von seinen lautorientierten Verschriftungen von Anfang an systematisch an das orthografisch korrekte Schreiben herangeführt."* Die Kinder erwerben zunächst die sogenannte alphabetische Strategie, ohne die selbstständiges Schreiben nicht möglich ist. Darauf aufbauend erwerben sie weitere Strategien, die sie dann in die Lage versetzen, auch solche Wörter orthografisch korrekt zu schreiben, die sie noch nie gelesen haben. Der Zeitpunkt, zu dem Kinder in der Lage sind, ein Wort auf seine Laute hin abzuhören, ist dabei höchst unterschiedlich.

## 1.2 Entwicklung der Rechtschreibung

Die folgende Übersicht* zeigt in einem (idealisierten) Modell, wie sich das Schreiben und Lesen entwickelt. Auffallend sind dabei die Altersunterschiede bzw. Zeitpunkte, zu denen die jeweilige Fähigkeitsstufe erreicht wird.

| | Fähigkeiten und Einsichten | Schreiben | Beispiele | Lesen |
|---|---|---|---|---|
| Ab 2 Jahre | Nachahmung äußerer Verhaltensweisen | Kritzeln | 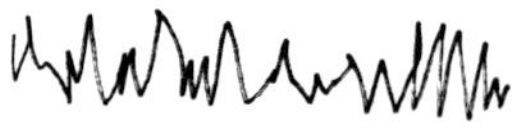 | Als-ob-Vorlesen |
| 3–6 Jahre | Kenntnisse einiger Buchstabenformen oder ähnlicher Gebilde | Malen von Buchstaben, Malen des eigenen Namens | O E 2t<br>SUSAИИE | Erraten von Wörtern aufgrund visueller Merkmale |
| 4–7 Jahre | Beginnende Einsicht in die Laut-Buchstaben-Beziehung | Schreiben von Lautelementen (prägnante Laute des Wortes), Wortgerüst | PP<br>(Puppe)<br>RT<br>(Ritter) | Benennen von Lautelementen |
| 5–8 Jahre | Einsicht in die Laut-Buchstaben-Beziehung | Lauttreues Schreiben | Muta<br>Fäat | Lautweises Erlesen, z. T. ohne Sinn, erste Hypothesenbildung |
| 6–9 Jahre | Verwendung orthografischer bzw. sprachstruktureller Elemente | Verwendung erster orthografischer Muster (z. B. -er, -en, -el), Übergeneralisierung | Mutter<br>Fater<br>Coler | Fortgeschrittenes Lesen, Erfassen größerer Einheiten (Silben, Endungen) |
| Ab 7 Jahre | Automatisierung von Teilprozessen | Entfalten orthografischer Fähigkeiten | verzählen<br>Fahrrad | Automatisiertes Worterkennen und durchgängige Hypothesenbildung |

Während manche Kinder längst vor der Einschulung zu schreiben und zu lesen beginnen, fangen andere erst in der ersten Klasse mit dem Kennenlernen der ersten Buchstaben an. Der Schriftspracherwerb dieser Kinder beginnt also erst in der Schule, er muss aber nicht nur bei diesen, sondern bei allen Kindern trotz der Unterschiede systematisch unterstützt werden, was mithilfe differenzierender Maßnahmen (s. 1.1) erreicht werden kann. TINTO schlägt dabei den sicheren Weg einer von einer **St**rategie **a**ngeleiteten **R**echtschreib**k**ompetenz (**„STARK“**) ein:

* *In Anlehnung an: Hinrichs, J./Valtin, R.: Sprachliches und schriftsprachliches Lernen in den ersten Schulwochen. In: Faust-Siel, G./Portmann, R. (Hrsg.): Die ersten Wochen in der Schule. Arbeitskreis Grundschule e. V., Frankfurt a. M. 1992.*

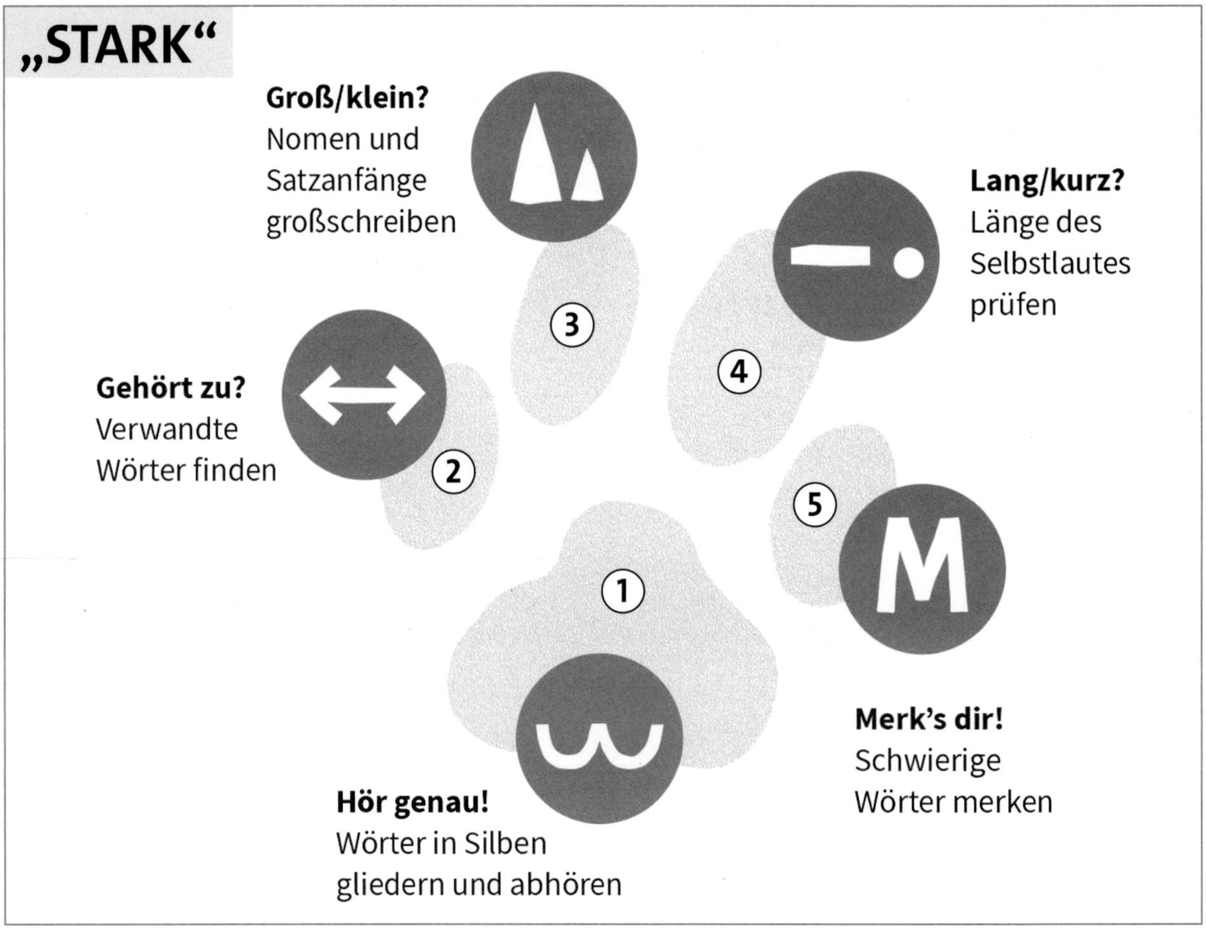


Die fünf zentralen Strategien bei TINTO stützen die Anwendung bestimmter Regeln für unsere Orthografie:

① Das **Abhören** der Wörter, das durch deutliches Sprechen und Klatschen/Schwingen der Silben unterstützt wird (alphabetische Strategie). Sie ist die Basis unseres Schreibens.

② Das **Ableiten** der Wörter: *Hund* gehört zu *Hunde*, deswegen mit d, *rennt* gehört zu *rennen*, deswegen mit zwei n. Das „Ableitenkönnen“ ist für das Beherrschen der Orthografie besonders wichtig, da im Deutschen das Gesetz der Morphemtreue gilt.

③ Die **Großschreibung** der Nomen, ebenfalls ein Merkmal, das es nur in der deutschen Sprache gibt. Deutsche Kinder müssen daher sehr früh ein Wissen um die Wortarten erwerben.

④ Das **Unterscheiden** der **Vokallänge** *(Beet – Bett, Saat – satt, Ofen – offen),* da im Deutschen die Vokallänge ein bedeutungsunterscheidendes Merkmal ist.

⑤ Das **Merken** von solchen Stellen in Wörtern, die durch keine (oder zu komplexe) Regeln gestützt werden, sogenannte Ausnahmen. Beim Merken dienen häufig Lerntechniken als Hilfe und Lerngesetze müssen besonders beachtet werden.
Für Schreibanfänger/-innen sind zunächst viele, auch regelhaft geschriebene Wörter schwierig, weil sie die entsprechende Strategie noch nicht gelernt haben. Eine besondere Hilfe beim Merken von Wörtern ist das richtige Abschreiben (s. auch Buchstabenkurs, Teil A, Seite 57).

Diese Strategien werden zunächst bewusst gelernt, laufen aber bei geübten Schreiberinnen und Schreibern nicht bewusst ab, sodass diese sich voll auf die Inhalte des Geschriebenen konzentrieren können. Sie folgen ihrem Rechtschreibgespür.

Die folgende Grafik zeigt, wie die Rechtschreibkompetenz schrittweise aufgebaut wird:

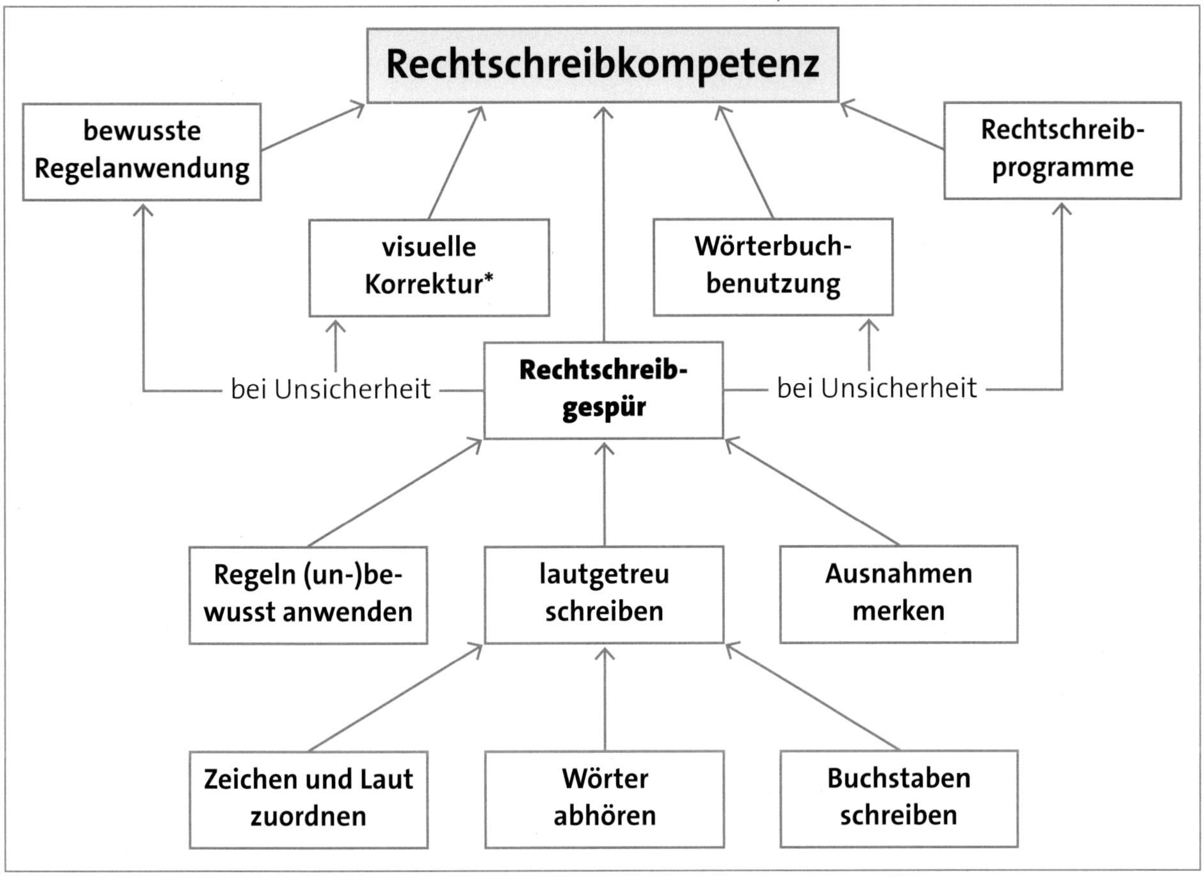


Wie geht die Lehrerin im Sinne der „Strategie der angeleiteten Rechtschreibkompetenz" konstruktiv mit den Schreibprodukten der Kinder um, die diese mithilfe des Buchstabenhauses produzieren und die zunächst zwangsläufig Abweichungen von der orthografischen Norm aufweisen?
Wir wollen es an einem Beispiel verdeutlichen:
Ein Kind kommt stolz zu seiner Lehrerin mit einem Zettel, auf den es den folgenden Satz geschrieben hat:

HOIT KOMT MEINE TANT

Die Lehrerin wird den Satz zunächst laut vorlesen, sich für das Geschriebene interessieren (also nach der Tante fragen) und schließlich etwa das Folgende sagen: „Ja, ich konnte das schon gut lesen. Das Wort *heute* und das Wort *Tante* kannst du so kennenlernen, wie die Erwachsenen es schreiben (wie es in Büchern gedruckt wird). Welches Wort möchtest du kennenlernen?" Schon die Möglichkeit zur Auswahl erhöht die Motivation.

Sagt das Kind *heute,* so wird die Lehrerin es zum Buchstabenhaus bitten, um dort Eu eu zu suchen. Dann wird sie dem Kind durch Klatschen oder Schwingen verdeutlichen, dass dieses Wort zwei Silben enthält, dass also darin zwei Buchstaben (Vokale) aus dem Dach vorkommen müssen. (Bei den Endsilben -te, -ke, und -pe nur jeweils den Konsonanten ohne e zu schreiben, ist typisch für diese Phase, da bei der isolierten Aussprache dieses Verschlusslautes immer ein kurzes e angehängt wird, ohne das dieser Laut nicht hörbar wäre.)
Wählt das Kind *Tante* aus, dann wird man es ebenfalls auf die Zweisilbigkeit aufmerksam machen. Das Kind oder die Lehrerin schreibt dann das Wort *heute* bzw. *Tante* auf eine Trainingskarte.
Das Wort *kommt* wird die Lehrerin dem Kind noch nicht anbieten, da die zugrunde liegende Schreibstrategie erst erlernt werden sollte, wenn lautgetreue Wörter sicher verschriftet werden.

* *Unter „visueller Korrektur" wird hier verstanden, dass der/die Schreibende bei Rechtschreibunsicherheit zwei alternative Schreibweisen konstruiert und sich dann für die entscheidet, die ihm/ihr bekannter vorkommt.*

Wenn Kinder von Anfang an keine Fehler machen dürften, könnten sie eigentlich nur abschreiben. Dabei träten drei Probleme auf:

1. Jede Kreativität würde unterbunden.
2. Das Abhören der Wörter, die alphabetische Strategie, würde nicht geübt.
3. Die Lehrerin könnte nicht erkennen, in welcher Phase der Schreibentwicklung sich das Kind befindet, und so auch keine individuellen Hilfen geben.

Bei frei geschriebenen Texten können auch im Vorfeld schon orthografische Hilfestellungen gegeben werden. Wir wollen das am unten stehenden Text erläutern. Warum hat das Kind, das im Prinzip lautgetreu schreibt, die schwierigen Wörter *Zahn* und *Zähne* richtig geschrieben?

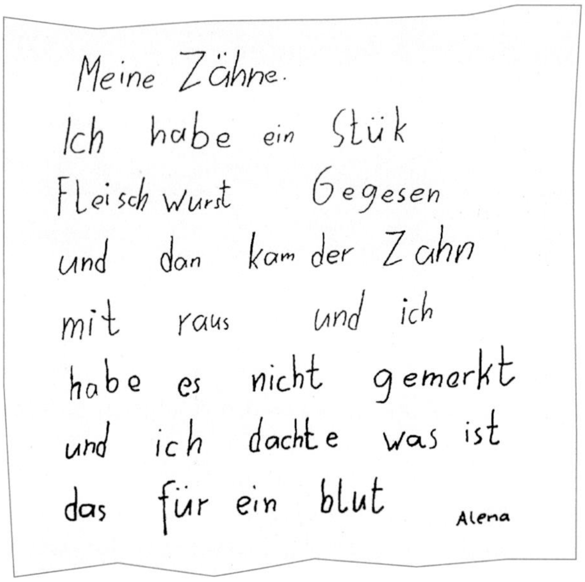
Meine Zähne.
Ich habe ein Stük
Fleisch Wurst Gegesen
und dan kam der Zahn
mit raus und ich
habe es nicht gemerkt
und ich dachte was ist
das für ein blut
Alena

Meine Zähne

Ich habe ein Stück Fleischwurst gegessen und dann kam der Zahn mit raus und ich habe es nicht gemerkt und ich dachte: „Was ist das für ein Blut?“

Alle Kinder wollten „Zahngeschichten“ schreiben. Die Lehrerin konnte davon ausgehen, dass in allen Texten das Wort *Zahn* und/oder *Zähne* vorkommen wird. Also lässt sie die Wörter schrittweise an der Tafel konstruieren und macht an entscheidender Stelle auf die Besonderheiten aufmerksam: „Ja, jetzt steht da schon das Z und das a. Aber jetzt kommt noch nicht das n. Jetzt kommt erst noch ein h, das man nicht hören kann. Das schreibt man manchmal, wenn der ‚Dach‘-Buchstabe davor lang ist. Es heißt Zaaaan und nicht Zann.“ Die Wörter *Zahn* und *Zähne* bleiben an der Wandtafel stehen, sodass sich die Kinder daran orientieren können. Auch wie das ä aus dem a abgeleitet wird, erklärt die Lehrerin.

Beim Wort *Fleischwurst* hat sich Alena von der Lehrerin helfen lassen. Diese hat auf ihrem Pult eine Zettelbox stehen und die Kinder wissen: „Ich kann meine Lehrerin bitten, mir ein schwieriges Wort auf so einen kleinen Zettel zu schreiben. Den nehme ich dann mit zu meinem Platz und kann das Wort abschreiben.“ „Ja“, hat die Lehrerin gesagt, „*Fleischwurst* ist aber auch ein langes, schweres Wort, das r hier kann man nur ganz schlecht hören.“

Hilfreich ist auch, später neben den vom Kind geschriebenen Text den Text in der gültigen Rechtschreibung zu setzen, vor allem dann, wenn der Text für alle Kinder lesbar ausgehängt wird. Dieser Normtext ist nicht nur leichter zu lesen, er regt Alena auch an, ihren Text mit diesem zu vergleichen und zu fragen, warum manches anders geschrieben wird, als sie sich das gedacht hat. Die Mühe, die sich die Lehrerin beim „Übersetzen“ ihres Textes gemacht hat, empfinden die Kinder fast immer als positives Feedback für ihre Schreibleistung.

Die durch das Lehrwerk selbst im Arbeitsheft Schreiben/Lesen zum Schreiben empfohlenen Wörter sind zudem die gleichen, die um das Wimmelbild des entsprechenden Kapitels im Erstlesebuch angeordnet sind. So können die selbst verschrifteten Wörter auf die korrekte Schreibweise hin zunehmend selbstständig durch das Kind überprüft werden.

Sobald die Phase des lautgetreuen Schreibens erreicht ist, können die Kinder außerdem mit dem TINTO-Training: Richtig schreiben 1/2 orthografisch individuell gefördert werden. Das Heft sollte also nicht gleichzeitig bei allen Kindern eingesetzt werden (s. 2.8).

Um die Schreibentwicklung jedes Kindes systematisch zu beobachten, hat sich seit Jahren auch die „Schreibprobe“ bewährt. Ebenso geben die „Das kann ich schon“-Seiten im Buchstabenkurs oder das entsprechende Lernentwicklungsheft im Erstlesebuch über das Jahr verteilt eine gute Einsicht in den Lernstand jedes Kindes (s. 5.2).

Die folgende Übersicht zeigt, welche einzelnen Rechtschreibphänomene und -strategien im TINTO-Lehrwerk in den einzelnen Klassen vermittelt werden. Sie macht deutlich, dass eine systematische Wiederholung, verbunden mit einer aufbauenden Erweiterung, über vier Jahre der Grundschulzeit erfolgt:

## TINTO-Rechtschreibprogression (Spiralcurriculum)

| Klasse | Hör genau! | Gehört zu? | Groß/klein? | Lang/kurz? | Merk's dir! | Strukturieren/ Kategorisieren |
|---|---|---|---|---|---|---|
| 1 | *Lauttreues Verschriften* (alphabetische Strategie) einschließlich<br>Au Ei Eu<br>Ä Ö Ü<br>Sch Ch -ng<br><br>Endungen:<br>-el -en -er | | *Großschreibung* von Konkreta (kann ich sehen)<br><br>Im Wortinneren nur kleine Buchstaben | | *Nicht lauttreue „Spezialbuchstaben“:*<br>Qu Sp St X Y<br>V C Pf<br>-ß -ie -ck -nk | Laute<br><br>Buchstaben<br><br>Silben (haben einen Vokal)<br><br>Wortgrenzen |
| 2 | Au Ei Eu<br>Ä Ü Ö<br>Ch Qu<br>Sp St<br><br>-el -en -er | *Ableitungen:*<br>d–t b–p g–k<br><br>a–ä au–äu | *Großschreibung* von Konkreta (Menschen, Tiere, Pflanzen, Dinge haben einen Namen)<br><br>Mehrzahlprobe<br><br>Artikelprobe | *Vokallänge:*<br>-ie<br><br>Konsonantenverdoppelung einschließlich<br>-tz -ck | *Merkwörter*:<br>V v<br>Pf pf<br>-ß | Wortgrenzen<br><br>Satzgrenzen<br><br>Punkt<br>Fragezeichen<br>Ausrufezeichen<br><br>Großschreibung am Satzanfang |
| 3 | | *Ableitungen:*<br>d–t b–p g–k<br><br>a–ä au–äu<br><br>silbentrennendes h<br><br>Wortstamm | *Großschreibung* von Konkreta und ersten Abstrakta | *Vokallänge:*<br>-ie -ß/-ss<br><br>Konsonantenverdoppelung einschließlich<br>-tz -ck | *Merkwörter:*<br>Dehnungs-h<br><br>Doppelvokal<br>aa ee oo<br><br>x cks chs ks | Punkt<br>Fragezeichen<br>Ausrufezeichen<br><br>Großschreibung am Satzanfang |
| 4 | | *Ableitungen:*<br>d–t b–p g–k<br><br>-ß/-s<br><br>a–ä au–äu<br><br>Stammverwandtschaft | Großschreibung von Konkreta und Abstrakta:<br>-nis, -heit, -keit, -ung<br><br>Anredepronomen | *Vokallänge:*<br>-ie -ß/-ss<br><br>Konsonantenverdoppelung einschließlich<br>-tz -ck | *Merkwörter:*<br>Dehnungs-h<br><br>langes i ohne Kennzeichnung<br><br>Nicht ableitbare ä-Fremdwörter | Kommasetzung<br><br>Wörtliche Rede mit vor- und nachgestelltem und eingeschlossenem Begleitsatz |

# 2 Die Materialien

## 2.1 Das Erstlesebuch (auch als E-Book) mit Lernentwicklungsheft

Das **TINTO-Erstlesebuch** (ISBN 978-3-06-084171-4) ist ein Kinderbuch zum Lesenlernen (112 Seiten). In elf Kapiteln, die sich jeweils eng an den Themen des Deutsch- und Sachunterrichts orientieren, zeigt das Erstlesebuch Szenen aus der Welt der vier Kinder Lena, Fatma, Jonas und Tim – und des kleinen Katers Tinto.

Die einzelnen Kapitel sind einheitlich strukturiert: Als **Einstieg** dient immer ein doppelseitiges **Wimmelbild,** um das wichtige Wörter eines, zunächst nur mündlichen, zunehmend jedoch selbst lesbaren Wortschatzes passend zum Thema notiert sind. Dabei bilden die farbigen Punkte jeweils die Artikel der auch bildlich dargestellten Nomen ab.

Das in jedes Kapitel einführende Wimmelbild (auch als **Poster** in DIN A1 erhältlich) eröffnet vielfältige Gesprächs- und Schreibanlässe für alle und dient so auf mehreren Ebenen der Vorbereitung auf das Thema des Kapitels: Einerseits aktiviert es den sachbezogenen Wortschatz, zum anderen aber auch das Vorwissen zum Thema.

Nach dem Eingangsbild folgen jeweils **drei Doppelseiten zum Kapitel,** die verschiedene Situationen aus dem Wimmelbild in **drei Niveaustufen** aufgreifen und fortführen:

**Niveau 1** für alle: Die **linke (= leichte) Seite** enthält einfache Basistexte für alle in Silbenschrift, die nur aus dem Buchstabenkurs bekannte Buchstaben enthalten (pro Kapitel verwendete Buchstabengruppen: s. Inhaltsverzeichnis im Erstlesebuch auf den Seiten 108–111 bzw. in dieser Handreichung unter „2.4 Der Buchstabenkurs“). Diese Texte eignen sich auch besonders gut, um einmal das gemeinsame Lesen mit einem Partner oder einer Partnerin im Tandem auszuprobieren.

**Niveau 2** für viele: Die **rechte Seite oben** bietet einen Erweiterungstext in schwarzer Schrift mit weitgehend aus dem Buchstabenkurs bekannten Buchstaben, den sicher schon viele Kinder zu dem Zeitpunkt lesen können.

**Niveau 3** für manche: Die **rechte Seite unten** stellt einen jeweils durch eine Tatze gekennzeichneten Differenzierungstext in beigefarbener Schrift ohne Buchstabenbegrenzung bereit, der *von manchen* fortgeschrittenen Kindern bereits selbst erlesen werden kann, für andere jedoch als Vorleseangebot dient.

Die Funktion der zahlreichen kindgerechten Bilder innerhalb dieser Seiten reicht dabei über die reine Textbebilderung hinaus. Dazu gehört, dass einzelne Elemente der Kapiteleingangsbilder im jeweiligen Kapitel wieder aufgegriffen und näher betrachtet werden. So werden die Situationen inhaltlich erweitert oder fortgesetzt und dienen als weiterführende Gesprächs- und Leseanlässe. Zusätzlich weckt das Wiederaufgreifen einzelner Aspekte des Wimmelbildes bei den Kindern die Lust, die aus dem Eingangsbild bekannten Elemente im Laufe des Kapitels wiederzuentdecken. Der Bezug zwischen Wimmelbild und Einzelillustrationen gewinnt so einen Rätselcharakter, der für die Kinder sehr motivierend ist (vgl. z. B. Seiten 4/5 mit Seite 6 und 11 oder Seiten 12/13 mit Seite 16 oder Seiten 20/21 mit Seite 22 oder Seiten 28/29 mit Seite 30, 32, 34 usw.).

Begegnen den Kindern bei manchen Texten (v. a. im Niveau 2 oder 3) noch nicht eingeführte oder unbekannte Buchstaben, so können sie das **Buchstabenhaus** zu Hilfe nehmen. Das Buchstabenhaus ist auf der inneren Umschlagseite hinten im Erstlesebuch zu finden, liegt zudem als Einleger dem Buchstabenkurs sowie dem Arbeitsheft Schreiben/Lesen bei und ist auch als Poster zum Aufhängen in der Klasse erhältlich.
Übungen zum Buchstabenhaus sind vor allem im Arbeitsheft Schreiben/Lesen sowie in den Kopiervorlagen enthalten und stellen sicher, dass die Kinder den Umgang mit der Lauttabelle beherrschen und ihre Fähigkeit zum Lautieren bzw. zur auditiven Analyse trainieren. Diese Fähigkeit und die Einsicht in das zugrundeliegende Prinzip unserer Schrift, den Zusammenhang zwischen Laut und Buchstabe, sind Basis für das Verschriften und Lesen von Wörtern und Texten.

**Abgeschlossen** wird jedes Kapitel (ab Kapitel „Hokuspokus“) durch eine **literarische Doppelseite** mit Buchtipps und Auszügen aus aktuellen Kinderbüchern, passend zum Kapitelthema. Diese Texte können von fortgeschrittenen Kindern zunehmend selbst gelesen oder in der Klasse gemeinsam vorgelesen werden.

Bist du krank, Rolli-Tom ?

Der Hase Nulli und
der Frosch Priesemut
bekommen Besuch von Tom.
Hase Tom ist ein alter Schulfreund
von Nulli.

„Freut mich, dich kennenzulernen“,
sagte Priesemut und bestaunte
den sonderbaren Stuhl,
auf dem Tom saß.

„Was ist denn mit deinen Beinen los?
Sind sie gebrochen?“, wollte Priesemut wissen.
„Nein“, antwortete Tom.
„Aber ich hatte einen Unfall
und seitdem schlafen meine Beine.“

56

Da brachte Nulli Tom Himbeersaft –
in einem Schnabelbecher!
„Und die Möhrchen hab ich
für dich klein gerieben“,
erklärte Nulli.

„HÖÖR AAUF!“,
schrie Tom plötzlich.
„Ich bin nicht krank!
Ich kann, genau wie du, Möhren klein ratzeln ...
Ich kann wie du aus einem richtigen Glas trinken ...
Ich – kann – nur – nicht – laufen !“

„Aber ... ich habe es doch nur gut gemeint“,
sagte Nulli.

Plötzlich bekam Nulli eine prima Idee.
Und dann ...

Matthias Sodtke

57

Im **Inhaltsverzeichnis** (Seiten 2/3 und Seiten 108–111) sowie korrespondierend dazu auf den jeweiligen Kapitelseiten finden sich Kapitelvignetten, die zusammen mit der unterschiedlichen Kapitelfarbgebung die Orientierung im Erstlesebuch erleichtern. Die sich daraus ergebende strenge und klare Gliederung ermöglicht und stützt selbstständiges Lernen.
Die vier Kinder Tim, Fatma, Jonas und Lena sowie der Kater Tinto werden am Anfang des Buches vorgestellt und tauchen in verschiedenen alltagsnahen Situationen in jedem Kapitel wieder auf. Durch ihre unterschiedliche soziale und kulturelle Herkunft – Fatmas Eltern kommen z. B. aus der Türkei und Jonas' Vater stammt aus Nigeria – sowie ihre spezifische häusliche Situation repräsentieren die Kinder einen Ausschnitt aus der Bandbreite gegenwärtiger Kinderbiografien und geben Anlass, kulturelle Unterschiede und Besonderheiten im Unterricht zu thematisieren. An verschiedenen Stellen im Buch werden weitere Hintergrundinformationen zu den Buchkindern geliefert, sodass diese den Schülerinnen und Schülern zu vertrauten Begleitern durch die TINTO-Welt werden. Der Kater Tinto ist von Beginn an Teil dieser Welt. Allerdings hält er sich meist eher im Hintergrund – er will gesucht werden. Vor allem auf den doppelseitigen Kapiteleinstiegsbildern ist er in immer wieder neuen Situationen und Formen zu entdecken. Auf anderen Seiten gibt er manchmal auch Tipps.

Weitere Geschichten zu Lena, Tim, Fatma und Jonas mit differenzierten Leseübungen zu jedem Buchstaben auf der Silben-, Wort-, Satz- und Textebene liefern zudem die vier neuen kleinen Lesehefte (TINTO-Training: Richtig lesen, s. Abschnitt 2.9).

Das Erstlesebuch ist auch als **E-Book** (ISBN 978-3-06-084172-1) erhältlich. Damit können die Kapiteleinstiegsseiten auf das Whiteboard gebracht und für Wortschatz-, Erzähl- sowie Suchübungen zum Bild in frontalen Unterrichtssituationen genutzt werden. Aber auch alle anderen Seiten stehen so großformatig vorn zur Verfügung, um wichtige Aspekte zu verdeutlichen, z. B. zu Leserichtung, Überschrift und Autor, um die Begriffe *Wort, Satz, Zeile* etc. zu erklären, um Textteile abzudecken, bestimmte Buchstaben, Buchstabengruppen, Silben oder Wörter farbig zu markieren, Fragen zu beantworten, Textstellen dann als Antwort aufzusuchen und zu kennzeichnen, um Beziehungen im Satz oder zwischen verschiedenen Wörtern in verschiedenen Sätzen, zwischen Text und Bild zu verdeutlichen etc. So können Arbeitstechniken und Übungsformen gut für die gesamte Klasse oder auch einmal für eine Kleingruppe speziell eingeführt werden.

Ausführliche Vorschläge zum Einsatz des Erstlesebuchs im Unterricht werden in Kapitel 4.3 ff. beschrieben.

Das dem Erstlesebuch beigefügte **Lernentwicklungsheft „Das kann ich schon“** (10er-Paket: ISBN 978-3-06-084191-2) begleitet jedes Kind kontinuierlich durch das gesamte erste Schuljahr. Es enthält aufeinander aufbauende Übungen zum Schreiben und Lesen auf der Buchstaben-/Laut-, Silben-, Wort-, Satz- bis hin zur Textebene, die den Kindern aus dem Arbeitsheft Schreiben/Lesen und dem Buchstabenkurs bzw. auch dem Buchstabenordner bekannt sind. Um die Lernentwicklung der Kinder positiv zu bekräftigen, ist es wichtig, ihnen Erfolgserlebnisse zu ermöglichen und sie zu befähigen, das eigene Können selbstkritisch zu reflektieren. Deshalb soll jede der insgesamt 13 „Lernkontrollen“ erst dann eingesetzt werden, wenn ein Kind die geforderten Teilfertigkeiten vermutlich relativ sicher beherrscht. Das Datum in der Übersicht auf der letzten Seite gibt den Lehrkräften und Eltern Aufschluss darüber, zu welchem Zeitpunkt das Kind auf dem jeweiligen Entwicklungsstand ist. Immer wieder sollten allerdings diese Lernstandkontrollen auch für Gespräche mit den einzelnen Kindern genutzt werden. Indem die Kinder ihre eigene Einschätzung des Geleisteten mit der Einschätzung der Lehrkraft vergleichen, werden sie sich allmählich an das kritische Reflektieren gewöhnen.

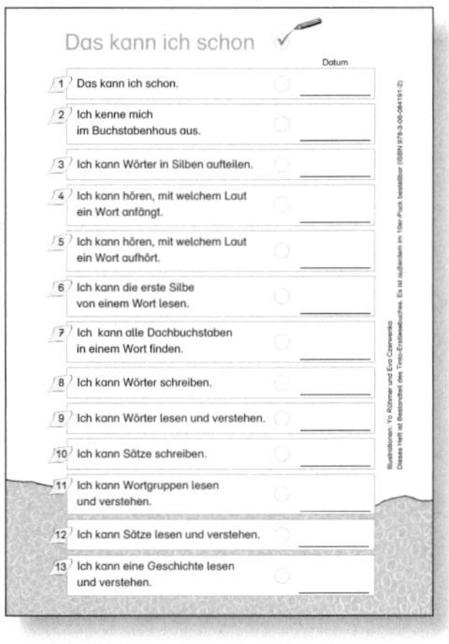
Das kann ich schon

Datum

1 Das kann ich schon.
2 Ich kenne mich im Buchstabenhaus aus.
3 Ich kann Wörter in Silben aufteilen.
4 Ich kann hören, mit welchem Laut ein Wort anfängt.
5 Ich kann hören, mit welchem Laut ein Wort aufhört.
6 Ich kann die erste Silbe von einem Wort lesen.
7 Ich kann alle Dachbuchstaben in einem Wort finden.
8 Ich kann Wörter schreiben.
9 Ich kann Wörter lesen und verstehen.
10 Ich kann Sätze schreiben.
11 Ich kann Wortgruppen lesen und verstehen.
12 Ich kann Sätze lesen und verstehen.
13 Ich kann eine Geschichte lesen und verstehen.

Detaillierte „Das kann ich schon“-Seiten unter Berücksichtigung einer Buchstabenprogression hält zudem der Buchstabenkurs bereit.

Dem Aspekt „Lernentwicklung beobachten und fördern“ wird in dieser Handreichung ein eigenes Kapitel gewidmet (Kapitel 5), das ausführliche Hinweise zu Diagnose- und Fördermöglichkeiten enthält sowie weitere Kopiervorlagen zum Erfassen des Lernstandes der Kinder anbietet.

## 2.2 Das Buchstabenhaus

Die Lauttabelle wurde als Haus konzipiert, das eine schnelle Orientierung gewährleistet. Das **Buchstabenhaus** ist auf den Innenseiten des Erstlesebuchs, des Arbeitsheftes Schreiben/Lesen und im Buchstabenordner abgebildet, liegt dem Erstlesebuch, dem Buchstabenkurs und dem Arbeitsheft Schreiben/Lesen als Einleger bei, kann im 10er-Paket nachbestellt werden (Druckschrift: ISBN 978-3-06-084272-8; Grundschrift: ISBN 978-3-06-084271-1) und ist zudem als Poster im DIN-A0-Format erhältlich (Druckschrift: ISBN 978-3-06-084274-2; Grundschrift: ISBN 978-3-06-084275-9).

Einleger und Poster haben zwei Seiten: Die reduzierte Seite nur mit Großbuchstaben ohne „Keller“ eignet sich dabei besonders gut für den Schulanfang.

Die Buchstaben mit ihren Anlautbildern wurden konsequent nach phonetischen Gesichtspunkten angeordnet, weil Forschungsergebnisse belegen, von welch ausschlaggebender Bedeutung für den Lese- und Schreiberfolg die Ausbildung der phonemischen Bewusstheit bei den Kindern ist.

### Dach (rot):

*In der Dachspitze* befinden sich die Vokale, von links nach rechts in der Reihenfolge von hell nach dunkel geordnet.

*Im Dachgeschoss* (dort, wo Lena wohnt) stehen links die drei geläufigen Diphthonge und rechts die Umlaute. Für die Vokale und Umlaute wurden jeweils zwei Merkbilder herangezogen (beim /Ü ü/ war dies nicht möglich), da es diese Laute in der Regel in zwei deutlich unterscheidbaren Varianten gibt: lang und geschlossen gesprochen und kurz und offen. Diese Vokalvarianten sind im Deutschen bedeutungsunterscheidend (*Ratte* und *Rate*, *betten* und *beten*, *Mitte* und *Miete*) und schlagen sich in orthografischen Regelungen (z.B. der Konsonantenverdoppelung) nieder. Aus diesem Grund sollte die Lehrerin die beiden Lautvarianten an den Bildwörtern verdeutlichen und beim Abhören von Wörtern immer wieder auf die Unterschiede verweisen. Dies kann beispielsweise durch Nachfragen geschehen: „Hört sich das /O/ in *Ofen* an wie *Oma* oder wie *Ordner*?“ Wird dieser Unterschied konsequent beachtet, so fällt es den Kindern später wesentlich leichter, nach kurzem Vokal die Konsonantenverdoppelung zu beachten bzw. die Kennzeichnung des langen Vokals als Sonderfall nachzuvollziehen.

## Wohnbereich/Stockwerke (gelb):

*Im Wohnbereich* sind die Konsonanten untergebracht. Auch sie wurden nach phonetischen Gesichtspunkten sortiert. Ähnlich klingende Laute stehen sich gegenüber. So können die Kinder in Zweifelsfällen schnell testen: Klingt *Puppe* am Anfang eher wie *Banane* oder wie *Pinsel*?

*Im obersten Stockwerk* (dort, wo Jonas wohnt) befindet sich die Gruppe der Verschlusslaute oder Plosive (nicht dehnbaren Konsonanten), wobei auf der linken Seite die stimmhaften, auf der rechten die stimmlosen stehen, in genauer Korrespondenz. Diese Buchstabengruppe ist besonders schwierig, sowohl beim Abhören von Wörtern als auch beim Zusammenschleifen. Im Prinzip sind diese Buchstaben gar nicht isoliert aussprechbar; wir behelfen uns, indem wir einen ganz kurzen E-Laut (Murmel-e) anhängen. Das führt z. B. bei ersten Schreibversuchen der Kinder dazu, dass sie das Wort „Ende" als „End" notieren, weil sie ja mit dem d bereits glauben, auch das nachfolgende Murmel-e dargestellt zu haben.

*Im mittleren Stockwerk* (dort, wo Fatma wohnt) befinden sich – ebenfalls in Opposition – stimmhafte und stimmlose dehnbare Konsonanten. Der Unterschied von stimmhaft und stimmlos kann den Kindern durch folgendes kleines Experiment verdeutlicht werden: Beim abwechselnden Sprechen von /W/ und /F/ halten sie sich die Ohren zu. Bei allen stimmhaften Lauten summt/dröhnt der ganze Kopf, bei stimmlosen nicht. Die stimmlose Variante des j-Lautes ist der ch-Laut, wie er am Ende von ***ich*** und am Anfang von ***Ch****inesisch* klingt. Dass das /ch/ noch einen anderen Lautwert hat, wird durch das *Bu****ch*** mit dem *Dra****ch****en* veranschaulicht. Die Darstellung des *Busses* neben der *Sonne* zeigt ebenfalls, dass /s/ im Deutschen am Wortende immer und im Wort manchmal stimmlos (scharf) gesprochen wird.

*Im Erdgeschoss* (dort, wo Tim wohnt) befinden sich ebenfalls Dauerkonsonanten. Die Nasale M m und N n wurden gegenüber dargestellt. (Hält man sich die Nase zu, kann man diese Nasale nicht längere Zeit halten.) Mit den darunter dargestellten L l und R r bilden sie die Gruppe der Konsonanten, vor denen im Deutschen ein Dehnungs-h stehen kann. (Diese Einsicht wird den Kindern dieser Altersgruppe natürlich höchstens individuell und auf Nachfrage einzelner Kinder hin zu vermitteln sein.) Die Buchstaben H h und Sch sch wurden auch ins Erdgeschoss aufgenommen, obwohl sie lautlich nicht miteinander in Korrespondenz stehen; insgesamt ergibt sich dadurch aber formal eine klare Gliederung in drei gleich große Konsonantengruppen von je sechs Buchstaben bzw. Buchstabenkombinationen. Das ng, das es nur im In- oder Auslaut gibt, steht als dritter Nasal der deutschen Sprache in der Höhe von M m und N n. Der ng-Laut wird von den Kindern anfangs schlecht diskriminiert und bei ersten Schreibversuchen oft nur als n notiert.

## Keller (grün):

*Im Keller* wurden die Buchstaben und Buchstabenkombinationen aufgenommen, die für eine lauttreue Verschriftung zunächst nicht benötigt werden oder sich wie beim /Pf pf/ bei genauem Hören von selbst einstellen. Durch Nutzung des Buchstabenhauses nur mit Großbuchstaben (ohne Keller) oder durch Wegknicken des Kellers kann zu Beginn des Schreibenlernens eine Konzentration auf die für eine lauttreue Verschriftung zunächst benötigten Buchstaben vorgenommen werden.

## 2.3 Das Arbeitsheft Schreiben/ Lesen

Das **TINTO-Arbeitsheft Schreiben/Lesen** (ISBN 978-3-06-084175-2, 88 Seiten) kann ergänzend zum Erstlesebuch und dem Buchstabenkurs bzw. alternativ mit dem Buchstabenordner eingesetzt werden. Alle Übungen, Texte und Schreibanlässe im Arbeitsheft sind inhaltlich klar an die Themen aus dem Erstlesebuch gebunden. Die thematische Orientierung wird auch deutlich durch die Verwendung der aus dem Erstlesebuch bekannten Kapitelvignetten und -farben. Diese tauchen im Inhaltsverzeichnis (Seite 2) und auf den entsprechenden Seiten des Arbeitsheftes wieder auf und erleichtern das Auffinden und die Zuordnung der passenden Übungen.
Die einzelnen Arbeitsaufträge sind durch Piktogramme am Kopf jeder Seite repräsentiert. Neue Übungsformen werden in der Regel durch Beispiele eingeführt. Auf diese Weise können die Kinder bereits auch dann selbstständig mit dem Heft umgehen, wenn sie noch nicht in der Lage sind, schriftliche Arbeitsaufträge zu entschlüsseln. Die Symbole für „hören", „malen", „mit dem Buchstabenhaus verschriften", „Silben klatschen/schwingen", „verbinden" etc. sind so anschaulich gestaltet, dass ihre Funktion von den Kindern schnell erfasst und so eigenständiges Arbeiten möglich wird. An die Kinder gerichtete schriftliche Arbeitsaufträge zusätzlich zu den Piktogrammen werden ab dem Kapitel „Am Wasser" gegeben.

Zusätzlich ist das unterschiedliche Anspruchsniveau der einzelnen Aufgaben gekennzeichnet. Es gibt Aufgaben im Niveau 1, 2 und 3. Entsprechend können die Übungen den Kindern je nach Leistungsvermögen zugeordnet werden.

**Aufgaben mit unterschiedlichen Anforderungen**

1 Aufgabe im Niveau 1

2 Aufgabe im Niveau 2

3 Aufgabe im Niveau 3

Zusatzaufgabe / Differenzierung im Niveau 3

Um der Heterogenität in den Klassen gerecht zu werden, sind auch differenzierende Aufgaben enthalten. Tatzenaufgaben gibt es auf vielen Seiten, häufig mit erhöhtem Anforderungsniveau wie im Erstlesebuch.

Stichwortartige Beschreibungen am Fuß jeder Seite dienen der Lehrkraft zur Übersicht: Hier kann man auf einen Blick erkennen, welche Handlungen die Schüler und Schülerinnen bei den jeweiligen Übungen durchführen sollen und welche Differenzierungsmöglichkeiten sich anbieten. Zudem werden hier Querverweise zum Erstlesebuch gegeben.

Das **Arbeitsheft Schreiben/Lesen** ist wie folgt gegliedert:

- Übungen zum Buchstabenhaus (Seiten 3–9), Buchstabenhaus als Beileger
- Thematisch orientierte Übungen zu allen Kapiteln des Erstlesebuchs (Seiten 10–75)
- Übungen zu den „Spezialbuchstaben" (Seiten 76–82)
- Wortschatzheft zu den Kapiteln (Seiten 83–88, zum Heraustrennen geeignet)

In der Form eines kleinen Vorkurses **(„Übungen zum Buchstabenhaus", Seiten 3–9)** lernen die Kinder zunächst in verschiedenen Übungen die Lauttabelle, das Buchstabenhaus, genau kennen, das dem Arbeitsheft beiliegt (und auch als großes Poster erhältlich ist). Das Wissen um die Struktur des Hauses befähigt sie zum Umgang mit diesem zentralen Schreib- und Leselerninstrument.
Der sicheren Erfassung der Graphem-Phonem-Beziehung dient auch der zum Buchstabenhaus gehörende und von den Kindern in der Regel begeistert erlernte **TINTO-Rap,** der durch seine Reime die Korrespondenz von Anlaut und Anlautbild stützt. Er ist hinten im Umschlag des Arbeitsheftes sowie im Erstlesebuch abgedruckt und auch auf der TINTO-Lieder-CD blau zu hören.

Nach den Übungen zum Buchstabenhaus folgen die **thematisch orientierten Übungen zu allen Kapiteln des Erstlesebuchs (Seiten 10–75).**
Damit selbstständiges Arbeiten möglich wird, enthält jedes Kapitel immer sechs ähnlich aufgebaute Seiten (hier am Beispiel zum Kapitel „Im Herbst" erläutert):

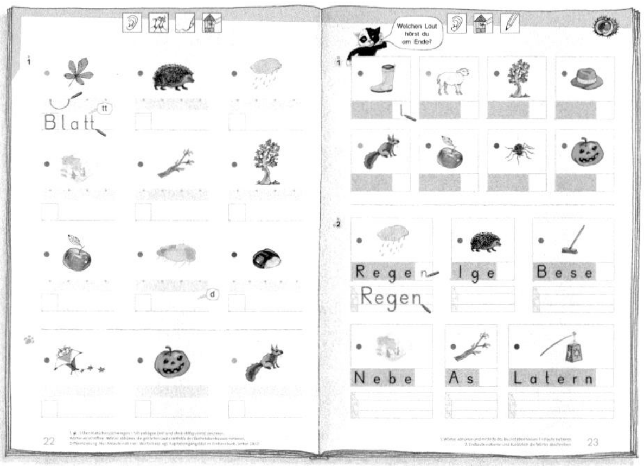


**▶ Erste Seite: Silben schwingen/Wörter verschriften**

Jedes Kapitel beginnt mit einer Seite Wortschatzarbeit, passgenau zur entsprechenden Wimmelbildseite im Erstlesebuch (ab dem zweiten Kapitel „Mein Schulweg" – mit Ausnahme des Kapitels „Feste im Jahr"). Hier werden zunächst immer Silben analysiert und im zweiten Schritt Anlaute bzw. Wörter verschriftet. Dabei helfen Denkblasen bei der rechtschriftlich korrekten Verschriftung nicht lauttreuer Wörter (vgl. z. B. Seite 22). Zunehmend werden weitere Hilfen zur rechtschriftlich korrekten Verschriftung gegeben wie z. B. der Hinweis „Jede Silbe hat einen Buchstaben aus dem Dach" (ab Seite 28, 34 ff.). So können die Kinder nach und nach immer selbstständiger ihre Verschriftungsergebnisse auf diesen Seiten mit den korrekt gedruckten Wörtern im Erstlesebuch oder auch im Wortschatzheft (im Anhang des Arbeitsheftes) vergleichen und ggf. korrigieren.

**▶ Zweite Seite: Sprache untersuchen/Rechtschreiben**

Auf der zweiten Seite wird unsere Sprache noch genauer untersucht. Diese Seiten enthalten weitere aufeinander aufbauende Übungen u. a. zu Anlauten (s. Seite 17), Auslauten (Seite 23, 29), Vokalen (Seite 35, 41), Umlauten/Einzahl und Mehrzahl (Seite 41, 59), Wortbausteinen -en, -el, -er (Seite 47, 59), Übungen zu Verben in der Grundform und ihrer Veränderung (Seite 54, 60) bis hin zum Schreiben von Sätzen unter Berücksichtigung von Wortgrenzen und dem Punkt als Satzzeichen (Seite 57, 65), passend zum Thema.

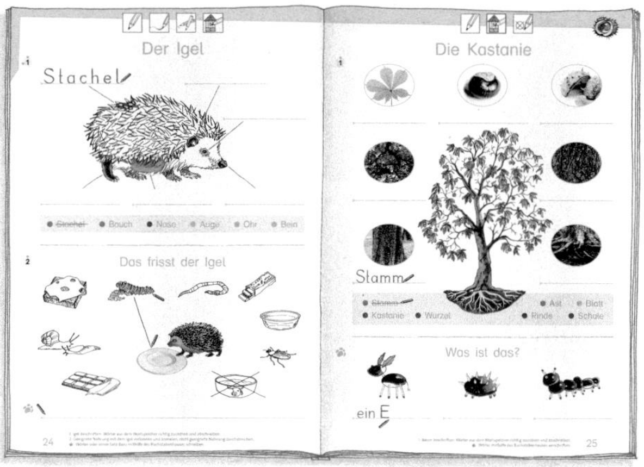


**▶ Dritte und vierte Seite: Sachaspekte**

Auf der dritten und vierten Seite stehen überwiegend Sachaspekte im Vordergrund. Wichtige Wörter werden dabei in der Regel vorgegeben, damit sie rechtschriftlich korrekt abgeschrieben werden können (s. z. B. Seite 24, 25, 42 etc.).

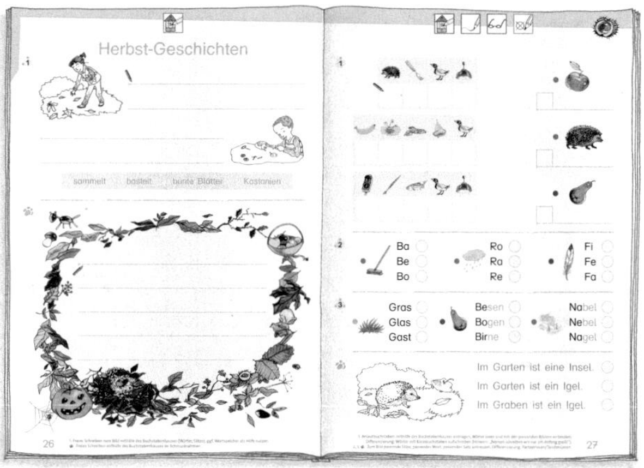


**▶ Fünfte Seite: Freies Schreiben**

Die fünfte Seite enthält in der Regel ein Angebot zum freien Schreiben (vor allem für fortgeschrittenere Kinder). Hierbei werden häufig Anregungen mitgegeben, z. B. wichtige Wörter für eine Herbstgeschichte (Seite 26) oder für einen Sachtext über die Amsel (Seite 50) oder Hilfen für Satzanfänge (Seite 62).

**▶ Sechste Seite: Leseangebote**

Die sechste Seite hält immer Leseangebote in drei Niveaustufen bereit inkl. eines weiteren Differenzierungsangebotes (Tatzenaufgabe): von der Laut-Buchstaben-Ebene („Kammrätsel") über Silben, Wortgruppen, Wörter, Sätze bis hin zu kleinen (Lese-Mal-)Texten. Von Beginn an wird dabei auch auf die Großschreibung von Namen/Nomen eingegangen, die zu einem geeigneten Zeitpunkt in der Klasse thematisiert werden kann (s. Seite 15, 21, 27, 33 ff.). Die Leseseiten orientieren sich an den Buchstabenplateaus im Buchstabenkurs und den linken Basistextseiten im Erstlesebuch.

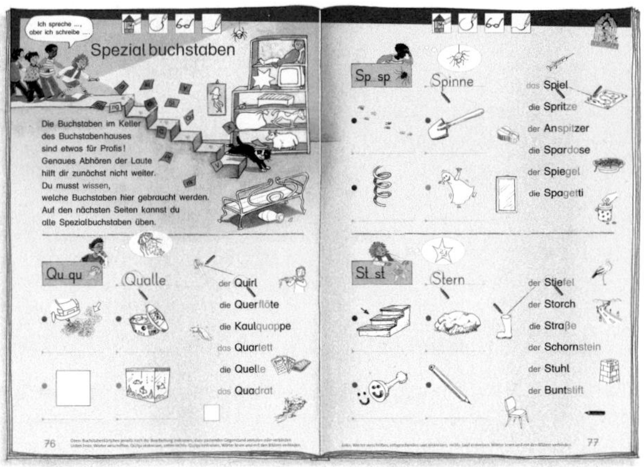

Die **Spezialbuchstaben** (Orthographeme) aus dem „Keller" des Buchstabenhauses im grünen Anhang des Arbeitsheftes (Seiten 76–82) können parallel zu den Kapiteln bearbeitet werden – je nachdem, wann ein Kind auf ein bestimmtes orthografisches Problem stößt. Ebenso können mithilfe dieser grünen Seiten natürlich auch bestimmte orthografische Besonderheiten gezielt im Klassenverband thematisiert werden.

Das **Wortschatzheft** im Anhang des Arbeitsheftes ist vielfältig nutzbar. Dort sind die Wörter der Wimmelbilder des Erstlesebuches und weitere zum Thema passende Wörter silbisch gegliedert und nach Wortarten getrennt alphabetisch aufgelistet. Die Seiten können zum Wortschatzheft zusammengefügt werden und sind für vielfältige Such-, Lese-, Abschreib- und Kontrollübungen – auch für Hausaufgaben – einsetzbar.

Folgende durch Illustrationen angeregte Übungen können von jedem Kind im Lauf des ersten Schuljahres zu unterschiedlichen Zeitpunkten durchgeführt werden:

- Anlegen einer Wörterkartei zum Üben einzelner Wörter. Diese kann auch mit weiteren Wörtern zum Thema individuell ergänzt werden.
- Partnerdiktat
- Schleichdiktat
- Blitzlesen mit einem Partner

## 2.4 Der Buchstabenkurs

Der **TINTO-Buchstabenkurs** ist ein klar strukturierter, schrittweise aufbauender Schreib- und Lesekurs. Er besteht aus zwei Teilen (A und B) à 96 Seiten und ist sowohl in Druckschrift (ISBN 978-3-06-084173-8) als auch in Grundschrift (ISBN 978-3-06-084174-5) erhältlich. Das Buchstabenhaus als Beileger dient als Einprägungshilfe und kann als Angebot für selbstständige Verschriftungsversuche genutzt werden.

Der Buchstabenkurs eignet sich besonders für Kinder, die aus verschiedenen Gründen eher von einer stärkeren Lenkung profitieren. Das Anspruchsniveau im TINTO-Buchstabenkurs steigt insgesamt behutsam an und es sind viele Arbeitshilfen integriert, die sich in der Unterrichtspraxis als hilfreich erwiesen haben, z. B. Ansatzpunkte für den Stift, die bei der Platzeinteilung in der Schreibzeile helfen, Einfärbung der Silben als Segmentierungshilfe, Kennzeichnung elementarer grammatischer Kategorien wie Artikel und Wortarten, konsequente Stützung der Wörter durch Bilder und vieles andere mehr.

Die Reihenfolge der Buchstaben orientiert sich an den Buchstabenplateaus, die den Themenkapiteln des TINTO-Erstlesebuches für das jeweils leichteste Textniveau hinterlegt sind. Dadurch ist auch für leistungsschwächere Kinder ein Leseangebot im Erstlesebuch garantiert. Im Inhaltsverzeichnis und in den Fußzeilen des TINTO-Buchstabenkurses verweisen Vignetten auf das jeweilige Bezugskapitel im Erstlesebuch.

Teil A beginnt mit einem Vorkurs. Hier werden fundamentale Fähigkeiten im Bereich der phonologischen Bewusstheit (Anlaute hören, Wörter in Silben gliedern, Reimwörter erkennen) sowie motorische Fertigkeiten abgefragt. Das Buchstabenhaus als Arbeitsmittel und Merkhilfe für die Buchstaben wird anschaulich eingeführt. Die Auswertung der bearbeiteten Seiten des Vorkurses gibt wertvolle Hinweise zum Entwicklungsstand der Kinder zu Beginn des Schuljahres.

Die Buchstabenplateaus (Buchstabengruppen) umfassen jeweils ca. fünf Buchstaben:

▷ Teil A:

L l, A a, N n, E e
O o, M m, I i, T t, S s
F f, G g, B b, R r, Ei ei
D d, H h, U u, P p, Ch ch

▷ Teil B:

Z z, Au au, K k, -ie, W w, Sch sch
Ö ö, -h, Ä ä, -ck, Ü ü
-ng, V v, J j, St st, Sp sp
Eu eu, -nk, Pf pf, -tz
Äu äu, -ß, X x, Qu qu, Y y, C c

In der Regel werden jedem Buchstaben/Laut vier Übungsseiten zur motorischen, visuellen und auditiven Durchdringung sowie Lese- und Schreibübungen zugeordnet, wie dies prototypisch am Beispiel des Buchstaben/Lauts E gezeigt wird:

**▶ Erste Seite: integrierter Druckschriftlehrgang**

*1. Buchstaben mit dem Finger und verschiedenen Stiften mehrfach nachspuren.*
*2. Buchstaben und Wort in die Lineatur schreiben.*
*Differenzierung: Je nach Lernausgangslage können die von Tinto angeregten oder in der Fußzeile aufgeführten Hinweise zur Anbahnung von Rechtschreibkenntnissen erörtert werden.*

### ► Zweite Seite: visuelles Erkennen/auditive Analyse

3. *Felder mit E e ausmalen; bei richtiger Bearbeitung ergeben sie die Buchstabenform oder ein Bild.*
4. *E im Anlaut hören und passende Bildwörter mit E verbinden.*

### ► Dritte Seite: auditive Analyse

5. *E hören und schreiben.*
6. *Silben schwingen oder klatschen; Silbenbögen zeichnen.*

*Differenzierung: Je nach Lernausgangslage sollte bei den Vokalen der Unterschied zwischen langem und kurzem Vokal durch kontrastives Sprechen erarbeitet werden.*

### ► Vierte Seite: Lese- und Schreibübungen

Die letzte Seite bietet Lese- und Schreibübungen. Diese Übungen steigern sich aufbauend von der Buchstabenebene über die Silben-, Wort-, Satz- bis hin zur Textebene.

7. *Passenden Anfangsbuchstaben des Bildwortes ankreuzen.*

*Tatzenaufgabe: Im Lautsuchbild Dinge bzw. Tiere anmalen, die den entsprechenden Laut enthalten.*

*Differenzierung: Wörter verschriften bzw. zum Bild schreiben.*

### ► „Das kann ich schon"-Seiten

Nach jedem Buchstabenplateau widmet sich eine blaue Doppelseite der Sicherung des bisher Gelernten. Diese „Das kann ich schon"-Seiten geben auch Hinweise auf evtl. bestehende Defizite in der Lernentwicklung, sodass es der Lehrerin möglich ist, zeitig einzugreifen und gegenzusteuern.

## 2.5 Der Buchstabenordner

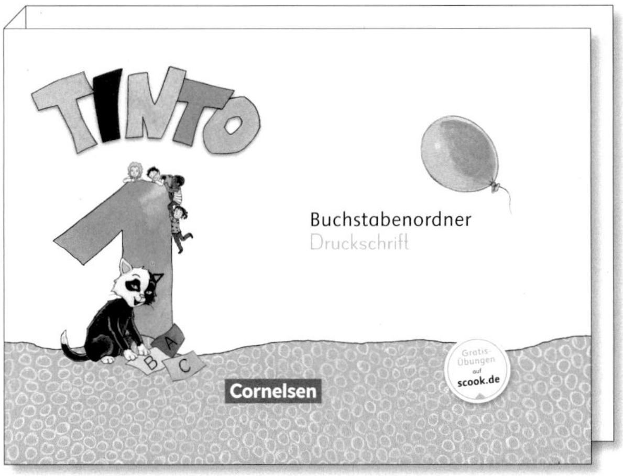


Der **TINTO-Buchstabenordner** (ISBN 978-3-06-084283-4, 220 Seiten) ist ein Arbeitsmaterial für den vertieften Umgang mit den einzelnen Buchstaben/Lauten. Die Seiten zu den einzelnen Buchstaben/Lauten sind farblich der Stellung im Buchstabenhaus angepasst (rot, gelb, grün) und alphabetisch sortiert.
Man kann für die Bearbeitung jedoch auch eine persönlich präferierte Reihenfolge vorgeben (z. B. zunächst die im Buchstabenkurs bzw. im Erstlesebuch auf den linken Basistextseiten hinterlegte Buchstabenfolge), die Reihenfolge dem Lernstand des Kindes gemäß individuell festlegen oder die Reihenfolge jedem freistellen. Die immer wiederkehrenden Übungen und die aus dem Arbeitsheft Schreiben/Lesen vertrauten Symbole ermöglichen ein selbstständiges Arbeiten.
Den Buchstabenordner gibt es auch in Grundschrift (ISBN 978-3-06-084284-1).

Zu jedem Buchstaben gibt es in der Regel sechs Seiten (= drei Blätter), die folgende Bereiche umfassen:

- Training der auditiven Fähigkeiten
- Training der visuellen Fähigkeiten
- Training der Feinmotorik
- Schreibübungen
- Verschriften von Wörtern
- Erlesen einzelner Wörter
- Erkennen gleicher Buchstaben bei unterschiedlicher Gestaltung

**► Erste Seite: auditiv, visuell, motorisch**

Anlautbild und Lautgebärde stützen das Einprägen der Graphem-Phonem-Korrespondenz.

*Buchstaben mehrmals mit dem Finger/Stift nachfahren; passende Anlautbilder, Buchstaben und Wörter aus Zeitschriften ausschneiden und aufkleben.*

**► Zweite Seite: visuell motorisch**

Variante a

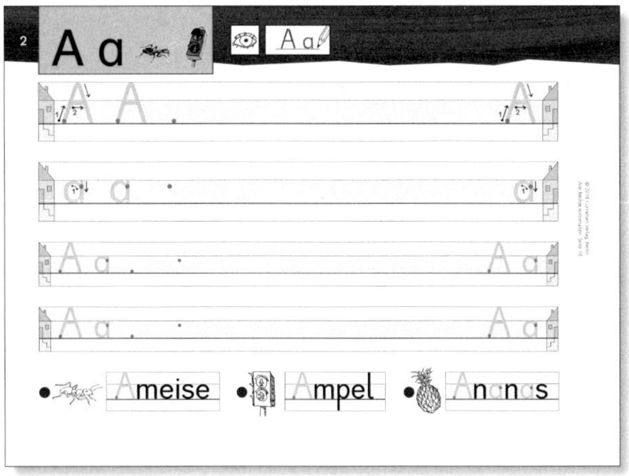


Variante b

*Buchstaben bzw. Wörter nachspuren; in die Lineatur schreiben.*
*Differenzierung: Wörter in ein eigenes Heft abschreiben.*

**► Dritte Seite: auditiv**

Variante a

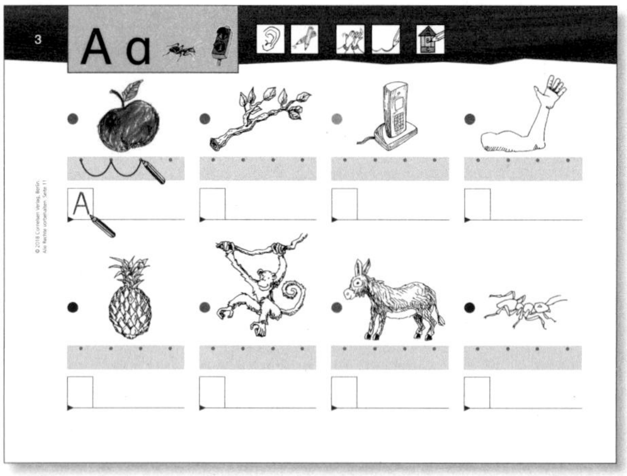


Variante b

*Bilder oder Bildteile mit dem entsprechenden Anlaut anmalen (a, b).*
*Differenzierung: Silbenbögen zeichnen, Vokale in die Silbenbögen eintragen;*
*Anlaut aufschreiben (a);*
*Wörter mithilfe des Buchstabenhauses verschriften (a, b) oder Satz/Text zum Bild schreiben (b).*

**► Vierte Seite: auditiv**

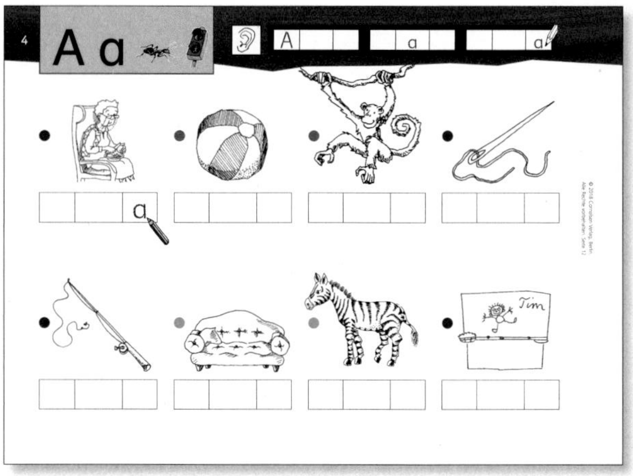


*Stellung des Lautes im Wort bestimmen: An-, In-, Auslaut eintragen.*
*Differenzierung: Stellung des Lautes nur ankreuzen.*

**► Fünfte Seite: auditiv, visuell, motorisch**

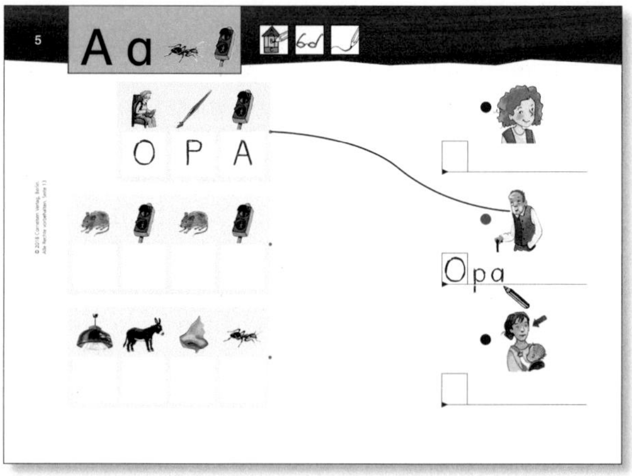


*Anlautbuchstaben mithilfe des Buchstabenhauses eintragen, Wort lesen und mit dem passenden Bild verbinden.*
*Differenzierung: Wörter mit Kleinbuchstaben aufschreiben. Hinweis: „Wörter mit dem Artikelpunkt sind Nomen. Man schreibt sie am Anfang groß."*

**► Sechste Seite: visuell**

*Buchstabenfelder anmalen (a) und/oder Buchstaben/Laut einkreisen (b, c). Bei richtiger Lösung ergibt sich ein Bild (a) oder der Buchstabe selbst als Form (b). Differenzierung: Fragen beantworten (a); Buchstaben im Text zählen (b, c); Text lesen (b, c) oder Malaufträge ausführen (c).*

Variante a

Variante b

Variante c

## 2.6 Die interaktiven Übungen

Die **interaktiven Übungen** sind online in Einzellizenz (ISBN 978-3-06-084176-9) und ebenfalls als Schullizenz auf DVD-ROM (ISBN 978-3-06-084225-4) erhältlich. Mit der Schullizenz können Sie jetzt ganz einfach mehrere Kinder als Nutzer/-innen anlegen, deren individuelle Bearbeitungsstände jeweils gespeichert werden (Computer mit CD-/DVD-ROM-Laufwerk, Microsoft® Windows® ab Version 7).

Die interaktiven Übungen umfassen die Module *Vorkurs, Buchstabenhaus, Wortschatz* und *Lesen und Schreiben.* Außerdem kann auf der Startseite auch der *TINTO-Rap* aufgerufen werden.
Zwei unterschiedliche Zugänge im Bereich *Wortschatz* stellen sicher, dass die Übungen sowohl zu einem eher offenen Konzept passen, z. B. mit dem Arbeitsheft Schreiben/Lesen, als auch zu einem stärker systematischen Konzept, z. B. mit dem Buchstabenkurs. Es gibt einen Zugang zum thematischen Wortschatz und einen zum Abhörwortschatz, sodass abgesichert ist, dass auch Kinder, die Deutsch als Zweitsprache erlernen, individuell bzw. mit einer Partnerin/einem Partner den Wortschatz vertiefen und auch nachmittags wiederholen können.

Die Übungen sind im umfassendsten Bereich *Lesen und Schreiben* neun Buchstabengruppen (passend zum Buchstabenkurs) zugeordnet, damit auch in diesem Modul bereits zu Beginn des Schriftspracherwerbs geübt werden kann und nicht gewartet werden muss, bis alle Buchstaben erlernt sind.

- 1: L l, A a, N n, E e
- 2: O o, M m, I i, T t, S s
- 3: F f, G g, B b, R r, Ei ei
- 4: D d, H h, U u, P p, Ch ch
- 5: Z z, Au au, K k, -ie, W w, Sch sch
- 6: Ö ö, -h, Ä ä, -ck, Ü ü
- 7: -ng, V v, J j, St st, Sp sp
- 8: Eu eu, -nk, Pf pf, -tz
- 9: Äu äu, -ß, X x, Qu qu, Y y, C c

Es sind unterschiedliche Übungen auf der Laut-, Silben-, Wort-, Satz- und Textebene enthalten. Die Übungen sind alle klar und übersichtlich aufgebaut, damit sich die Schülerinnen und Schüler selbstständig zurechtfinden. Eine motivierende Bearbeitung wird auch dadurch unterstützt, dass alle Arbeitsanweisungen, Bilder und Buchstaben vorgesprochen werden und nach jeder Aufgabenlösung ein Feedback erfolgt.

## 2.7 Die Schreiblehrgänge

Zunächst schreiben die Kinder alle ihre Texte in Druckschrift. Mit dem **Schreiblehrgang** erlernen sie nun eine verbundene Schrift. Er liegt in vereinfachter Ausgangsschrift (ISBN 978-3-06-082621-6), Schulausgangsschrift (ISBN 978-3-06-082620-9) und lateinischer Ausgangsschrift (ISBN 978-3-06-082622-3), jeweils 56 Seiten, vor.
Wer statt der Druckschrift bereits mit der Grundschrift gearbeitet hat, sollte zum Üben der Verbindungen nun den Schreiblehrgang „Grundschrift flüssig schreiben" nutzen (ISBN 978-3-06-083400-6, 40 Seiten).

Im Folgenden sollen die wichtigsten Strukturmerkmale der einzelnen Schriften benannt werden:

Vereinfachte Ausgangsschrift **(VA)**
Die VA ist besonders bewegungsökonomisch und verzichtet auf unnötige Drehrichtungswechsel. Ihr wichtigstes Strukturmerkmal ist, dass jeder Kleinbuchstabe an der Oberkante des Mittelbandes endet. Die Großbuchstaben entsprechen in ihrer Form weitgehend der Druckschrift.

Schulausgangsschrift **(SAS)**
Die SAS zeichnet sich insbesondere durch eine gute Schräglage und ihre straffe Bewegungsführung aus. Auch bei der SAS entsprechen die Großbuchstaben in ihrer Form weitgehend der Druckschrift.

Lateinische Ausgangsschrift **(LA)**
Die LA enthält viele Drehrichtungswechsel und Deckstriche sowie z. T. schreibmotorisch schwierige Schleifen und Flammenlinien. Diese Eigenschaften stellen hohe Anforderungen, vor allem an die schreibmotorisch noch nicht so sicheren Kinder. Hier sind vorbereitende und begleitende Übungen, auch zu einzelnen Formelementen, besonders wichtig.

Grundschrift
Bei der Grundschrift entsprechen alle Groß- und Kleinbuchstaben in ihrer Form weitgehend der Druckschrift. Der Schwungbogen am Ende vieler Buchstaben soll helfen, eine eigenständige Verbindung der Buchstaben zu finden. Zusätzlich werden zu einzelnen Buchstaben und Verbindungen Varianten angeboten, um einen flüssigeren Bewegungsablauf zu ermöglichen.

### Konzeption der Schreiblehrgänge

Alle Schreiblehrgänge sind so angelegt, dass sie sowohl gleichschrittig als auch nach kurzer Einführung von den Kindern selbstständig im eigenen Lerntempo bearbeitet werden können. Dies wird durch immer wiederkehrende Übungsformate und Schreibrichtungspfeile bei der Buchstabeneinführung unterstützt. Die Einführung des Schreiblehrgangs erfolgt mit der ganzen Klasse oder – bei unterschiedlichem Lernstand – in Kleingruppen. Sobald ein Kind das lauttreue Schreiben beherrscht und sicher Wörter und kleine Texte aufschreibt, kann es mit dem Schreiblehrgang beginnen. Alle Kurse zielen darauf ab, möglichst zügig zur verbundenen Schrift zu führen.

### Beginn der Schreibschrift

Grundsätzlich ist mit diesem vom Erstlesebuch unabhängigen Kurs das Erlernen einer verbundenen Schrift zu jedem Zeitpunkt möglich. Bevor eine Schreibschrift erlernt wird, sollte aber die Feinmotorik gut ausgeprägt sein. Kinder, die mit TINTO schreiben und lesen gelernt haben, haben viele eigene Texte geschrieben und so im Laufe der Zeit ihre Feinmotorik geschult und große Fertigkeiten erworben. Gegen Ende des ersten Lernjahres sind dann in der Regel die meisten Kinder in der Lage, ohne große Probleme zügig eine verbundene Schrift zu erlernen.

Dazu kommt zu diesem Zeitpunkt zumeist eine hohe Motivation, „endlich" die Schreibschrift zu erlernen. Ein zu früher Beginn führt dagegen häufig zu Misserfolgen und dementsprechender Unlust der Kinder.
Bei Kindern, die bereits mit der Grundschrift schreiben und lesen gelernt haben, erfolgt der Übergang zur stärker verbundenen Grundschrift individuell und fließend.

## Aufbau jedes Kurses

Die Reihenfolge der Buchstaben orientiert sich an folgenden Prinzipien:

1. Von leichten Bewegungsabläufen zu schweren.
2. Ähnliche Buchstabenformen und -verbindungen werden unmittelbar nacheinander eingeführt (ähnliche Bewegungsabläufe).
3. Große und kleine Buchstaben werden grundsätzlich gemeinsam eingeführt (VA, SAS, LA).
4. „Wichtige" Buchstaben und -verbindungen kommen möglichst früh (frühes Schreiben sinnvoller Wörter und Texte).

Zu Beginn jedes Schreiblehrgangs sind zunächst vorbereitende feinmotorische Formübungen vorgeschaltet. Dann werden die Buchstaben geschrieben. Im Kasten oben auf der Seite können die Buchstaben bzw. Verbindungen mehrfach mit Farbstift nachgespurt werden. Der Pfeil zeigt die Schreibrichtung an; bei notwendigem neuem Ansatz kommen weitere Pfeile hinzu. Geschrieben wird in Dreibandlineatur mit farbig unterlegtem Mittelband. Der Punkt in der Lineatur zeigt den Kindern, wo genau sie ansetzen müssen. Die grau geschriebenen Buchstaben und Wörter können zunächst nachgespurt werden (s. auch Tintos Erklärungen für die Kinder zu Beginn jedes Schreiblehrgangs).

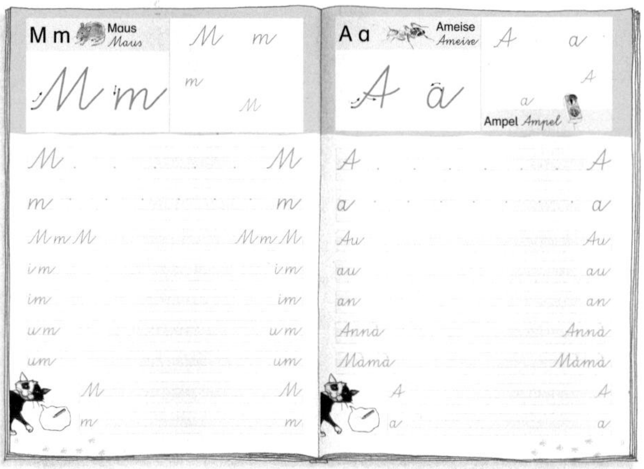


Nach Einführung der ersten Buchstaben kommen in den Schreiblehrgängen VA, SAS und LA Übungs- und Wörterseiten hinzu. Die bereits erlernten Buchstaben werden zunächst in Wörtern, dann in ganzen Sätzen verbunden und geübt. Dabei ist die Auswahl der Wörter weitgehend durch Lauttreue und/oder Häufigkeit bestimmt. So können die Kinder zusätzlich rechtschriftliche Sicherheit gewinnen. Mit steigender Zahl der erlernten Buchstaben steigt auch der Schwierigkeitsgrad auf den Wörterseiten: Zu den einfachen Abschreibübungen kommen Schreib- und Leseaufgaben und die Übertragung von Druck- in Schreibschrift.

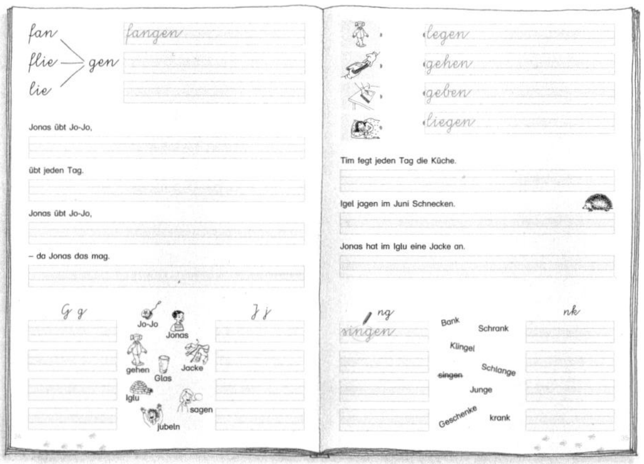


Im Schreiblehrgang „Grundschrift flüssig schreiben" liegt der Schwerpunkt auf den Verbindungen der bereits bekannten Buchstabenformen. Hier werden den Kindern immer Varianten gezeigt, die sie individuell zunächst isoliert und dann innerhalb von Wörtern üben können.

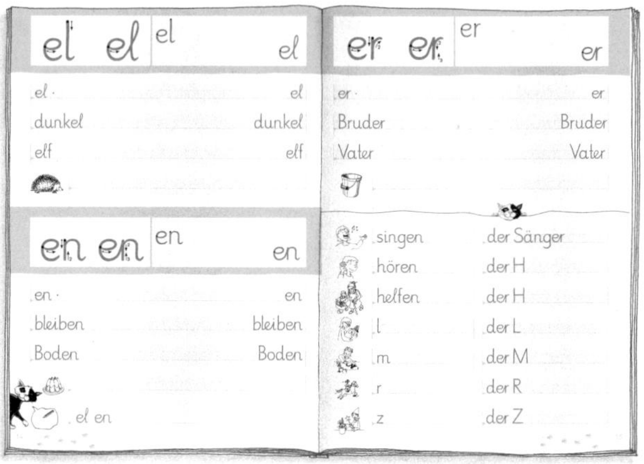


## Übung

„Schreiben lernt man am besten durch Schreiben." Auch hier sollte man dem Prinzip der individuellen Differenzierung folgen. Das heißt, den Kindern können zusätzlich zum Schreibkurs – je nach Fertigkeit mehr oder weniger – in einem eigenen Schreibschriftheft weitere Übungsangebote gemacht werden. Es hat sich bewährt, den einmal begonnenen Schreibkurs durch tägliche Schreibzeit zügig durchzuziehen.

## Material

Hilfreich ist es, wenn die Kinder einen speziellen Schreibschrift-Bleistift bekommen. Bewährt haben sich dreieckige Stifte mit Griffhilfen oder dreieckige Gummimuffen, die man über normale Stifte schieben kann. Ein Füller oder Tintenroller kommt erst für geübte Schreiber infrage. Das Papier muss genügend Widerstand bieten. Dies sollte auch bei den zusätzlich eingesetzten Heften bedacht werden.

## Linkshändigkeit

Linkshänder haben das Problem, dass sie zumeist mit der Schreibhand das Geschriebene verdecken. Daher sind die Buchstaben und Wörter in der Regel noch einmal am rechten Rand abgedruckt. Diese Kinder sollten von Anfang an darauf hingewiesen werden, dass sie die Hand leicht anwinkeln, um beim späteren Schreiben mit dem Füller nichts zu verwischen. Hier kann man ein älteres linkshändiges Kind zum Vormachen hinzubitten.

## Hilfen

Für Kinder mit besonderen Problemen beim Erlernen der Schreibschrift können folgende Hilfen in der Schule und auch zu Hause angeboten werden:

- Schwünge auf großformatigem Papier
- Buchstaben mit dicken Stiften auf großformatiges Papier schreiben
- Buchstaben vorschreiben und von den Kindern mit verschiedenen Farbstiften nachspuren lassen; die Buchstaben zunächst ohne Lineatur schreiben lassen

# 2.8 Training: Richtig schreiben

Das Heft **TINTO-Training: Richtig schreiben 1/2** (ISBN 978-3-06-082178-5, 56 Seiten) begleitet die Kinder auf ihren ersten Schritten zur Rechtschreibung. Es macht sie auf Abweichungen der Schrift von der hörbaren Lautfolge aufmerksam und behandelt Phänomene, die in der ersten und zweiten Klassenstufe gut zu bewältigen sind. Voraussetzung für die erfolgreiche Arbeit mit dem Heft ist, dass das Kind lautgetreu schreiben kann und im Wort selbst die Buchstaben kleinschreibt. Ob ein Kind diese Grundlage beherrscht, lässt sich mit dem Test „Einfache Wörter lautgetreu schreiben" feststellen, der sich auf der vierten Seite des Heftes befindet.

Die Aufgabentypen und die dazu notwendigen Arbeitstechniken sind weitgehend selbsterklärend, sollten jedoch sorgfältig eingeführt werden. Dies gilt insbesondere für die Arbeitstechnik „abschreiben", die auf der zweiten Seite im Heft visuell dargestellt wird und ein wesentliches Moment zur Einprägung rechtschriftlicher Besonderheiten darstellt.

Ist das Grundschema der Übungsformate erfasst, kann sich jedes Kind in seinem individuellen Tempo mit den Besonderheiten der Schriftsprache befassen.

Jede Seite widmet sich einer Schwierigkeit in der deutschen Rechtschreibung. Auf den hier abgebildeten Seiten wird z. B. auf die Endungen -er und -en aufmerksam gemacht.

Zunächst müssen die Kinder die passende Endung des Bildwortes markieren. In einem nächsten Schritt tragen sie diese in das Lückenwort ein. Anschließend reproduzieren sie das Wort durch die Arbeitstechnik „abschreiben". Auf eine genaue Eigenkontrolle sollte viel Wert gelegt werden.

## 2.9 Training: Richtig lesen

Nachdem die ersten Buchstaben und Laute bekannt sind und eine grundlegende Lesefähigkeit der Kinder entwickelt wurde, gilt es, dem Prozess der Automatisierung und damit der Entwicklung der Lesefertigkeit Aufmerksamkeit zu widmen. Selbstständiges Üben ist angesagt – im Unterricht und zu Hause. Damit das Lesen Spaß macht, müssen die Texte dem Entwicklungsstand der Leseanfänger/-innen entsprechen. Weit entwickelte Kinder werden sicher schon zu Bilder- und Kinderbüchern greifen. Für die meisten Kinder sind jedoch didaktisch speziell aufbereitete Texte die Grundlage, um ein Erfolgserlebnis zu erfahren.
Vier aufeinander aufbauende kleine Hefte im DIN-A5-Format à je 32 Seiten, passend zur Buchstabenprogression des TINTO-Buchstabenkurses, halten differenzierte Leseübungen zu jedem Buchstaben (ab E e) in drei Niveaustufen bereit auf der Silben-, Wort-, Satz- und Textebene. Dabei unterstützen gefärbte Silben – wie bereits auf den Basisseiten des TINTO-Erstlesebuchs – das Lesen und ermöglichen sukzessive eine größere Leseflüssigkeit und damit ein hörbares Erfolgserlebnis. Lesen ist jedoch immer Bedeutungs- und Sinnerfassung. Daher gibt es immer Möglichkeiten der Kontrolle, z.B. durch Ankreuzen, Verbinden, Malen, Beantworten der Fragen zum Text etc.

Den inhaltlichen Rahmen bilden hierbei weitere Geschichten rund um Tinto und die vier Kinder:

- Lena (Heft 1: E e bis Ei ei),
- Tim (Heft 2: D d bis Sch sch),
- Fatma (Heft 3: Ö ö bis Sp sp),
- Jonas (Heft 4: Eu eu bis C c).

Erhältlich sind die Hefte jeweils im Paket:
Heft 1 und 2 (ISBN 978-3-06-084190-5) und
Heft 3 und 4 (ISBN 978-3-06-084192-9).

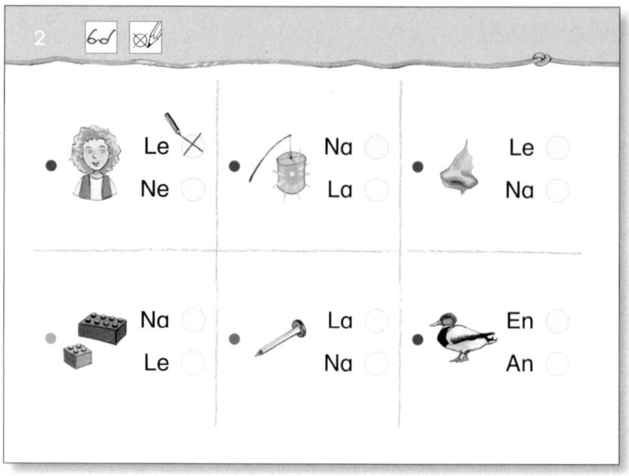


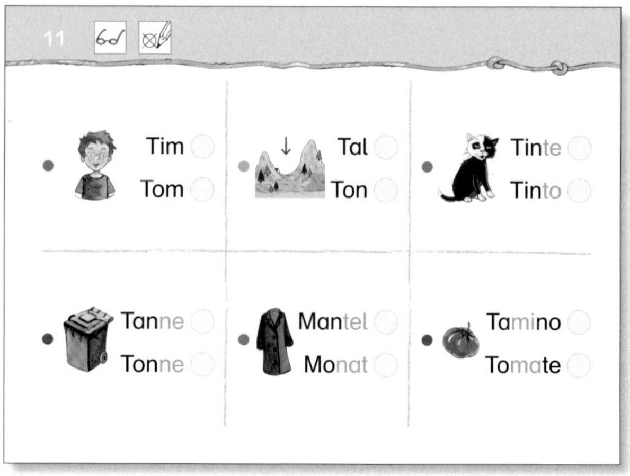


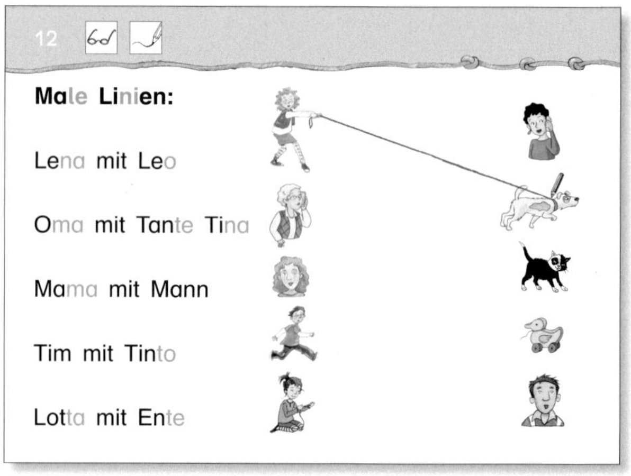


Beispielseiten aus Heft 1

## 2.10 Wort-Bild-Karten mit TING-Hörfunktion

Die **Wort-Bild-Karten** (ISBN 978-3-06-084226-1) enthalten alle wichtigen Nomen aus dem Buchstabenkurs. Sie dienen dazu, diesen Wortschatz aufzubauen, zu üben und zu sichern, damit die Übungen in den beiden Teilen A und B des Buchstabenkurses erfolgreich absolviert werden können. Die Wort-Bild-Karten sind vor allem als Sprachfördermaterial geeignet für Kinder, die Deutsch als Zweitsprache erlernen, oder für Kinder mit einem weniger ausgeprägten Wortschatz. Auf der Vorderseite ist jeweils das Bild zu dem Begriff mit dem farbigen Artikelpunkt (die = rot, der = blau, das = grün) abgebildet. Diese Seite ist mit der TING-Funktion verknüpft. Sobald ein Bild mit dem TING-Stift (nicht im Paket enthalten) angetippt wird, wird das Wort vorgesprochen (dies kann auch über einen Kopfhörer erfolgen).

Auf der Rückseite steht das Wort mit dem bestimmten und ohne Artikel. Hier ist auch der Hinweis enthalten, ab welcher Seite in welchem der beiden Teile des Buchstabenkurses die Karten einsetzbar sind. Da die Karten jeweils Teil A oder B und den entsprechenden Buchstaben zugeordnet sind, kann das Kind gezielt in seinem Schriftspracherwerb unterstützt werden. Es erarbeitet sich immer den Wortschatz, der als Voraussetzung für den weiteren Lernprozess im Buchstabenlehrgang benötigt wird.

Die Wort-Bild-Karten können vielfältig in verschiedenen Sozialformen eingesetzt werden. Das Beiblatt enthält viele konkrete Anregungen zu Übungen. Natürlich ist der Einsatz auch ohne TING-Stift möglich.

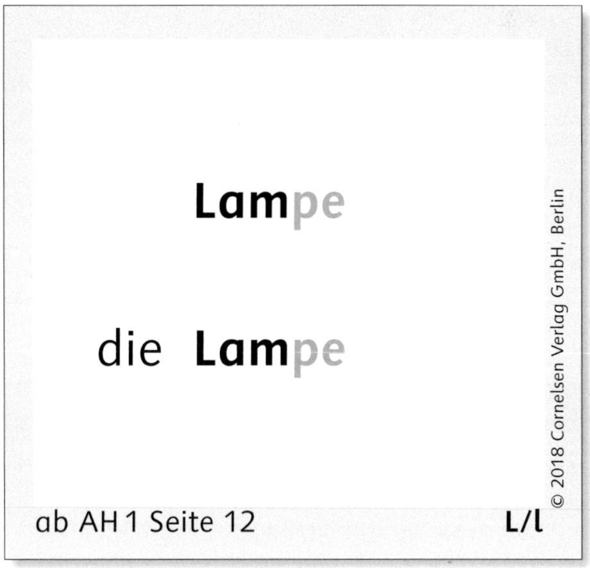

## 2.11 Arbeitsblätter Sachunterricht

Die neuen **TINTO-Arbeitsblätter Sachunterricht** greifen in einer leicht zu handhabenden Kompaktversion von 24 Seiten (erhältlich im 10er-Paket, ISBN 978-3-06-084257-5) die Sachthemen aus dem Erstlesebuch und dem Arbeitsheft Schreiben/Lesen auf und ergänzen sie mit zusätzlichen sachunterrichtsgemäßen Inhalten. Sie sind ein leicht verständliches, für die Schülerinnen und Schüler gut zu bewältigendes Angebot, das den Fokus auf die Entwicklung der wichtigsten fachspezifischen und fächerübergreifenden Kompetenzen legt sowie gleichzeitig Raum für eigene Schwerpunkte lässt.

Die Arbeitsblätter Sachunterricht

- aktivieren selbstständiges, handlungsorientiertes Arbeiten direkt im Heft,
- runden mit alternativen Aufgabenformaten die TINTO-Deutsch-Materialien ab und ergänzen sie sowohl inhaltlich als auch optisch über die Bildsprache, das Layout, die Leitfigur Kater Tinto und die Hauptfiguren,
- bieten mit mindestens einer Tatzenaufgabe pro Kapitel differenzierte und weiterführende Handlungsanregungen,
- vertiefen mit vielfältigen Übungsformen, Bastelanleitungen und einer Ausschneideseite die wesentlichsten Methoden im Sachunterricht und
- fördern die Sprachbildung im Fachunterricht.

Sammeln und ordnen

1

Oh ... was ist das?

Blätter — Seite 23 | Früchte — Seite 23
Buche | Bucheckern
Kastanie — Seite 23 | Kastanien — Seite 23
Eiche — Seite 23 | Eicheln — Seite 23
Kiefer — Seite 23 | Kiefernzapfen

8 — 1: Blätter und Früchte von S. 23 ausschneiden, richtig zuordnen und aufkleben; eigene Sammlung anlegen und ordnen; Differenzierung: Tinto verweist auf den Ahornbaum (Blatt und Frucht malen).
: Tiere aus Blättern legen, aufkleben und anmalen.

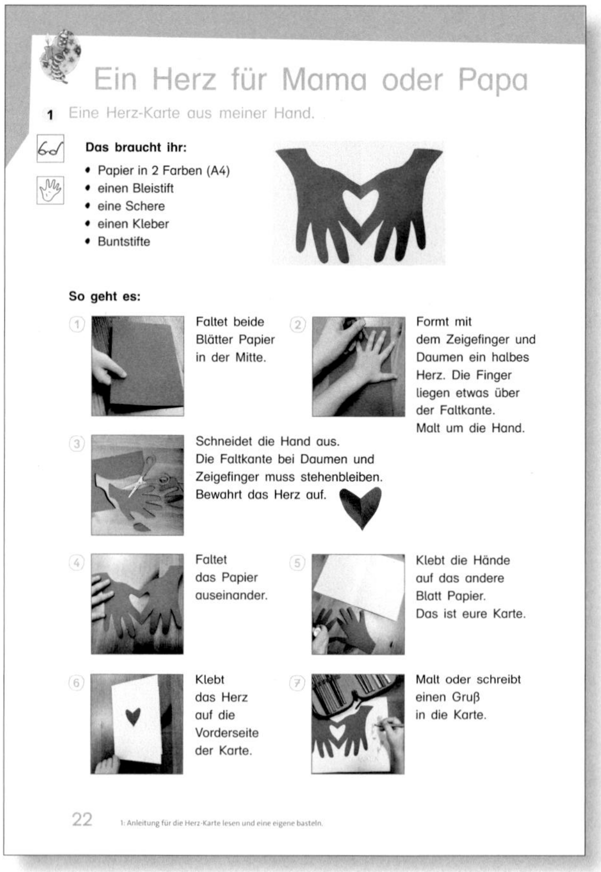
Ein Herz für Mama oder Papa

1 Eine Herz-Karte aus meiner Hand.

**Das braucht ihr:**

- Papier in 2 Farben (A4)
- einen Bleistift
- eine Schere
- einen Kleber
- Buntstifte

**So geht es:**

1. Faltet beide Blätter Papier in der Mitte.
2. Formt mit dem Zeigefinger und Daumen ein halbes Herz. Die Finger liegen etwas über der Faltkante. Malt um die Hand.
3. Schneidet die Hand aus. Die Faltkante bei Daumen und Zeigefinger muss stehenbleiben. Bewahrt das Herz auf.
4. Faltet das Papier auseinander.
5. Klebt die Hände auf das andere Blatt Papier. Das ist eure Karte.
6. Klebt das Herz auf die Vorderseite der Karte.
7. Malt oder schreibt einen Gruß in die Karte.

22 — 1: Anleitung für die Herz-Karte lesen und eine eigene basteln.

## 2.12 Kopiervorlagen mit CD-ROM

Die **TINTO-Kopiervorlagen mit CD-ROM** (ISBN 978-3-06-084252-0) unterstützen den individuellen und differenzierenden Unterricht. Die 200 Kopiervorlagen gliedern sich wie folgt:

### 1. Allgemeine Kopiervorlagen (KV 1–18)

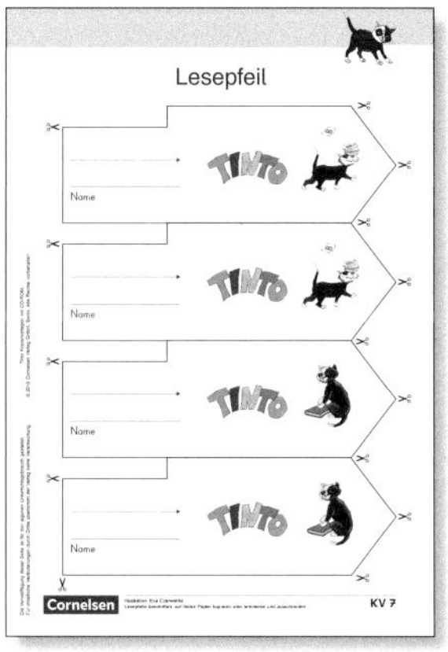


Die allgemeinen Kopiervorlagen stellen Hilfen zur Unterrichtsorganisation bereit, z. B. Vorlagen für Arbeitspläne, Stundenpläne, aber auch Bastelvorlagen und Bildkarten rund um Tinto und die Kinder Lena, Tim, Fatma und Jonas.

### 2. Kopiervorlagen zum Buchstabenhaus (KV 19–45)

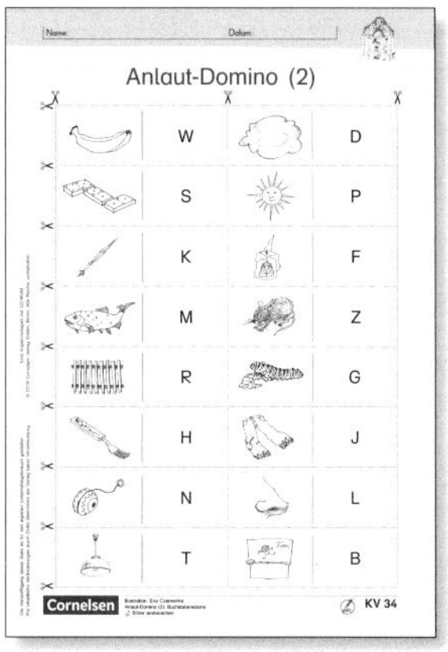


Die Arbeit mit dem Buchstabenhaus will sorgfältig vorbereitet werden: Die Struktur des Buchstabenhauses, die Bedeutung der darin enthaltenen Bildwörter sowie Laute bzw. Buchstaben werden spielerisch erarbeitet und gefestigt. Aber auch die Hinführung zur Lautanalyse bis hin zu ersten Verschriftungsversuchen ist Bestandteil dieses Teils der Kopiervorlagen.

### 3. Thematische Kopiervorlagen zu den Kapiteln des Erstlesebuches (KV 46–79)

Mit den Kopiervorlagen zu den Kapiteln des Erstlesebuches werden Kapitelinhalte und ggf. rechtschriftliche Schwerpunkte geübt und vertieft.

### 4. Förder-Kopiervorlagen (KV 80–195)

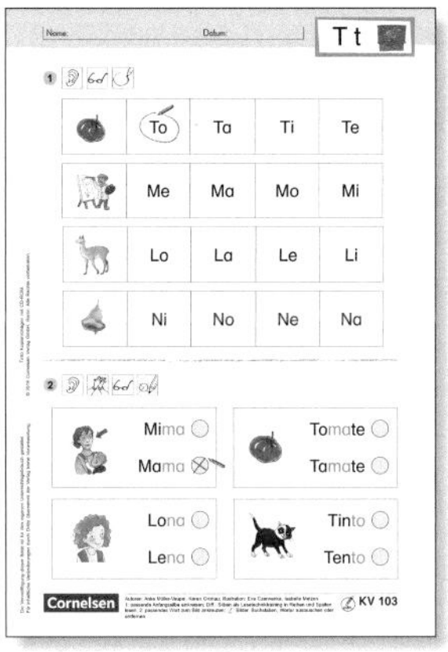


Die Förder-Kopiervorlagen orientieren sich an der Buchstabenreihenfolge des Buchstabenkurses und somit an den Buchstabenplateaus, die den Kapiteln im Erstlesebuch hinterlegt sind. Sie bieten zu jedem einzelnen Buchstaben einfache Übungen aus dem Bereich der Motorik, der visuellen und auditiven Analyse sowie des Lesens und Schreibens an. Die Schwierigkeit steigt langsam. So werden Kinder unterstützt, die mehr Zeit für ihre Lernentwicklung benötigen.

## Die CD-ROM zu den Kopiervorlagen

Alle Kopiervorlagen befinden sich auch auf der beigelegten CD-ROM als PDF-Datei. Die Kopiervorlagen in **Grundschrift** sind ebenfalls hier zu finden. Ein Zusatzordner mit **Bildmaterial** erlaubt die Gestaltung eigener Arbeitsblätter. Der beliebte **TINTO-Rap** liegt im MP3-Format vor.
Einige Kopiervorlagen sind auf der CD-ROM auch als Word-Datei vorhanden. Diese können individuell verändert werden. Wort- und Textmaterial kann überschrieben oder ergänzt werden, Bilder können entfernt oder durch andere ersetzt werden.
Beachten Sie jedoch bitte, dass aus rechtlichen Gründen auf der CD-ROM keine Schriftarten mitgeliefert werden dürfen. Änderungen an Texten erscheinen daher in den Systemschriften Arial bzw. Comic Sans. Es empfiehlt sich deshalb, die gewünschten Schulschriften auf dem eigenen Computer zu installieren. Sind diese dann als Schriftart ausgewählt, tragen sie sich automatisch bei Textänderungen ein.

# 2.13 Sonstiges

## Grundübungen zum Lesen und Schreiben

Die **TINTO-Grundübungen zum Lesen und Schreiben** (ISBN 978-3-06-084193-6) führen die Leseanfänger spielerisch an alle Lernbereiche heran, die für den Schriftspracherwerb von grundsätzlicher Bedeutung sind:

- Akustische Wahrnehmung/phonologische Bewusstheit
- Visuelle/optische Wahrnehmung
- Grafomotorische Fähigkeiten/Feinmotorik
- Kognitive Fähigkeiten/logisches Denken/Umweltwissen

Zu jeder Aufgabe ist eine Beispiellösung am Seitenkopf abgedruckt. Die Übungen unterliegen einer behutsamen Progression, erfordern jedoch keinerlei Buchstabenkenntnis.

Das Heft stützt vor allem die Kinder, die für einen erfolgreichen Schriftspracherwerb besonderer Förderung bedürfen, und bereitet somit direkt auf die Arbeit mit dem Buchstabenkurs vor.
Die Betreuenden unterstützt es außerdem bei der Einschätzung der individuellen Lernausgangslage eines Kindes.

## Lautbilder

Bei den **TINTO-Lautbildern** (ISBN 978-3-06-084273-5) handelt es sich um 42 Blätter im DIN-A4-Format zum Aufhängen in der Klasse. Enthalten ist jeweils ein Buchstabe bzw. eine Buchstabengruppe in der Lineatur, inkl. Schreibrichtungspfeilen, mit dem entsprechenden Lautbild aus dem Buchstabenhaus (Vorderseite: Druckschrift, Rückseite: Grundschrift).
Die Blätter können auch in Verbindung mit einer Folie als Vorlage zum Nachspuren für grafomotorisch ungeübte Kinder genutzt werden.

## Poster zum Erstlesebuch

Bei den **TINTO-Postern** handelt es sich um die elf Kapiteleinstiegsbilder (Wimmelbilder) aus dem Erstlesebuch im DIN-A1-Format (ISBN 978-3-06-084538-5). Sie dienen sicher auch als Wandschmuck, aber in erster Linie als Kapiteleinstieg und Gesprächsanlass, als Angebot zum Absichern von Begriffen, als Suchbild, Schreibimpuls etc.

## Materialien zur Differenzierung (Koffer)

Der **TINTO-Koffer** bietet vielfältiges vorgefertigtes Spiel- und Übungsmaterial, das Lehrerinnen und Lehrer zusätzlich darin unterstützt, einen stark differenzierten, auf die Lernbedingungen des einzelnen Kindes abgestellten Unterricht zu realisieren. Ziel aller Lernspiele ist es, die Schreib- und Lesekompetenz zu fördern, was das Training einzelner Teilfähigkeiten einschließt.
Das Material ist – unabhängig von einer bestimmten Buchstabenfolge – auf das Buchstabenhaus und die Inhalte des Erstlesebuchs abgestimmt, sodass Bilder, Personen und Situationen von den Kindern wiedererkannt werden können.

Einfache Übungsangebote, z.B. zum Abhören von Anlauten oder für Laut-Buchstaben-Zuordnungen, sowie die Möglichkeit der stetigen Wiederholung unterstützen Kinder mit grundlegendem Förderbedarf. Andere Übungsmaterialien fördern in sinnvollen Abstufungen die weitere Lese- und Schreibentwicklung bis hin zum Erlesen von Texten, sodass auch die schnelleren Lerner/-innen ein passendes Angebot vorfinden. (Eine Übersicht über die Förderschwerpunkte der einzelnen Lernspiele findet sich im Koffer.)

Der Koffer enthält:
- Karten zum Silbensammeln
- Silbenschieber
- Memos (auch gezinkt)
- Dominos
- Setzleisten und Buchstaben-/Bildkarten
- Klammerkarten
- Karten zum Geschichtenlegen
- Bingos
- Klappbücher
- Quartette
- Spielbretter

## Lieder-CD

Auf der **TINTO-Lieder-CD blau** (ISBN 978-3-464-80270-0) werden viele Lieder aus dem neuen Erstlesebuch angeboten. So können der TINTO-Rap und weitere Klassenhits gehört und gelernt werden, ohne dass die Lehrerin ein Instrument einsetzen muss.

## Handpuppe

Über das Spiel mit der **Handpuppe** des Katers Tinto (ISBN 978-3-464-80117-8) kommen auch zurückhaltende Kinder aus sich heraus. Außerdem kann die Puppe zum Initiieren von Gesprächen zwischen Partnern oder innerhalb der Gruppe genutzt werden.

## Stempel

Der **Stempel** (ISBN 978-3-464-80362-2) mit dem Tatzenabdruck des Katers Tinto kann z.B. zum Abstempeln von Wochenplänen etc. genutzt werden.

# 3 Erfahrungsberichte aus der Praxis

## 3.1 Hinweise zur Elternarbeit

### Der Schulanfang – ein neuer Lebensabschnitt

Viele Eltern schauen mit großer Sorge auf den Schulanfang ihres Kindes. Ihre Sorgen sind vielfältig: Ist ihr Kind gut vorbereitet auf die Schule? Es ist ja noch so jung (gerade sechs geworden oder wird erst in einigen Wochen sechs Jahre alt). Es kann sich vielleicht noch nicht so lange konzentrieren. Es arbeitet eigentlich nur, wenn es ihm Spaß macht, malt und bastelt ungerne, kann nur mühsam seinen Namen abschreiben. Ist noch sehr ängstlich und zurückhaltend, ist viel krank, hat einen unbändigen Bewegungsdrang, geht abends immer spät ins Bett, ist noch sehr unselbstständig. Oder es kann schon lesen und viele Wörter schreiben und wird sich vielleicht langweilen. Wird mein Kind mit den Anforderungen in der Schule zurechtkommen?

Mit dem ersten Schultag beginnt nicht nur für das Kind ein neuer Lebensabschnitt, auch die Eltern müssen sich umstellen. Eltern geben ihr Kind den ganzen Vormittag oder sogar bis nachmittags in fremde Hände. „Fremde Erziehung“ kennen die Eltern bereits aus der Kita. Aber mit den Erfahrungen aus der Kita suchen viele Eltern den engen Kontakt zur Schule/Lehrerin. Sie möchten ihr Kind in die Klasse begleiten, es von dort wieder abholen, mit der Lehrerin sprechen, sich erkundigen, wie es dem Kind in der Schule ergeht, so wie sie es über mehrere Jahre in der Kita gemacht haben. In der Schule ist es anders. Kinder sollen möglichst schnell lernen, Wege selbstständig zu gehen – sei es zunächst nur von der Schultür zur Klasse, dann vom Schulhof zum Klassenzimmer, später sollen auch Teile des Schulwegs ohne die Eltern zurückgelegt werden, bis die Kinder den Schulweg schließlich allein/mit Freunden gehen können. Diese Selbstständigkeit ist wichtig, denn auch in der Klasse/beim Lernen müssen die Kinder zunehmend Verantwortung für ihr Handeln/ihre Aufgaben übernehmen.

Eltern von Anfang an mit ihren Sorgen ernst nehmen, ihnen zuhören, Zeit für Gespräche einräumen, um sich kennenzulernen, den Eltern erklären, warum wir was tun und welche Ziele dahinterstehen und welche Möglichkeiten es für die Eltern gibt, ihre Kinder zu unterstützen, und auch welche Möglichkeiten die Schule bietet, die Eltern zu unterstützen, kann den Grundstein für eine vertrauensvolle und respektvolle Zusammenarbeit von Schule und Elternhaus legen. Bewährt haben sich hier u.a. gemeinsame Bastelnachmittage, bei denen sich vielfältige, informelle Gespräche ergeben. Eine weitere wichtige Unterstützung ist (sofern in der Schule vorhanden) die Schulsozialarbeit, die auch häufig ein Elterncafé anbietet.

### Lernentwicklungsstand

Kinder kommen in die Schule mit ganz unterschiedlichen Vorkenntnissen: Viele können ihren Namen schreiben, manche kennen schon einige Buchstaben – die meisten als Großbuchstaben – und können auch schon Wörter wie MAMA, PAPA, OMA, OPA schreiben. Einzelne Kinder kennen schon die meisten Buchstaben und können bereits Wörter oder kleine Texte lesen. Hingegen gibt es auch Kinder, die noch große Schwierigkeiten haben, ihren Namen zu schreiben, die sich nicht alle Buchstaben merken können, die nicht wissen, was die Buchstaben bedeuten, die die Buchstaben spiegelverkehrt abzeichnen und die den Unterschied zwischen Zahlen und Buchstaben nicht kennen. Alle diese Kinder sind aber in einer Klasse und jedes Kind hat ein Recht darauf, entsprechend gefördert und gefordert zu werden. Die Schule weiß das und stellt sich darauf ein.

Mit dem neuen TINTO-Konzept gelingt dies gut, denn es ist so angelegt, dass Kinder, auf dem individuellen Vorwissen aufbauend, in ihrem eigenen Tempo arbeiten und lernen können (s. 1.1).

Hier bietet es sich an, den Eltern die Entwicklung des Schreibenlernens deutlich zu machen und die Parallelität zum Erwerb der mündlichen Sprache aufzuzeigen, die auch nicht von Anfang an mit gramma-

tisch perfekten Sätzen vorhanden war und die die Eltern trotzdem zu jeder Zeit unterstützend gewürdigt haben. Die Kinder befinden sich beim Schuleintritt auf den unterschiedlichsten Stufen und müssen von dort aus weiterlernen (s. 1.2, Übersicht „Entwicklung Schreiben/Lesen"). Stufen zu überspringen, würde zu gravierenden Störungen im Rechtschreiblernen führen.
Hier ist in jedem Fall eine verständliche und für die Eltern nachvollziehbare Erläuterung unseres Konzeptes sinnvoll mit dem deutlichen Hinweis, dass das Erlernen der alphabetischen Strategie ein wichtiger Baustein beim Erwerb von Rechtschreibkompetenz ist – der als wesentlicher Lernentwicklungsschritt am Anfang steht (s. 1.1). Darüber hinaus muss der Schreiblernprozess – und der damit einhergehende Erwerb von Strategien zur Rechtschreibkompetenz (s. 1.2) – in Elternabenden und Elterngesprächen sukzessive begleitet und erläutert werden.

## Lernfortschritte

Neben den strukturierten Übungen im Buchstabenkurs bzw. Buchstabenordner ist das zentrale Medium beim Erlernen der Buchstaben das TINTO-Buchstabenhaus. Auf vielfältige Art und Weise werden die Kinder mit dieser Lauttabelle bekannt gemacht. Sie lernen, dass die Bilder für den Anlaut stehen, der mit dem Buchstaben dargestellt ist. Spiele, Lieder und Übungen helfen bei der Orientierung im Buchstabenhaus. (Hier bietet es sich an, den Eltern den TINTO-Rap vorzuspielen, ihnen eine Kopie des Textes in die Hand zu geben und sie zum Mitrappen aufzufordern.)
In den nächsten Wochen wird der Umgang mit dem Buchstabenhaus immer geläufiger. Die Kinder wenden ihre Buchstabenkenntnisse beim Schreiben von Wörtern an. Sie schreiben die Buchstaben auf, die sie schon heraushören können. Das kann zunächst nur der Anfangsbuchstabe sein, wird aber im Laufe der Zeit immer mehr werden, da dies täglich in der Schule geübt wird. Es sollte unbedingt erwähnt und erklärt werden, dass es den Kindern anfangs schwerfällt, Vokale zu hören, und dass diese „Dach"-Buchstaben ganz besonders geübt werden.
Zeigt man den Eltern anhand von Schreibproben eines Kindes die stetigen Lernfortschritte, so bekommen sie einen Eindruck, wie sich der Lernprozess vollzieht. Als Beispiel kann hier auch auf die Schreibproben von Jana („Lernfortschritte von Jana", s. 5.2) zurückgegriffen werden.
Viele Lehrerinnen nutzen die Elternsprechtage, um den Eltern die Produkte des freien Schreibens ihres Kindes zu zeigen und anhand dieser Beispiele genau aufzuzeigen, an welcher Stelle im Prozess des Schreibenlernens sich das Kind befindet, was es schon kann und wie es weitergeht. Dass manche Kinder zu Beginn des Schuljahres Wörter nur mit einem einzigen Buchstaben (in der Regel dem Anfangsbuchstaben) verschriften und das so **zunächst** auch in Ordnung ist, sollte dabei unbedingt erwähnt werden.

Lese(vor)übungen gibt es von Anfang an: Zunächst ordnen die Kinder Anfangsbuchstaben zu, dann kommen die Verbindungen von zwei Buchstaben zu Silben und nach und nach Wörter und kurze Sätze. Manche Kinder sind vor Weihnachten so weit, dass sie lesen können, andere erst im zweiten Schuljahr. Aber das ist in Ordnung, jedes Kind hat die Zeit, die es zum Lernen braucht. Das Wichtigste ist, dass es Lernfortschritte macht.
Wichtig ist außerdem, dass nicht nur Sie als Lehrerin, sondern auch die Eltern ihrem Kind Freude an Texten vermitteln, indem sie ihm regelmäßig vorlesen.

## Vorschläge für die Durchführung des ersten Elternabends

Die Einladung sollte alle Eltern neugierig machen. Aus Kinderzeichnungen oder Kindertexten vergangener Schuljahre lässt sich schnell etwas basteln, das besser geeignet ist, die Aufmerksamkeit der Eltern zu wecken, als ein DIN-A4-Blatt mit offiziellem Einladungstext. Wenn es schnell gehen muss, kann auch die editierbare Einladung (s. TINTO-Kopiervorlagen, **KV 18**) individuell beschrieben, kopiert und verschickt werden.

Eine persönliche Begrüßung der Eltern bereits an der Tür gibt ihnen das Gefühl, wichtig und ernst genommen zu sein – eine kleine Geste mit großer Wirkung. Falls viele Eltern sich untereinander nicht kennen, bietet es sich an, Namensschilder zur Verfügung zu stellen. Das erleichtert allen, miteinander ins Gespräch zu kommen. Einige Lehrerinnen haben gute Erfahrungen mit Begrüßungs- oder Kommunikationsspielen gemacht. Wenn genug Zeit vorhanden ist, können so erste Hemmungen abgebaut werden.

Gepflogenheiten der Schule müssen den Eltern in möglichst sachlicher und knapper Form mitgeteilt werden, damit sie diese verstehen und behalten. Es empfiehlt sich eine **Checkliste**, aus der auch schnell ein Merkblatt (Flyer) für Eltern erstellt werden kann.

*Was müssen die Eltern über die Schule wissen?*
Adresse, Telefonnummern, Sprechzeiten, Ferientermine, Feiertage und bewegliche Ferientage, Schulfeste, geplante Projektwochen und Ausflüge etc.

*Welche Regeln gelten?*
Entschuldigung bei Krankheit, Verhalten bei Unfällen auf dem Schulweg, Beurlaubungen, Pausenzeiten, Essenszeiten, Schulfrühstück (was ist erwünscht, was nicht) – falls es keine festen Schulregeln gibt, empfiehlt es sich, mit den Eltern gemeinsam eine Vereinbarung zu treffen (z. B. keine Süßigkeiten, Essens-/Milchgeld etc.).

*Wie wird der Unterricht organisiert?*
Welche Fächer, welche Lehrer, Pausenzeiten, Erläuterungen zum Stundenplan, welche Unterrichtsformen, welche Unterrichtsmaterialien, Handhabung von Hausaufgaben/Lernzeiten, Förderunterricht, Zeugnisse etc.

*Wie können Eltern den Schulstart unterstützen?*
Besuch einer Bücherei und regelmäßiges Vorlesen, gemeinsames Spielen und Basteln, Kennenlernen der Mitschüler durch Aufbau von Kontakten, selbstständiger Schulweg, Übertragung von Verantwortlichkeit z. B. für den Schulranzen etc.

**Hinweis:** Meist gibt es so viel Organisatorisches zu besprechen, dass sich dafür ein eigener Elternabend lohnt. Werden beim ersten Treffen zu viele Informationen geliefert, fühlen sich die Eltern überfordert und wichtige Informationen gehen unter. In vielen Schulen hat es sich auch bewährt, den organisatorischen Rahmen in einem ersten Elternabend für den gesamten neuen ersten Jahrgang schon *vor* den Sommerferien zu erläutern.

## Arbeit mit der Lauttabelle: ein Selbstversuch für Erwachsene

Eine rechtzeitige und umfassende Information der Eltern über die Arbeit mit der Lauttabelle ist unverzichtbar. Erklärungen, wie sie in Kapitel 2.2 und 4.1 gegeben werden, können beim ersten Elternabend genutzt werden.
Wesentlich eindrücklicher kann aber auch die Information durch eine Selbsterfahrung, z. B. mit dem verfremdeten Buchstabenhaus (s. übernächste Seite), gestaltet werden. Dabei sollte den Eltern die Arbeit mit dem Buchstabenhaus auf die gleiche Weise erklärt werden wie den Kindern. Verweise darauf, dass beispielsweise nicht Be, sondern B hinter dem Anlautbild steht, lassen sich bei dieser Übung leicht unterbringen.
Als Schreibaufgabe können die Eltern ihren (Vor-)Namen oder einen Satz schreiben. Werden im Anschluss die Verschriftungsergebnisse mit dem Nachbarn ausgetauscht, wird den Eltern sicherlich auch deutlich, warum die Kinder zunächst ein selbst geschriebenes Wort nicht unbedingt schon lesen können. Indem sie erproben, wie ihre Kinder schreiben, werden die Eltern schnell begreifen, wie schwierig am Anfang das Verschriften für ihre Kinder ist. Das Abhören der einzelnen Laute eines Wortes geschieht bei Erwachsenen im Selbstversuch ganz selbstverständlich, muss aber von den Kindern neu und mühsam erlernt werden. Es ist aber ein wichtiger Schritt auf dem Weg zum richtig Schreibenlernen. Den Eltern wird deutlich, weshalb die Kinder zunächst nur einige gut hörbare Laute eines Wortes verschriften. Nach dieser Erfahrung können sie die Leistung, die die Kinder beim Erlernen der Buchstabenschrift vollbringen, besser nachvollziehen und würdigen. An dieser Stelle kann auch gut der Hinweis erfolgen, die Fehler (des Kindes) **zunächst nicht** zu korrigieren, da sich dies negativ auf die Schreibmotivation und den Lernprozess auswirken kann. (Da ehrgeizige Eltern es doch tun werden, wird davon abgeraten, Verschriftungsaufgaben als Hausaufgabe zu geben.)

Die Rechtschreibung wird bei TINTO mit vielfältigen, aufeinander aufbauenden Übungen sukzessive gelernt (s. 1.2). Im Laufe des ersten Schuljahres lernen die Kinder beispielsweise, ihre selbst verschrifteten Wörter im Arbeitsheft Schreiben/Lesen mit der korrekten Schreibweise der Wörter auf den Einstiegsseiten im Erstlesebuch zu vergleichen und zunehmend selbst zu korrigieren. Oder sie üben auf vielfältige Weise Grundwortschatz-Wörter mithilfe des Wortschatzheftes im Arbeitsheft Schreiben/Lesen.

So können die Eltern die Buchstabensicherheit ihrer Kinder fördern:

- Würfel- und Ratespiele mit dem Buchstabenhaus
- Wörter nach Silben klatschen
- Reimwörter finden
- Wörter finden, die mit L, N, E, A ... anfangen
- „Welchen Buchstaben hörst du am Ende des Wortes?“
- „Hörst du in *Milch* ein l?“
- Buchstaben in der Umwelt finden und benennen
- Auf die korrekte Schreibrichtung der Buchstaben hinweisen

Ermutigen Sie die Eltern, die Leistungen ihres Kindes anzuerkennen und auch die ganz kleinen Lernfortschritte zu loben. Jedes Kind bringt seine eigenen Lernvoraussetzungen mit. Manchen fällt es leicht, andere müssen sich sehr anstrengen. Alle Kinder brauchen immer wieder Anerkennung.

## Passende Kinderliteratur zum Schulanfang

Sabine Jörg, Ingrid Kellner:
**Der Ernst des Lebens**
Thienemann

Sabine Jörg, Antje Drescher:
**Neues vom Ernst des Lebens: Geschichten zum Schulanfang**
Thienemann

Joke van Leeuwen:
**Das tolle ABC-Buch. Bilder, Geschichten & Gedichte**
Gerstenberg

Ingo Siegner:
**Der kleine Drache Kokosnuss kommt in die Schule**
cbj

Stian Hole:
**Garmans Sommer**
Hanser

Astrid Lindgren, Ilon Wikland:
**Ich will auch in die Schule gehen**
Oetinger

Eva-Maria Kulka (Hrsg.):
**Die schönsten Geschichten zum Schulanfang**
von Corinna Gieseler, Peter Härtling, Astrid Lindgren, Mirjam Pressler u. a.
Oetinger

Name: Datum:

# Buchstabenhaus für Erwachsene

**1** Schreiben Sie Ihren Namen mithilfe des Buchstabenhauses:

▶ ______________________________

**2** Können andere Eltern Ihren Namen lesen?

## 3.2 Die ersten Schultage mit TINTO

Eine Lehrerin aus Nordrhein-Westfalen berichtet:

*Erster Tag*

Der erste Schultag ist genau genommen gar nicht der erste Schultag. Im Schulkinder(SchuKi)-Projekt, das an unserer Schule seit einigen Jahren fest etabliert ist, sind die Kinder in Kleingruppen seit Ende Januar einmal wöchentlich in der Schule gewesen. So kennen sie sich schon gut aus und ich weiß bereits eine Menge über ihre Fähigkeiten und Vorerfahrungen. Kurz vor den Sommerferien trafen wir uns – die neuen Erstklässler und ich – in unserem Klassenraum, um uns als ganze Klasse kennenzulernen und schon einmal miteinander zu singen, zu malen und zu basteln. Vorher haben wir drei Klassenlehrerinnen uns jeweils ein Tierlogo überlegt. So wurden am Schnuppertag in der Klasse Namensschilder in Form von Marienkäfern, Mäusen und Igeln ausgemalt und beschriftet (wer keine Tierklasse hat, kann natürlich auch die Tinto-Namensschilder aus den Kopiervorlagen verwenden, **KV 1**).
Und so gibt es auch keine ängstlichen Gesichter, sondern vor allem gespannte Erwartung auf das, was da kommen wird. Ein besonderer, ein feierlicher Tag ist er schon, der offizielle erste Schultag, wenn die Eltern, Großeltern oder vielleicht auch noch Onkel und Tanten sich mit dem Kind auf den Weg zur Schule machen. In der Schule werden die „Neuen" fröhlich vom Schulchor, der Schulleiterin und dem Kollegium begrüßt – aber nur kurz, denn das Wichtigste findet ja in der Klasse statt. Nacheinander treten die Klassenlehrerinnen vor, scharen ihre Mäuse, Marienkäfer oder Igel um sich und ziehen anschließend in die Klasse. Die Eltern bleiben draußen auf dem Schulhof und behalten auch die großen Schultüten bei sich. Die Eltern der zweiten Klassen haben mit der Schulsozialarbeiterin Kaffee und Waffeln vorbereitet, um die Wartezeit angenehm zu gestalten.
Kinder der vierten Klassen gehen mit Sammelbüchsen zu den wartenden Familien und bitten um Spenden für die neuen ersten Klassen. Von diesen Spenden wird die Ausstattung der Eingangsklassen verbessert, z. B. werden Bausteine für die Bauecke, neue Spiele, Bücher etc. für die Klassen angeschafft.

Es dauert eine ganze Weile, bis jedes Kind einen Platz gefunden hat. Manche sind ganz schnell und haben sich gleich mit Freunden aus dem Kindergarten zusammengefunden. Andere schauen sich um und können sich gar nicht entscheiden. Lina kommt erst viel später nach; sie wird gebracht, weil sie fälschlicherweise mit in die Mäuseklasse gegangen ist. Im Kindergarten war sie in der Mäusegruppe. Als alle Kinder einen Platz gefunden und wir uns freundlich begrüßt haben, fordere ich die Kinder auf, ihr auf dem großen Tisch bereitgestelltes Namensschild zu suchen und an den Platz mitzunehmen. Bei den meisten Kindern klappt es gut, nur Anna-Maria und Leon-Paul haben Schwierigkeiten, ihre Schilder zu finden. Ich ändere sie in „Anna" und „Leon", damit klappt es an den kommenden Tagen viel besser.
An der Tafel stehen die Namen der Kinder in großen Buchstaben und mit farbiger Kreide geschrieben. Die Kinder entdecken sie und jeder, der will, darf seinen Namen zeigen und sagen – es will jeder.
„Wie hört sich Mila ganz vorn an?" „M." „Und wer hört sich vorn genauso an wie Mila?" „Mehmet und auch Marie!" Jetzt probieren wir das noch bei vielen anderen Kindern aus und sie bekommen schon ein erstes Gefühl dafür, was es heißt, auf Laute bzw. Anlaute zu hören.

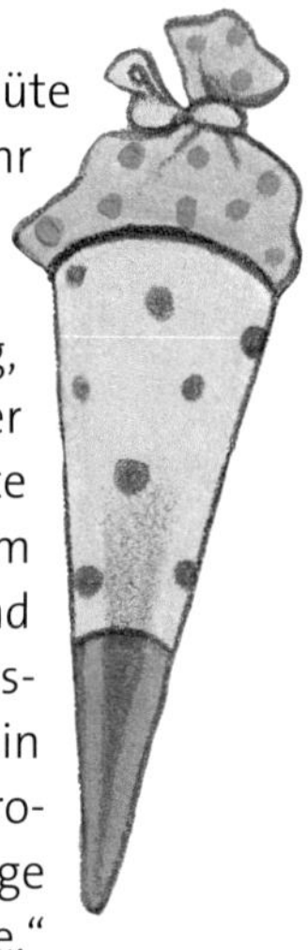

Alle Kinder sind ja mit einer großen Schultüte in die Schule gekommen und natürlich sehr gespannt, was sich darin verbirgt. Wir sprechen über die Schultüten, stellen Vermutungen an, was wohl darin sein mag, beschreiben, wie sie aussehen. Die Kinder bekommen ein Blatt mit einer Schultüte **(KV 3)**. Sie malen nun ihre Schultüte aus dem Gedächtnis – das ist gar nicht so leicht – und bekommen natürlich auch die erste Hausaufgabe: „Male oder schreibe zu Hause in die Papier-Schultüte, was du in deiner großen Schultüte gefunden hast, und bringe das Bild morgen wieder mit in die Schule."
Damit diese erste Hausaufgabe nicht verloren geht, bekommen die Kinder nun ihre „Postmappe". Wir benutzen dazu verschließbare Klarsichthüllen. Ich erkläre den Kindern, dass dies eine ganz wichtige Mappe ist, die immer in der Schultasche sein muss: „Und ihr seid ab jetzt die Briefträger. Ihr bringt die wichtige Post von der Schule zu euren Eltern und zurück. Heute steckt schon wichtige Post darin – euer Stundenplan für diese und nächste Woche." Die Kinder packen die Hausaufgabenblätter dazu und stecken die Postmappe in den Ranzen.

Nun ist es schon fast geschafft, aber wir wollen noch singen. Das Lied „Darum sind wir hier" (TINTO-Lieder-CD blau, Track 4) lernen die Kinder blitzschnell und haben viel Spaß an den Bewegungen, mit denen sie zeigen, was sie schon alles können. Über viele Wochen ist dieses Lied der absolute Hit in der Klasse.

Wir verabschieden uns, es war toll und morgen kommen alle wieder. Draußen vor der Tür warten schon die Eltern. Nun dürfen sie in die Klasse kommen. Die Kinder zeigen stolz den Klassenraum, ihren und vielleicht auch andere Namen an der Tafel und wo sie gesessen haben. Es kann fotografiert werden und die Eltern haben noch die Möglichkeit, Fragen zu stellen, z. B. bezüglich der offenen Ganztagsschule (OGS). Eine Mitarbeiterin aus der OGS ist da, um diese Fragen zu beantworten und evtl. schon einzelne Kinder mitzunehmen. In den ersten Wochen werden die entsprechenden Erstklässler morgens von OGS-Mitarbeitern gebracht und mittags in der Klasse abgeholt.

*Zweiter Tag*

Fröhlich – manche noch etwas ängstlich – und voller Erwartungen kommen die Kinder am zweiten Tag herein. Schon beim Pantoffelanziehen haben manche ihre erste Hausaufgabe – die „gefüllte" Schultüte – in der Hand; die übrigen holen sie dann ganz schnell aus der Tasche und alle wollen sie mir geben. Ich bitte die Kinder, zunächst den Ranzen wegzuräumen, einen Platz zu suchen (feste Plätze gibt es bei mir erst später im Schuljahr, so kann ich gut beobachten, wer mit wem wie zurechtkommt) und das Namensschild zu holen. Die meisten Kinder finden es ohne Hilfe wieder.

Als alle sitzen und ein wenig Ruhe eingekehrt ist, frage ich die Kinder, wie sie denn geschlafen haben. Es gibt viel zu berichten, denn es ist doch sehr aufregend, jetzt endlich ein Schulkind zu sein. Danach dürfen sie ihre Schultüten zeigen – wer mag, erzählt, was er gemalt oder geschrieben hat. Die Schultüten hängen wir an eine Wäscheleine, so entsteht eine „Zuckertütengirlande". Anschließend treffen wir uns im Sitzkreis vor der Tafel. Da in unseren Klassen viele Kinder sind, deren Familiensprache nicht Deutsch ist, verbinden wir das Kennenlernen mit einem Satzmustertraining. „Ich heiße Frau Brinkmann. Wie heißt du?" Ich rolle einen kleinen Ball zu Bünyamin. Mit ein wenig Hilfe kann er das Spiel fortsetzen: „Ich heiße Bünyamin. Wie heißt du?" Nach zehn Minuten können fast alle Kinder die zwei Sätze richtig nachsprechen.

Nun erzähle ich ihnen von vier anderen Kindern, die gestern auch ihren ersten Schultag hatten, und hänge Bilder der vier Leitfiguren aus dem Erstlesebuch auf **(KV 2)**. „Dies ist Lena." Ich spreche den Namen gedehnt und sehr deutlich und schreibe ein großes L unter das Bild: „/L/ wie Lena." Die Kinder sprechen den Namen nach. „Gibt es vielleicht ein Kind, das vorn genauso klingt wie Lena? /L/ wie Lena?" Nuri, der mir schon am ersten Tag aufgefallen ist, sagt: „Meine Schwester heißt Lale." Wir finden dann noch heraus, dass auch Lea und Lina vorn ein L haben. Ebenso verfahren wir mit den drei anderen Namen, wobei jeder Buchstabe eine andere Farbe erhält. Auch Kindernamen mit anderen Anfangsbuchstaben werden noch verglichen: „Mia klingt vorn wie Mattis; Ben klingt vorn wie Bünyamin ..." Die Kindernamen an der Tafel werden zur Kontrolle und optischen Unterstützung hinzugezogen. Nachdem wir noch die vier Erstlesebuch-Kinder im großen Buchstabenhaus an der Wand wiedergefunden haben, gehen alle Kinder an ihren Platz zurück.

Als alle Kinder sitzen, bekommen sie von mir ihre „Tagebücher". Dies sind dicke Notizbücher mit unlinierten Blättern. Ich erkläre den Kindern, dass dies ganz wichtige Bücher sind, in denen sie alle wichtigen Sachen festhalten werden. (Die Tagebücher haben sich bei uns als eine Form des Portfolios sehr bewährt. Darin wird der Lernprozess der Kinder in Form von Lernspuren dokumentiert. Diese Dokumentation nutzen wir vielfach, z. B. auch bei Elterngesprächen.) Auf die erste Seite sollen die Kinder nun sich selbst malen und ihren Namen darunterschreiben. Auf allen Gruppentischen sind Körbchen mit wichtigen Materialien, so auch eine große Dose mit Wachsmalstiften. Mit Eifer sind alle bei der Sache. Ich nutze die Zeit, um die Kinder bei ihrer Arbeit und im Umgang miteinander zu beobachten. Wenn die meisten Kinder fertig sind, dürfen alle, die sich schon trauen, nach vorn kommen und ihre Bilder der Klasse zeigen.

Zum Schluss singen wir noch einmal das neue Lied. Es klappt schon richtig gut.

*Dritter Tag*

Es ist schon ein wenig Routine dabei, als die Truppe heute Morgen eintrifft. Schuhe ausziehen und ins Regal stellen, Pantoffeln anziehen und einen Platz suchen. Viele Kinder probieren jeden Tag einen neuen Platz und andere Nachbarn aus, andere sitzen stets an derselben Stelle, während um sie herum die anderen wechseln. Wir treffen uns im Sitzkreis und singen unser Begrüßungslied. Harun, über dessen Eingewöhnungsprobleme mir auch schon unser Sozialpädagoge berichtet hatte, fällt auf. Er singt nicht mit, sondern lacht die ganze Zeit und schaut sich um. Gehemmte Kinder brauchen Zeit, um sich auf Neues einzulassen; immer wiederkehrende Rituale wie ein Begrüßungslied helfen ihnen dabei. Wir beginnen wie gestern mit der Vorstellrunde, es klappt schon gut. Ich habe einen Korb mitgebracht, darin befinden sich Gegenstände – einer für jedes Kind. Diese Gegenstände sind so ausgesucht, dass sie den Namen entsprechende Anlaute haben. Für das M benötigte ich drei Dinge: Marienkäfer, Murmel und Mütze, weil die Namen von drei Kindern mit M beginnen. Ich hole einen Gegenstand aus dem Korb, einen Luftballon. Die Kinder sehen und benennen ihn. Ich sage ihnen, dass dieser /L/uftballon zu einem Kind gehört und spreche dabei den Anfangslaut sehr deutlich aus. Die Kinder wissen nicht sofort, worin die Verbindung besteht, aber nach kurzem Probieren steht doch fest, dass der /L/uftballon zu /L/ea gehört. Beim Ball finden sie schon schneller heraus, dass er zu Bünyamin gehören muss, denn sie wissen jetzt schon besser, worauf sie achten müssen. Wir legen die Gegenstände zusammen mit den Namensschildern auf den Tisch. Vier Dinge sind zum Schluss noch im Korb: eine Lampe, eine kleine Tafel, ein Fisch und ein Jo-Jo. Zuerst herrscht Ratlosigkeit, aber dann hat Finja den richtigen Einfall – diese Dinge gehören zu Lena, Tim, Fatma und Jonas.

Jetzt bekommt jedes Kind sein Tagebuch. Auf der zweiten Seite sollen die Kinder nun Namen „sammeln". Die zweite Seite zu finden, ist für einige Kinder noch eine Herausforderung. Mit ein wenig Hilfe klappt es dann aber bei allen. Und nun werden Namen gesammelt: erst der eigene und danach die Namen anderer Kinder. Die Namen werden von den Schildern abgeschrieben bzw. abgemalt. Dabei entwickelt sich schon manches Gespräch: „Guck mal, das L habe ich auch. Bei mir ist das vorn und bei dir ganz hinten." Wer fertig ist, darf sich in der Klasse umschauen, in die Lese- oder Spielecke gehen. Zum Schluss singen wir wieder unser inzwischen schon sehr beliebtes Lied, zu dem wir neue Strophen dichten können.

*Vierter Tag*

Heute kommt die Hälfte der Kinder das erste Mal um acht Uhr. Bei uns werden die Erstklässler in den ersten drei bis vier Wochen in die zwei Gruppen A und B aufgeteilt und haben einen speziellen Stundenplan nach dem Schema: A, AB, AB, B – am nächsten Tag anders herum. So kann man die ersten wichtigen Einführungen in der Kleingruppe besser leisten, die Kinder dabei besser beobachten und unterstützen und auch schon sehr schnell diagnostisch arbeiten.

Da bei uns ab 7.45 Uhr die Türen geöffnet sind, trudeln die Kinder nach und nach ein. Alle stellen ihre Ranzen ab und holen sich ihr Namensschild; das klappt schon prima. So, wie sie kommen, begrüße ich sie und mache sie mit ersten Regeln des offenen Anfangs vertraut, d. h. der Freiarbeit am Morgen: Jedes Kind sucht sich in der Klasse etwas, mit dem es sich – leise! – beschäftigen möchte, anschließend muss alles an seinen Platz zurückgeräumt werden. Die meisten Kinder schauen sich erst einmal um, nehmen dieses und jenes in die Hand. Aber schon bald sitzen Kinder auf dem Sofa in der Leseecke und schauen Bücher an, andere kneten am großen Tisch, zwei haben sich schon das gezinkte Paarspiel **(KV 24/25)** geholt, einige legen das Anlautdomino **(KV 33)**, zwei Mädchen fädeln nach Vorgaben Perlen auf und die Übrigen probieren die großen Buchstabenstempel aus. Natürlich schaffen es noch nicht alle Kinder, die Regeln richtig umzusetzen, aber ich habe ausreichend Zeit, mich um alle zu kümmern.

Gegen 8.10 Uhr wird es langsam unruhig und ich gebe mit der Klangschale das verabredete Signal zum Aufräumen. Wir versammeln uns vor der Tafel – vorn, neben der Tafel, hängt das Buchstabenhaus. Das wollen wir uns nun gemeinsam anschauen. Ich erzähle den Kindern, dass das Buchstabenhaus sehr wichtig ist, weil sie damit schreiben und lesen lernen werden. Dazu müssen sie es aber erst ganz genau kennen. Nun darf jedes Kind Bilder zeigen und benennen, die es schon kennt. Da die meisten Kinder am SchuKi-Projekt teilgenommen haben und dort das Buchstabenhaus (im Sinne von Wortschatzarbeit) kennengelernt haben, klappt das schon richtig gut. Ich zeige und ergänze dazu jeweils den Anlaut: „Ja, das ist ein Zaun, /Z/ wie Zaun." Zum Schluss benenne ich Bilder, die von den Kindern nicht erkannt wurden. Da sie immer noch gut bei der Sache sind, fordere ich sie auf, Buchstaben zu suchen und zu zeigen, die in ihrem Namen vorkommen. Mindestens den Anlaut findet jedes Kind, zwei, drei versuchen sogar schon, die Laute nach meinem Vorbild zu benennen: „In meinem Namen ist das /N/ wie Nase."

Langsam werden die Kinder nun doch unruhig. Ich bitte sie daher, aufzustehen, um mit mir zu singen, denn nun will ich den TINTO-Rap (vgl. 4.1) einführen. Nachdem ich ihn einmal vorgemacht habe, kommen zunächst Proteste: „Das ist ja gar kein Lied!" Dann aber macht ihnen diese Art des Sprechgesangs Spaß und sie lernen schnell die ersten vier Strophen (wer nicht selbst singen möchte, kann den Rap von der TINTO-Lieder-CD blau vorspielen). Auf meine Frage, ob ich ihnen nun auch noch zeigen soll, wie man mit dem Buchstabenhaus schreiben lernt, antworten – fast – alle begeistert mit: „Ja!" Ich erinnere an die Leitfiguren und zeige ihnen, wie man „Lena" schreibt (s. 4.1). Schließlich bekommen die Kinder das Buchstabenhaus aus dem TINTO-Buchstabenkurs (mit dem ich erst in der zweiten Woche zu arbeiten beginne) und zeigen sich Bilder und Buchstaben, die sie schon kennen. Während ich herumgehe, höre ich einzelne vor sich hin murmeln: „Lampe, /L/", „/S/ wie Sonne" ...

*Fünfter Tag*

Heute ist es sehr lange unruhig in der Klasse. Das ist mir auch gestern schon aufgefallen, dass in der B-Gruppe, die heute zuerst kommt, mehr Kinder sind, denen die Eingewöhnung in den Schulalltag noch schwerfällt. Um Ruhe in die Gruppe zu bringen, rufe ich sie nach vorn und schlage vor, mit dem TINTO-Rap zu beginnen. Die gestern eingeübten Strophen klappen bei der Wiederholung schon prima, so lernen wir direkt vier neue dazu. Nun können alle gut aufpassen und schauen mich erwartungsvoll an.

Einigen ist schon der Stapel Arbeitshefte auf dem großen Tisch aufgefallen. Und Mila, die schon ein wenig lesen kann, ruft: „Lea, da steht dein Name drauf!" Ich verteile die Hefte und gebe den Kindern zunächst fünf Minuten Zeit, das Arbeitsheft Schreiben/Lesen anzuschauen. Dann bitte ich sie, die Seite 3 aufzuschlagen. Mit gegenseitiger Hilfe klappt das ganz gut. Nun suchen wir gemeinsam die Bilder und Buchstaben, über die wir gestern und heute gesprochen haben. In der Kleingruppe ist es leicht, den Kindern zu zeigen, wie sie die Buchstaben mit den passenden Anlautbildern verbinden sollen. Die Aufgabe stelle ich direkt differenziert: „Wähle einen der beiden Kästen aus, wenn du fertig bist, darfst du auch noch den anderen Kasten bearbeiten. Wer noch Zeit hat, darf auch den dritten Kasten versuchen. Immer wenn ein Kasten fertig ist, zeigst du ihn mir." Bei der Arbeit kann ich nun sehr gut beobachten, was sich die Kinder schon gemerkt haben, wie sie mit Aufgaben zurechtkommen, wie die Stifthaltung ist, wie lange die Konzentration anhält, wie gut sie (mehrteilige) Aufgabenstellungen umsetzen können, ob sie eventuell schon alle Buchstaben kennen, wie ihnen die akustische Analyse gelingt ... Als es klingelt, mögen die Kinder gar nicht aufhören – wie schön!

Nachdem nach der Pause alle ihre Sachen weggeräumt haben und im Sitzkreis vor der Tafel sitzen, öffne ich die Tafel. Dort hängt das Poster mit dem Einstiegsbild (Wimmelbild) zum ersten Erstlesebuch-Kapitel „In der Schule".

Die Kinder haben viel zu erzählen und zu fragen: „Da sind Kinder in der Schule." „Die haben auch ein Buchstabenhaus." „Wie heißt die Lehrerin?" „Da ist Tim." Auch die sprachschwachen Kinder finden eine Reihe von Dingen, die sie benennen können, bei der Formulierung von Sätzen brauchen die meisten aber noch viel Hilfe. Florin und Sofia sind erst wenige Wochen in Deutschland und sprechen nur mühsam, aber mit großem Eifer einzelne Wörter und kleine Sätze nach. Als der Redefluss langsam nachlässt, schlage ich den Kindern ein Spiel vor. Die Idee wird begeistert aufgenommen. Das Spiel „Ich sehe was, was du nicht siehst" kennen die meisten Kinder bereits aus dem Kindergarten. Es kann wunderbar am Buchstabenhaus gespielt werden und festigt so ganz nebenbei die Begriffe. Spätestens nach der dritten Aufgabe hat es jedes Kind verstanden. Zum Abschluss habe ich noch eine „Überraschung": für jedes Kind ein Buch – mit Geschichten von Lena, Fatma, Jonas, Tim und dem kleinen Kater Tinto. Ich verteile die Erstlesebücher. Mila entdeckt als Erste die Einstiegsseite, die wir gerade auf dem Poster zusammen angeschaut haben. Eifrig suchen dann auch die anderen Kinder die Seite und ich stelle erfreut fest, wie toll sie sich schon gegenseitig helfen.*

*Ursula Brinkmann, Dortmund*

* *Natürlich haben wir in dieser ersten Woche auch gerechnet, ein Bericht darüber würde aber den Rahmen sprengen.*

## 3.3 Ein Schuljahr mit TINTO: Stoffverteilungsplan

Dieser Stoffverteilungsplan dient zur Orientierung im Schuljahresverlauf und ist als flexibles Grundgerüst zu verstehen, das individuell an die Bedürfnisse Ihrer Klasse angepasst werden sollte. Besonders in der ersten Phase des Schriftspracherwerbs (bis ca. Buchstabe S s) sollte die Sicherung der Basiskenntnisse Ihrer Kinder, inkl. Übungen zum Buchstabenhaus, im Vordergrund stehen – auch wenn Sie dafür evtl. mehr Zeit benötigen als hier vorgeschlagen.

Da sich die Basistexte des Erstlesebuchs, aber auch die Leseseiten im Arbeitsheft Schreiben/Lesen an den Buchstabenplateaus des Buchstabenkurses orientieren, ist es auch für Nutzer des Buchstaben*ordners* hilfreich, sich vor allem anfangs danach zu richten. Nach und nach können Sie die Kinder dann bei den Buchstaben individuell mehr „laufen lassen". Dieser Plan geht von etwa 40 Unterrichtswochen pro Schuljahr aus. Pro Unterrichtseinheit (Kapitelthema) haben Sie demnach ca. drei bis vier Wochen Zeit.

| | Woche | Unterrichts-einheit (Thema) | Erstlesebuch | Buchstabenkurs *(alternativ: -ordner)* | Arbeitsheft Schreiben/ Lesen |
|---|---|---|---|---|---|
| | ***Erstes Halbjahr** (Beginn je nach Bundesland variabel)* | | | | |
| August | 1 | **Vorbereitende Phase** | | Vorkurs 4–11 (Teil A) | 3–7 |
| | 2 | **In der Schule** | 4–5 Einstieg | 12–27 (Teil A)<br>L l A a N n E e | 8, 9 |
| | 3 | | 6–7 Ich bin ich | | 10, 11 |
| | 4 | | 8–9 Regeln | | 12, 13 |
| | 5 | | 10–11 Alles gesund? | | 14, 15 |
| September | | | | **28–29 Das kann ich schon** | |
| | 6 | **Mein Schulweg** | 12–13 Einstieg | 30–49<br>O o M m I i T t S s | 16 |
| | 7 | | 14–15 An der Fahrbahn | | 19, 20 |
| | 8 | | 16–17 Alle gehen in die Schule | | 17, 18 |
| | 9 | | 18–19 Überall Buchstaben | | 21 |
| Oktober | | | | **50–51 Das kann ich schon** | |
| | ***Herbstferien** (je nach Bundesland variabel)* | | | | |
| | 10 | **Im Herbst** | 20–21 Einstieg | 52–71<br>F f G g B b R r Ei ei | 22 |
| | 11 | | 22–23 Der Igel | | 23, 24 |
| | 12 | | 24–25 Ein Herbstbild | | 25, 26 |
| | 13 | | 26–27 Rate mal! | | 27 |
| November | | | | **72–73 Das kann ich schon** | |
| | *Optional im Nov./ Dez.* | ***Feste im Jahr*** | *102 Sankt Martin*<br>*103 Nikolaus*<br>*104–105 An der Krippe* | | *70*<br>*71*<br>*72* |
| | 14 | **Zu Hause** | 28–29 Einstieg | 74–93<br>D d H h U u P p Ch ch | 28 |
| | 15 | | 30–31 Freunde | | 29, 30 |
| Dezember | 16 | | 32–33 Einkaufen | | 31 |
| | 17 | | 34–35 Wohin mit dem Müll? | | 32, 33 |
| | | | | **94–95 Das kann ich schon** | |
| | ***Weihnachtsferien*** | | | | |

| | | | | | |
|---|---|---|---|---|---|
| | 18 | **Hokuspokus** | 38–39 Einstieg | 4–5 Das habe ich in Heft A gelernt | 34, 36 |
| Januar | 19 | | 40–41 Zaubersprüche | 6–29 (Teil B)<br>Z z Au au K k -ie W w Sch sch | 37 |
| | 20 | | 42–43 Luftballon-Trick | | 35 |
| | 21 | | 44–45 So kocht Lisbet | | 38, 39 |
| | | | | **30–31 Das kann ich schon** | |
| | ***Zweites Halbjahr*** | | | | |
| | 22 | **Mein Körper** | 48–49 Einstieg | 32–47<br>Ö ö -h Ä ä -ck Ü ü | 40 |
| Februar | 23 | | 50–51 Der Körper | | 41, 42 |
| | 24 | | 52–53 Bei der Zahnärztin | | 43 |
| | 25 | | 54–55 Zahn-Geschichten | | 44, 45 |
| | | | | **48–49 Das kann ich schon** | |
| | 26 | **Im Frühling** | 58–59 Einstieg | 50–63<br>-ng V v J j St st Sp sp | 40 |
| März | 27 | | 60–61 Im Frühling | | 41, 42 |
| | 28 | | 62–63 Versucht es doch mal! | | 43 |
| | 29 | | 64–65 Die Amsel | | 44, 45 |
| | | | | **64–65 Das kann ich schon** | |
| | *Optional im März/ April* | ***Feste im Jahr*** | *106 Ostern* | | *73* |
| April | ***Osterferien** (je nach Bundesland variabel)* | | | | |
| | 30 | **Am Wasser** | 68–69 Einstieg | 66–75<br>Eu eu -nk Pf pf -tz | 52, 54 |
| | 31 | | 70–71 Der Hafen | | 53 |
| | 32 | | 72–73 Ein Schiff basteln | | 57 |
| Mai | 33 | | 74–75 Was schwimmt, was sinkt? | | 55 |
| | | | 76–77 Piratenkater Pavarotti | | 56 |
| | | | | **76–77 Das kann ich schon** | |
| Juni | 34 | **Auf der Baustelle** | 78–79 Einstieg | 78–87<br>Äu äu -ß X x Qu qu | 58, 59 |
| | 35 | | 80–81 Der Maurer | | 61 |
| | 36 | | 82–83 Mauern bauen | | 60 |
| | 37 | | 84–85 Häuser aus Holz | | 63 |
| | | | 86–87 Emil auf der Baustelle | | 62 |
| | 38 | **Unterwegs** | 88–89 Einstieg | 88–91<br>Y y C c | 64, 65 |
| Juli | 39 | | 90–91 Sommerzeit – Ferienzeit | | 66, 68 |
| | 40 | | 92–93 Nah und fern | | 67 |
| | | | 94–95 Ferien in der Türkei | **92–93 Das kann ich schon** | 69 |
| | | | 96–97 Zuhause kann überall sein | **94–95 Das habe ich gelernt** | |
| | ***Sommerferien** (Beginn je nach Bundesland variabel)* | | | | |

# Praktische Unterrichtshinweise 4

Im Folgenden erfahren Sie, wie Sie das Buchstabenhaus, den Buchstabenkurs oder -ordner, das Erstlesebuch und wahlweise auch das Arbeitsheft Schreiben/Lesen im Unterricht einsetzen können. Hilfreiche Tipps zum Fordern und Fördern sowie fächerübergreifende Unterrichtsvorschläge runden das Angebot ab.

## 4.1 Zum Buchstabenhaus

Das Buchstabenhaus liegt als Einleger im Arbeitsheft Schreiben/Lesen in zwei Varianten vor: einer Variante ohne „Keller", d. h. nur mit Großbuchstaben, und einer Variante mit „Keller", die Groß- und Kleinbuchstaben enthält. Bei Kindern mit geringer Buchstaben-Vorerfahrung empfiehlt es sich, in den ersten Wochen nur die Seite mit den Großbuchstaben, also diejenige ohne „Keller", zu verwenden. Zunächst muss jedem Kind klar werden, welche Begriffe sich hinter den einzelnen Abbildungen verbergen. Übungen dazu sollten vor allem in den ersten Schulwochen immer wieder durchgeführt werden, um sicherzugehen, dass sich auch Kinder mit geringem Wortschatz am Buchstabenhaus orientieren können.
Es gibt viele Möglichkeiten, Kinder mit der Lage der Bilder/Buchstaben im Haus vertraut zu machen: Zunächst können die Kinder selbst erkunden, was es im Buchstabenhaus zu entdecken gibt, wer dort wohnt etc. Im Gespräch können die meisten Anlautbilder schnell verständlich gemacht werden. Yak, Xylophon und Cent sind erläuterungsbedürftig, können aber durch Verwenden der Seite ohne „Keller" oder durch Wegfalten des „Kellers" zunächst auch unberücksichtigt bleiben.
Als besonders hilfreich hat sich das tägliche Sprechen des TINTO-Rap (s. Arbeitsheft Schreiben/Lesen hinten im Umschlag und Erstlesebuch auf der letzten Seite) erwiesen. Dieses rhythmisierte Sprechen (TINTO-Lieder-CD blau, Track 1) stützt die Zuordnung von Laut und Bild sowie die Orientierung im Buchstabenhaus. Die einzelnen Laute werden entsprechend ihrer Reihenfolge im Buchstabenhaus gesprochen, beginnend unten links. (Die „Keller"-Laute bleiben dabei unbeachtet.) Ein Kind sollte parallel zum Sprechgesang die Anlautbilder auf dem Poster zeigen.
Die letzten beiden Verse werden nicht von der ganzen Klasse gesprochen (sie sind auch nicht auf der Lieder-CD enthalten). Stattdessen kann täglich ein anderes Kind eine – auch aus der Entfernung gut lesbare – Karte ausgehändigt bekommen, auf der die Buchstaben ng bzw. NG stehen. Nach der Zeile „Wir sind durch und klatschen in die Hände" hält das Kind die Karte hoch und ruft laut: „Halt und hört, was ich euch bring: ng am Ende vom Wort Ring!" Der ng-Laut ist der für Kinder am schwierigsten abzuhörende Laut. In diesem Fall gelingt die Aussprache, weil der ng-Laut bereits am Ende des Wortes *bring* auftaucht und gleichsam in die nächste Zeile hinübergezogen wird.

Hilfreich ist es, wenn die Kinder synchron die Anlaut-Lautgebärden (phonemischen Zeichen) machen, wie sie im TINTO-Buchstabenkurs sowie im neuen Buchstabenordner aufgeführt sind. Sie werden erlernt, wenn die Lehrerin die Gebärden beim Sprechen des Rap synchron zu den gezeigten Buchstaben und gesprochenen Lauten vormacht. Beim Erlesen von Wörtern stützen Lautgebärden besonders die Kinder, die Schwierigkeiten beim Verbinden/Verschleifen der Laute (also bei der Synthese) haben. Auch beim Schreiben benutzen manche Kinder spontan die zum verschrifteten Buchstaben passende Lautgebärde (mit der nicht schreibenden Hand).
Erlernt wird der Rap am besten mithilfe der „Echo-Methode", d. h., die Lehrerin spricht eine Halbzeile vor, die Kinder wiederholen diese und machen dann gemeinsam mit der Lehrerin die Lautgebärde. Sind die Kinder sicher geworden, sprechen und machen sie gleich mit und das „Echo" entfällt. Das Tempo sollte nicht gesteigert werden, vielmehr sollte auf deutliches Sprechen geachtet werden.

### Lautieren

Sobald die Kinder den Bildern die Laute zuordnen können und ihnen somit die Bild-Laut-Buchstaben-Zuordnung geläufig ist, können sie mit dem Abhören der Wörter und deren Verschriftung beginnen. Neben den eigenen Namen eignen sich zum Lautieren für den Anfang besonders die Namen der Leitfiguren: Lena, Jonas, Fatma, Tim und Tinto. Dabei können die Schritte im Kasten (vgl. Kasten nächste Seite) hilfreich sein.
Zusätzlich zum täglichen Sprechen des TINTO-Rap sollte am Anfang möglichst täglich ein Wort gemeinsam an der Wandtafel verschriftet werden. Es macht den Kindern viel Spaß und stellt sicher, dass jedes Kind den Umgang mit der Lauttabelle automatisiert.

**Beispiel:**
Lehrerin: „Gleich haben wir Musik. Das Wort wollen wir einmal gemeinsam an die Tafel schreiben. Sprecht mal zusammen: Musik. Und noch einmal, ganz langsam: M-u-s-i-k. Ja, richtig, schwingt mit dem Arm dazu. Und wie klingt Mmmusik am Anfang?"
Kind: „Mmmm (wie Maus)."
Lehrerin: „Ja, genau. Wer zeigt uns das Mmmm im Buchstabenhaus?"
Kind: „Hier, neben der Maus."
Lehrerin: „Stimmt. Wer möchte das Mmmm an die Tafel schreiben?"
Ein Kind schreibt das M an die Tafel.
Lehrerin: „Ja, das hast du gut hingekriegt. Jetzt sprechen wir Musik noch einmal ganz langsam: M-u-s-i-k. Und was hört ihr nach dem M? Ich gebe euch einen Tipp: Der Buchstabe ist im Dach."
Dann werden der Reihe nach die Buchstaben genau abgehört, im Buchstabenhaus gesucht und an der Tafel notiert.

Zu jedem Kapitel des Erstlesebuches sind in dieser Handreichung ab Kapitel 4.3 lauttreue Wörter aufgeführt, die sich gut zum gemeinsamen Lautieren eignen. Hier können auch die um das jeweilige Eingangsbild angeordneten Wörter genutzt werden. In diesem Zusammenhang ist es wichtig, darauf zu achten, dass bei den Vokalen das „richtige" Anlautbild gewählt wird: „Klingt bei LENA das /E/ wie *Esel* oder wie *Ente*?" So werden wichtige Grundsteine zur Rechtschreibung (Dehnung/Doppelung) gelegt.

**Ich möchte**  **schreiben:**

- Wort gedehnt sprechen: „L e n a"
- Genau auf den Wortanfang hören: /L/
- Bild im Buchstabenhaus suchen, das am Anfang auch so klingt: 
- Den Buchstaben aufschreiben, der neben der Lampe abgebildet ist: L

- Genau hören, was nach /L/ zu hören ist: /E/
- Bild im Buchstabenhaus suchen, das am Anfang auch so klingt: 
- Den Buchstaben aufschreiben, der neben Esel abgebildet ist: E (e)

- Genau hören, was nach /LE/ zu hören ist: /N/
- Bild im Buchstabenhaus suchen, das am Anfang auch so klingt: 
- Den Buchstaben aufschreiben, der neben Nase abgebildet ist: N (n)

- Genau hören, was nach /LEN/ zu hören ist: /A/
- Bild im Buchstabenhaus suchen, das am Anfang auch so klingt: 
- Den Buchstaben aufschreiben, der neben Ameise steht: A (a)

L E N A

## Übungen zum Buchstabenhaus

### Arbeitsheft Schreiben/Lesen, Seiten 3–9:

Im Arbeitsheft Schreiben/Lesen sind die Seiten 3 bis 9 der Einführung in den Umgang mit dem TINTO-Buchstabenhaus gewidmet:

Auf den Seiten 3 und 4 üben die Kinder, sich im Buchstabenhaus zu orientieren. Sie ordnen den Buchstaben das jeweilige Bild zu oder umgekehrt. Dabei nehmen sie das Buchstabenhaus als Vorlage, d. h., sie können diese Aufgabe rein visuell lösen.

Die Übung auf den Seiten 5 bis 7 verlangt zum ersten Mal auditive Kompetenz, denn hier werden Bilder verwendet, die im Buchstabenhaus nicht vorkommen. Das Kind muss z. B. hören, ob *Tasse* oder *Löffel* am Anfang genauso klingen wie *Lampe*. Dabei enthält die Übung auf Seite 5 nur Dauerkonsonanten, die Übung auf Seite 6 und Seite 7 oben nur Vokale. Die Übung 2 auf Seite 7 enthält die schwieriger abzuhörenden Verschlusslaute und stellt mit drei Bildern pro Buchstabe auch hinsichtlich der Auswahl eine höhere Anforderung.

Seite 8 ermöglicht dem Kind über die Pfeile eine erste Einsicht in den Bewegungsablauf beim Schreiben der einzelnen Buchstaben. Dies wird aber erst im Buchstabenkurs oder Buchstabenordner geübt und zur Routine entwickelt.

Die Übung auf Seite 9 verdeutlicht, wie Wörter verschriftet werden. Das Kind nennt zunächst das zu verschriftende Wort. Dann werden ihm alle Anlautbilder in der richtigen Reihenfolge vor Augen geführt und es baut schrittweise das Wort auf, das durch das dazugehörige Bild vorgegeben ist. Die Illustration am Rand erklärt die „Strategie" noch einmal. Auf der letzten Umschlagseite wird dieses Vorgehen noch detaillierter vorgestellt.

### Arbeitsheft Schreiben/Lesen, Seiten 76–82: Spezialbuchstaben

Mit den „Spezialbuchstaben" enthält das Arbeitsheft Schreiben/Lesen einen siebenseitigen Anhang zu den Buchstaben im grünen „Keller" des Buchstabenhauses. Dies sind die Buchstaben, die die Kinder nicht durch genaues Abhören oder Ableiten erkennen können. Dabei gewährleistet der stets gleiche Aufbau, dass die Kinder die Spezialbuchstaben selbstständig üben und wiederholen können. Das ng wurde dabei als besonders schwieriger Laut aus dem gelben „Wohnbereich" und als Pendant zum nk ergänzend mit aufgenommen. Für jeden Buchstaben/jede Buchstabenverbindung steht jeweils eine halbe Seite mit wiederkehrenden Übungen zur Verfügung:

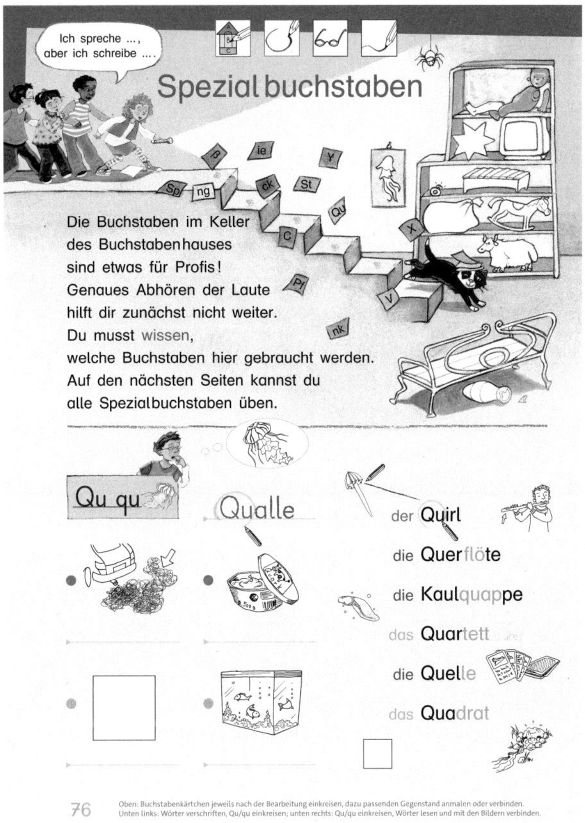


Links auf der Seite werden nach einem vorgegebenen Beispiel aus dem Buchstabenhaus jeweils vier weitere Wörter (Nomen) mit dem neuen Laut verschriftet und der entsprechende Buchstabe eingekreist.

Rechts auf der Seite stehen immer sechs Wörter, die den neuen Laut enthalten (in der Regel Nomen). Auch hier wird zunächst der neue Buchstabe in jedem Wort eingekreist. Anschließend lesen die Kinder die Wörter und verbinden jedes Wort mit der entsprechenden Abbildung.

Durch Einkreisen des Buchstabenkärtchens und Anmalen des dazu passenden Gegenstandes (Anlautbild) in der „Keller"-Illustration auf Seite 76 des Arbeitsheftes können die Kinder festhalten, welche Spezialbuchstaben sie bereits bearbeitet haben.

Die thematisch ungebundenen Übungen auf den grünen Seiten können bei Bedarf individuell eingesetzt werden, wenn ein Kind z. B. von sich aus beim freien Schreiben oder Lesen auf eine bestimmte Rechtschreibproblematik stößt.

In den ersten Monaten des ersten Schuljahres (ca. bis Weihnachten, je nach Kind auch noch deutlich länger) ist eine lautgetreue Verschriftung von Wörtern ohne Verwendung der grünen „Spezialbuchstaben“ aber völlig in Ordnung. In diesem Fall besteht das pädagogische Geschick der Lehrerin darin, auf die besondere Schreibweise zu verweisen, ohne das Kind zu entmutigen (s. Kapitel 1.2).

## Buchstabenkurs, Teil A, Seiten 6–11

Damit sich die Kinder die Anlautbilder aus dem Buchstabenhaus einprägen, werden zunächst verschiedene akustische Übungen durchgeführt (Silbenbögen zeichnen auf Seite 6, Reimwörter verbinden auf Seite 7, gleiche Anlaute verbinden auf Seite 8). Eine Übung zur Orientierung im Buchstabenhaus findet sich auf Seite 9. Wörter mithilfe des Buchstabenhauses zu verschriften wird auf den Seiten 10 und 11 geübt. Das Kind baut jeweils schrittweise das Wort auf, das durch das Bild links daneben vorgegeben ist. Alle hierzu benötigten Anlautbilder stehen bereits in der richtigen Reihenfolge da. Die Illustration auf Seite 10 oben erklärt die Strategie noch einmal detailliert.

## Weitere Übungen zum Buchstabenhaus

Auf den TINTO-Kopiervorlagen mit CD-ROM (ISBN 978-3-06-084252-0) finden sich editierbare Arbeitsblätter mit vielfältigen Übungen zum Buchstabenhaus **(KV 19–45)**. Diese können in WORD auf jedes Kind individuell zugeschnitten werden (s. auch Kapitel 2.12). Ebenso hält der TINTO-Koffer (s. 2.13) viele Übungsangebote und Spiele zum Buchstabenhaus bereit.

## Spiele zum Buchstabenhaus

Verschiedene Spiele, die den Kindern dabei helfen können, sich die Anlautbilder einzuprägen und sich die Positionen innerhalb des Buchstabenhauses zu merken, seien hier kurz skizziert.

*Wandern auf dem Buchstabenhaus*
Benötigt werden das Buchstabenhaus (**Einleger** im Arbeitsheft Schreiben/Lesen oder **KV 19**) und kleine Spielfiguren (beispielsweise aus einem Mensch-ärgere-dich-nicht-Spiel). Ein Kind oder die Lehrerin erzählt eine Geschichte, in der möglichst viele der Anlautbilder vorkommen, z. B.: „Eine *Maus* spielt hinter dem *Zaun* mit *Omas Jo-Jo.*“ Immer, wenn ein Anlautbildbegriff aus dem Buchstabenhaus genannt wird, sollen die Kinder „Stopp“ rufen und ihre Spielfiguren auf das entsprechende Spielfeld setzen. Zur Kontrolle kann ein Kind auf dem Buchstabenhaus-Poster, das an der Wand hängt, die Spielschritte zeigen.

*Blockade (2–5 Mitspieler)*
Benötigt werden ein Buchstabenhaus, 2–5 Spielsteine und ein Würfel. Verschiedene Buchstaben, Bilder oder ganze Felder werden mit gelben Haftzetteln abgeklebt. Nun wird, beim A (wie Anfang) beginnend, das Buchstabenhaus als Spielfeld genutzt. Je nach Würfelpunkten setzt jeder Spieler seinen Stein im Uhrzeigersinn weiter. Die abgeklebten Spielfelder sind Blockaden. Hier darf nur weitergehen, wer weiß, was sich hinter der gelben Fläche verbirgt. Hat jemand eine Blockade richtig gelöst, darf er den Klebezettel einem Mitspieler als Blockade vor den Stein kleben.

*Ratespiel „Wer wohnt wo?“ (2–x Spieler)*
Ein Kind mit einem Buchstabenhaus als Vorlage befragt ein weiteres Kind: „Wer wohnt zwischen *Jo-Jo* und *Banane*?“ Die richtige Antwort lautet: „*Wolke*“. Das Spiel kann auch mit mehreren Kindern gespielt werden. Wer die richtige Antwort weiß, darf die nächste Frage stellen. Sind die Kinder fortgeschrittener, können die Fragen auch schwieriger werden: „Wer wohnt zwei Felder über dem *Zaun*?“, „Wer wohnt der *Sonne* gegenüber?“ etc. Eine weitere Variante wäre das Spiel „Ich sehe was, was du nicht siehst, und das wohnt unter der *Banane* ...“

Eine besonders engagierte Lehrerin hat das Buchstabenposter zu einem Haus aus Holz umgebaut. Nun konnten sich Kinder hinter das Haus setzen und wurden nach der Position der einzelnen Bilder befragt.

*Puzzle*
Das Buchstabenhaus wird in Teile (z. B. stockwerkweise) zerschnitten (**KV 19** oder **Einleger** aus dem Arbeitsheft Schreiben/Lesen). Nun sollen die Kinder es (ohne Vorlage) wieder richtig zusammenbauen. Geübtere Kinder können dies auch nach Zeitvorgabe tun. Dazu sollte eine Sanduhr bereitgestellt werden.

*Zuordnen*
Auf Buchstabenhäusern ohne Buchstaben bzw. ohne Anlautbilder **(KV 21/22)** können die Kinder selbstständig die richtige Zuordnung üben. Hier tragen sie jeweils entweder den fehlenden Großbuchstaben **(KV 21)** oder Kleinbuchstaben **(KV 22)** ein. Der „Keller“ kann dabei zunächst weggelassen werden.

Neben der Orientierung im Buchstabenhaus ist es aber auch wichtig, dass die Kinder ein Gespür dafür entwickeln, welche Anlaute gleich klingen. Auch hierfür gibt es verschiedene Spiele:

*Mein rechter, rechter Platz ist leer*
Dieses bekannte Kinderspiel kann sehr einfach zu einem Anlautspiel verändert werden, indem jedes Kind ein Buchstabenkärtchen in die Hand nimmt. Nun sagt das wünschende Kind nicht den Namen seines neuen Sitzpartners, sondern das zum Buchstaben passende Anlautbild: „Mein rechter, rechter Platz ist leer, ich wünsche mir die *Raupe* her." Das Kind mit dem R-Kärtchen darf nun auf den freien Platz.

*Domino (einzeln und in der Gruppe spielbar)*
Das Anlautdomino wird genauso gespielt wie klassisches Domino. Aneinandergelegt werden dürfen Bilder mit gleichem Anlaut, entweder nur mit Vokalen und mehrgliedrigen Graphemen **(KV 33)** oder nur mit Konsonanten **(KV 34)**.

*Stop and go*
Benötigt wird ein Wiedergabegerät. Kinder laufen zu Musik durch den Raum. Die Lehrerin oder ein „Spielleiterkind" stoppen die Musik und nennen einen Laut. Alle Kinder suchen sich einen Gegenstand im Raum, der auch mit diesem Laut beginnt. Anschließend wird die Musik wieder angeschaltet.

*Paare finden*
Das Spiel kann aus den als Kopiervorlage bereitstehenden Anlautbildern (**KV 25** und **KV 31**) einfach hergestellt werden, oder aber – noch einfacher – man verwendet die Karten aus der Lautbilder-Kartei (ISBN 978-3-464-80271-7). Als Paar gelten in dieser Variante Bilder mit gleichem Anlaut. (Alternativ können als Paar auch ein Bild und der entsprechende Anlautbuchstabe gelten.) Es sollte immer nur mit *aufgedeckten* Karten gespielt werden, aus denen jeweils zwei zusammengehörige Paare gefunden werden müssen. Hierzu gibt es auch eine Kopiervorlage mit Wörtern **(KV 32)**.

*Gezinktes Paarspiel*
Wie in einem richtigen Memory gibt es Kartenpaare, z. B. zwei Sätze der Bildkarten des Buchstabenhauses **(KV 25)** oder der Lautbilder-Kartei. Beim gezinkten Paarspiel ist die Rückseite *eines* Kartensatzes jedoch gekennzeichnet, nämlich mit dem Anlautbuchstaben des Bildes (**KV 25** doppelseitig mit **KV 24** kopieren) oder mit dem entsprechenden Wort. Die Karten werden nun mit der Rückseite nach oben auf den Tisch gelegt. Dann nimmt ein Kind eine Karte mit einer freien Rückseite auf, z. B. die *Maus*. Die Karte mit der zweiten Maus muss nun gefunden werden, indem der entsprechende Anlautbuchstabe M oder das Wort gesucht wird. Die Kontrolle, ob der richtige Buchstabe gefunden wurde, ergibt sich durch das Umdrehen der zweiten Karte. Dieses Spiel ist bei den Kindern sehr beliebt und kann mit steigendem Schwierigkeitsgrad in unterschiedlichen Varianten angeboten werden.

*Rätselgeschichten*
Die Rätselgeschichten können kurze Geschichten sein, in denen die Begriffe der Lauttabelle in der Reihenfolge eines zu findenden Lösungswortes vorkommen. Die Lehrerin erzählt die Geschichte, die Kinder haben (bei Bedarf) die Lauttabelle vor sich liegen. Nennt sie einen Begriff aus der Anlauttabelle, macht die Lehrerin eine kurze Pause, in der die Kinder Gelegenheit haben, den Begriff zu finden und den dazugehörigen Buchstaben aufzuschreiben. Wenn die richtigen Buchstaben notiert wurden, kann so ein Lösungswort entstehen.

*Weitere Übungen*
Nachfolgend noch eine Reihe weiterer Möglichkeiten, die Laut-Buchstabe-Bild-Beziehung des Buchstabenhauses zu festigen:

- Gleiche Anlaute suchen (Materialsack mit Gegenständen, Namen der Kinder, Dinge im Klassenraum)
- Würfelspiel entlang des Buchstabenhauses (Wer das erreichte Feld benennen kann, darf zwei Felder vorrücken.)
- Aus einem vergrößerten Buchstabenhaus, das auf Holz oder stabilen Karton geklebt werden kann, heraussuchen: Was ist vertauscht? Was fehlt? Wer ergänzt die fehlenden Teile?
- „Ich sehe was, was du nicht siehst" (mit den Begriffen des Buchstabenhauses)
- „Ich klinge wie ..." (z. B. *Hand* vorne – wer bin ich? [„Hose"], z. B. *Haus* hinten – wer bin ich? [„Sonne"])

*Eigene Ideen*
Für weitere Übungen und Spiele zum Buchstabenhaus können die Anlautbilder der **KV 34** als Schnippelbilder genutzt werden.

Alle diese Spiele und Übungsangebote sind kein Selbstzweck: Ein Kind, das (fast) alle Buchstaben kennt, soll nicht angehalten werden, sie mitzuspielen, sondern stattdessen freie Texte schreiben. Liest das Kind oder die Lehrerin, falls das Kind nicht selbst vorlesen kann oder möchte, die Texte den anderen Kindern anschließend vor, so wird seine Leistung gewürdigt und die anderen Kinder werden zum Schreiben motiviert.

## 4.2 Weitere Wortbeispiele, passend zum Buchstabenkurs

Ein Überblick über ausgewählte Wörter (ohne Anspruch auf Vollständigkeit!), die innerhalb der Buchstabenfolge des Buchstabenkurses gebildet werden können, erleichtert die Erstellung von Demonstrationsmaterial an der Tafel oder von eigenen Arbeitsblättern in den ersten Monaten.

### ► In der Schule

**L l, A a, N n, E e**
*Nomen:* Anna, Ela, Lale, Lena, Nele, Nena
*Verben:* nennen
*Sonstige Wörter:* alle, an, na

### ► Mein Schulweg

**O o**
*Nomen:* Enno, Leon, Lola, Ole

**M m**
*Nomen:* Alma, Emma, Lama, Mama, Mann, Melone, Name, Oma
*Verben:* malen
*Sonstige Wörter:* am, mal, man

**I i**
*Nomen:* Alima, Emil, Ina, Lilo, Limo, Lineal, Linie, Lino, Lolli, Mia, Milan, Mimi, Nil, Nina
*Adjektive:* lila
*Sonstige Wörter:* im, in, innen

**T t**
*Nomen:* Anita, Anton, Ente, Lotte, Mantel, Mitte, Monat, Not, Note, Tal, Tanne, Tante, Tee, Tim, Tina, Tinte, Tinto, Tomate, Ton, Tonne
*Verben:* nimmt
*Adjektive:* alt, nett, toll, total
*Sonstige Wörter:* mit

**S s**
*Nomen:* Amsel, Ananas, Ast, Esel, Insel, Lasso, Liste, Lotse, Mist, Nase, Nest, Osten, Salami, Salat, Samt, Sattel, See, Sessel, Simon, Sinan, Sonne, Tasse, Taste, Tennis
*Verben:* essen, ist, lassen, lesen, messen, sammeln, sollen, tasten, testen
*Adjektive:* nass, satt, selten
*Sonstige Wörter:* also, bis, es, ins, los, so

### ► Im Herbst

**F f**
*Nomen:* Affe, Elefant, Familie, Fatma, Fee, Fell, Fels, Fest, Film, Finale, Flamme, Folie, Foto, Ofen, Saft, Sofa
*Verben:* fallen, fasten, filmen
*Adjektive:* fest, offen
*Sonstige Wörter:* elf, fast, oft

**G g**
*Nomen:* Gans, Gast, Glas, Golf, Igel, Nagel, Segel
*Verben:* fegen, gefallen, legen, mag, nagen, sagen
*Adjektive:* egal, glatt, lang

**B b**
*Nomen:* Ball, Banane, Beet, Ben, Besen, Blase, Blatt, Gabel, Nebel, Obst, Silbe
*Verben:* basteln, bellen, bemalen, bin, bist, bitten, blasen, geben, leben, loben, toben
*Adjektive:* gelb
*Sonstige Wörter:* ab, bis, bitte, neben, oben

**R r**
*Nomen:* Arm, Birne, Brot, Erbse, Ernte, Farbe, Fenster, Ferien, Garten, Graben, Gras, Laster, Maler, Meer, Ober, Rabe, Rasen, Regal, Regel, Regen, Rest, Ritter, Roller, Rose, Rosine
*Verben:* brennen, fragen, fressen, graben, lernen, raten, regnen, rennen, retten, rollen, tragen, trennen
*Adjektive:* albern, fertig, rasant, rot
*Sonstige Wörter:* er, erst, gern, gestern, morgen

**Ei ei**
*Nomen:* Ameise, Bein, Ei, Eifer, Eimer, Eis, Eisen, Geige, Leine, Leiter, Reifen, Reis, Reise, Reiter, Seife, Seil
*Verben:* arbeiten, bleiben, reifen, reisen, reiten
*Adjektive:* allein, bereit, fein, leise, reif
*Sonstige Wörter:* bei, ein, einmal, eins, mein, meine, nein, sein, seine

**▶ Zu Hause**

**D d**
*Nomen:* Abend, Bad, Band, Dame, Delfin, Diamant, Dino, Domino, Dorf, Dornen, Dose, Ende, Erde, Faden, Feder, Laden, Land, Made, Mandarine, Mandel, Marmelade, Mond, Motorrad, Nadel, Rad, Radio, Rand, Sand, Sandale
*Verben:* baden, binden, darf, finden, laden, landen, lodern, reden, rodeln, sind
*Sonstige Wörter:* beide, da, dann, das, dein, dem, den, der, dir, drei, drinnen, oder

**H h**
*Nomen:* Haare, Hafen, Hammer, Hamster, Hand, Hase, Hebel, Heft, Hefter, Heim, Heimat, Helm, Hemd, Herd, Hilfe, Himmel, Hintern, Hobel, Hof, Horn, Hose, Hotel, Nashorn
*Verben:* haben, halten, handeln, heilen, helfen, hoffen, holen
*Adjektive:* hart, heil, heiser, heiter, hell
*Sonstige Wörter:* hallo, her, hin, hinten, hinter

**U u**
*Nomen:* Blume, Bruder, Bude, Bus, Butter, Fluss, Futter, Hund, Hut, Iglu, Mut, Mutter, Nu, Nudel, Null, Nuss, Rute, Tube, Tunnel, Turm, Ufer, Ufo, Uhu, Unfall, Unfug, Unsinn, Unterhose
*Verben:* husten, rufen, tun
*Adjektive:* bunt, gut, lustig, mutig, rund
*Sonstige Wörter:* du, nur, uff, um, und, uns, unser, unten, unter

**P p**
*Nomen:* Ampel, Hupe, Lampe, Lappen, Lippe, Lupe, Opa, Paar, Palme, Panda, Papa, Papagei, Pappe, Pasta, Pia, Pilot, Pinsel, Pirat, Piste, Po, Post, Postbote, Pott, Preis, Pudel, Pulli, Pult, Pumpe, Puppe, Rippe, Suppe, Topf, Trompete, Tulpe
*Verben:* hupen, lispeln, paddeln, planen, pusten, rappeln, tippeln
*Adjektive:* platt, pur
*Sonstige Wörter:* minus, plus, pro

**Ch ch**
*Nomen:* Bach, Becher, Besuch, Buch, Dach, Docht, Drache, Drachen, Fach, Licht, Loch, Locher, Milch, Nacht, Pech, Sache, Sicht, Teppich, Trichter
*Verben:* besuchen, brechen, kochen, lachen, lochen, machen, rechnen, suchen
*Adjektive:* echt, hoch, leicht, peinlich, reichlich, richtig
*Sonstige Wörter:* acht, dich, doch, durch, ich, manchmal, mich, nach, nicht, noch, rechts

**▶ Hokuspokus**

**Z z**
*Nomen:* Arzt, Brezel, Herz, Holz, Pelz, Pilz, Pizza, Polizist, Prinz, Prinzessin, Ranzen, Salz, Zebra, Zeichen, Zeiger, Zeile, Zeit, Zelt, Zettel, Zimmer, Zitrone, Zoo, Zug
*Verben:* tanzen, zeigen, zelten
*Sonstige Wörter:* zusammen

**Au au**
*Nomen:* Auge, Aula, Auto, Automat, Bau, Bauer, Baum, Daumen, Faust, Frau, Haufen, Haus, Laube, Laus, Mauer, Maus, Rauch, Raum, Raupe, Saum, Taube, Traum, Zauberer, Zaun
*Verben:* bauen, laufen, rauben, tauchen, zaubern
*Adjektive:* blau, braun, faul, grau, laut, sauber, traurig
*Sonstige Wörter:* auch

**K k**
*Nomen:* Direktor, Gurke, Haken, Kaffee, Kakadu, Kamel, Kamm, Kaninchen, Kante, Kanu, Karte, Kasten, Kater, Keller, Kerze, Kind, Kirche, Kissen, Kiste, Kleid, Knoten, Korb, Kran, Kraut, Kreide, Kreisel, Krokodil, Krokus, Krone, Kuchen, Kugel, Paket, Plakat, Wolke, Zirkus
*Verben:* kann, kaufen, kennen, klauen, klettern, kneten, kochen, kommen
*Adjektive:* kalt, kaputt, klein, kurz
*Sonstige Wörter:* links

**ie**
*Nomen:* Biene, Brief, Dieb, Diener, Fieber, Flieder, Fliege, Fliese, Knie, Liebe, Lied, Liege, Niete, Papier, Riegel, Riese, Tier, Ziege, Ziegel, Ziel
*Verben:* fliegen, lieben, liegen
*Adjektive:* lieb, riesig
*Sonstige Wörter:* die, nie, sie, sieben

**W w**

*Nomen:* Gewicht, Gewitter, Kiwi, Wabe, Wade, Waffel, Wagen, Wal, Wald, Wasser, Welt, Weste, Wetter, Wiege, Wiese, Wiesel, Wind, Winter, Woche, Wolf, Wolke, Wort, Wurm, Wurst, Zwerg
*Verben:* wagen, wandern, warten, weinen, wenden, werben, werfen, wissen, wollen
*Adjektive:* wild, willkommen, winzig
*Sonstige Wörter:* wir, zwei

**Sch sch**

*Nomen:* Dusche, Fisch, Flasche, Fleisch, Frosch, Geschenk, Kirsche, Muschel, Schal, Schale, Schalter, Schaufel, Schaukel, Schaum, Schere, Schiff, Schild, Schirm, Schleife, Schleim, Schloss, Schnabel, Schnauze, Schnee, Schneemann, Schokolade, Schule, Schultasche, Schwamm, Schwein, Schwester, Tasche, Tisch
*Verben:* duschen, schaukeln, scheinen, schlafen, schneiden, schreiben, schwimmen, waschen, wischen
*Adjektive:* falsch, komisch, schief, schlau, schnell, schwarz, schwer

## 4.3 In der Schule

### Thematische Schwerpunkte

- Die Schule, den Klassenraum und die dazugehörigen Gegenstände kennenlernen
- Die Mitschülerinnen und Mitschüler sowie deren Namen kennenlernen
- Regeln und Rituale im Schulalltag
- Verhalten in der Pause und im Klassenraum
- Gesundes Schulfrühstück
- Leitfiguren Tim, Jonas, Fatma, Lena und Tinto kennenlernen

### Tipps zum Einstieg ins Thema

Gemeinsam das Wimmelbild betrachten (im Erstlesebuch, im E-Book [ISBN 978-3-06-084172-1], auf dem Poster [ISBN 978-3-06-084538-5] oder über Beamer/Whiteboard):

- Die Leitfiguren finden und kennenlernen: Was machen sie?
- Namensschilder für die Leitfiguren oder die Kinder der Klasse herstellen
- Vergleich mit dem eigenen Klassenraum
- Gegenstände im Klassenraum benennen: Wozu dienen sie? Wie werden sie genutzt?
- Gemeinsam singen, z. B. das Lied „Darum sind wir hier" (Rüdiger Urbanek) auf der TINTO-Lieder-CD blau, Track 4 (ISBN 978-3-464-80270-0)
- Kennenlernspiele
- Gegebenenfalls Gespräch über inklusive Beschulung

### Wortschatzarbeit/Sprachförderung

- Die Wörter in der Wimmelbild-Randleiste können bei Schuleintritt in der Regel noch nicht erlesen werden. Die Kinder lernen erst nach und nach, diese Wörter selbst zu lesen.
  Die Lehrerin liest die Wörter vor und nennt jeweils den Artikel (Hinweis auf Farbgebung der Artikelpunkte geben: der = blau, die = rot, das = grün). Mit zunehmender Lesefertigkeit im Lauf des ersten Schuljahres kann auch ein Kind das Vorlesen übernehmen.
- Die Kinder nennen die Wörter mit und ohne Artikel mehrfach
- Die Bilder zu den Wörtern im Wimmelbild suchen und benennen (z. B. eine Spielfigur auf die entsprechende Stelle im Buch setzen oder das Gesuchte auf dem Bild am Whiteboard bzw. auf dem Poster zeigen)

- Tätigkeiten der Kinder auf dem Bild beschreiben: kneten, spielen, schreiben, am PC arbeiten, kleben usw.
- Zum Wimmelbild passende Sätze bilden und nachsprechen lassen, z. B.:
  *Fatma knetet eine Ente.*
  *Tim geht zur Toilette.*
  *Lena schreibt Wörter.*
  *Jonas hilft einem Kind.*
  *Die Kinder spielen mit Karten.*
- Zur Förderung der phonologischen Bewusstheit das im Bild gezeigte Anlautspiel mit Bildkarten spielen (z. B. Lautbilder-Kartei)
- Die Wortbilder *Tafel und Regal* (Kärtchen) im Wimmelbild suchen
- Leistungsstarke Kinder können Wortkarten wie *Tafel* und *Regal* sowie Karten mit weiteren Wörtern im Klassenraum aufhängen

## Buchstabenkurs Teil A* L l, A a, N n, E e ▷ Seiten 12–29

Bevor man mithilfe des Erstlesebuches (Wimmelbild) in ein thematisches Kapitel einsteigt, sollten zunächst die entsprechenden Buchstaben des Kapitels mithilfe des Buchstabenhauses eingeführt werden (die genauere Erarbeitung jedes Buchstabens kann dann natürlich auch parallel erfolgen). Die Buchstabeneinführung kann *entweder* über den Buchstabenkurs *oder* den Buchstabenordner passieren. Da sich Wörter und Texte innerhalb der thematischen Kapitel des Erstlesebuches, aber auch auf den Leseseiten des Arbeitsheftes Schreiben/Lesen an der Buchstabenfolge des Buchstabenkurses orientieren, ist es sinnvoll, sich auch bei Nutzung des Buchstabenordners möglichst danach zu richten.

### Allgemeine Tipps für die Erarbeitung aller Buchstaben/Laute

- Buchstaben an die Tafel schreiben und mit der Hand in die Luft zeichnen (Achtung: für die Lehrerin spiegelverkehrt!); Kinder zeichnen den Buchstaben ebenfalls in die Luft, mit Finger oder Radiergummi auf den Tisch, auf den Rücken des Partnerkindes (alles mehrmals)
- Großformatige Übungen dem Schreiben auf den Übungsseiten oder in der Lineatur vorschalten: an der Tafel/am Whiteboard, auf Tapete, in der Luft nachspuren, im Sandkasten schreiben, Wollfäden legen und aufkleben, Buchstaben kneten, Buchstaben auf den Boden kleben und „nachspurend" darauf gehen ...
- Buchstaben mit unterschiedlichen Farben und in verschiedenen Größen auf ein Blankoblatt (A4/A3) schreiben
- Wichtig: mit Konsequenz auf die richtige Schreibrichtung achten, ausreichend üben lassen; bei den Hausaufgaben/zu Hause ist nicht gewährleistet, dass darauf geachtet wird
- Neue Buchstaben in die Lineatur einordnen, hierbei stets das Lineaturhäuschen nutzen und auf Ansatzpunkte hinweisen (z. B. mithilfe der TINTO-Lautbilder, ISBN 978-3-06-084273-5)
- Auf einem Tisch Dinge sammeln, die den neuen Buchstaben/Laut enthalten (Kinder Gegenstände von zu Hause mitbringen lassen)
- Behälter mit kleinen Gegenständen (Plastikfiguren, Gummipüppchen o. Ä.) füllen, die zu den jeweiligen Buchstaben passen; für Kinder, die schon etwas lesen können, Wortkarten dazulegen; Behälter mit Gegenständen zu zwei Buchstaben befüllen und sortieren lassen
- Bildkarten (z. B. TINTO-Wort-Bild-Karten mit TING-Hörfunktion, ISBN 978-3-06-084226-1) mit L l-Wörtern (bzw. mit dem jeweiligen neuen Buchstaben/Laut) im Sitzkreis oder an der Tafel aufdecken, mehrfach mit und ohne Artikel benennen; sichtbar im Raum platzieren, um die Übungen im Buchstabenkurs oder -ordner sorgfältig vorzubereiten und den Wortschatz abzusichern (ebenso verfahren mit A a-, N n-, E e-Wörtern usw.)
- Bildkarten zu mehreren bekannten Buchstaben in der Klasse aufhängen. Nachdem ein Buchstabe genannt wurde, schleichen die Kinder durch den Raum und überlegen, welcher Gegenstand/welches Bild jeweils dazu passt. Auf ein Zeichen hin gehen sie zu einem passenden Bild/Gegenstand.
- Bildkarten mit den jeweils neuen Buchstaben bzw. Bildkarten ohne diese auslegen und richtig zuordnen lassen
- Je nach Entwicklungsstand Bildkarten und Wortkarten mit Wörtern, die neue Buchstaben beinhalten, einander zuordnen lassen
- Lautgebärden einführen und beim Lautieren vor allem als Differenzierungshilfe einsetzen

* *alternativ: Buchstabenordner*

## Vorschläge für die Erarbeitung von L l, A a, N n, E e

Großdemonstration an der Tafel/am Whiteboard, evtl. mitsprechen:

*L l – runter, Seite; runter, rund*
Groß- und Kleinbuchstabe sehen sich sehr ähnlich. Auf den Unterschied genau hinweisen.

*A a – hoch, runter, Schluss, eins, zwei, drei; Seite, runter, hoch und Schluss*

- Der Luftsprung beim A ist als wiederkehrendes Merkmal zu benennen
- Häufig zeigen sich motorische Schwierigkeiten beim Kleinbuchstaben a. Diese ergeben sich durch die Rundung und den anschließenden Abstrich. Das Mitsprechen der Bewegung kann hilfreich sein: *Seite, runter, hoch und Schluss.*
- Die Schreibbewegung zunächst großformatig und ohne Lineatur üben
- Hinweis auf die zwei Klangmöglichkeiten als Lang- oder Kurzvokal: *Ameise (Adler)* und *Affe (Anker, Ampel)*
- Hinweis: A a ist ein „Dach"-Buchstabe, d. h., der Buchstabe „wohnt" im „Dach" des TINTO-Buchstabenhauses

*N n – hoch, runter, hoch; runter, Bogen*

- Hinweis zur Schreibrichtung beim Kleinbuchstaben: Manche Kinder machen nach dem Abstrich einen Luftsprung und setzen den Bogen oben am Ausgangspunkt an. Bei der Einführung ist auf den Richtungswechsel hinzuweisen. Einige Kinder müssen sich erst daran gewöhnen, dass sie nach einem Abstrich hoch in die entgegengesetzte Richtung schreiben müssen.

*E e – runter, eins, zwei, drei; Seite und dann rum*

- Hinweis auf die zwei Klangmöglichkeiten als Lang- oder Kurzvokal: *Esel (Erde)* und *Ente (Engel)*
- Hinweis: E e ist ein „Dach"-Buchstabe

## Üben

- Tägliche phonematische Übungen zum Heraushören der bisher bekannten Laute /l/, /a/, /n/, /e/
- Täglich Buchstaben und die dazugehörigen Lautbilder benennen sowie die Schreibrichtung zeigen
- Täglich A a und E e im Buchstabenhaus zeigen, Hinweis auf die Besonderheit „Dach"-Buchstabe

**► Wörter zum täglichen gemeinsamen Lautieren**

Lena, Fatma, Jonas, Tim, Tinto, Banane, Name, Regal, Tafel

**► Wörter zum Lesen**

**ab L l, A a, N n, E e:**
Anna, Ela, Lale, Lena, Nele, Nena, nennen, alle, an, na

| In der Schule | | Neue Übungstypen im Buchstabenkurs (wann sie das erste Mal auftauchen) | Didaktische Tipps zur Einführung/ Durchführung |
|---|---|---|---|
| L l<br>S. 12–15 | 1 | Groß- und Kleinbuchstaben nachspuren | mit mindestens drei Farben; großformatige Übungen vorausgehen lassen: in der Luft, an der Tafel, auf Tapete, im Sand etc./ggf. Stationsarbeit anregen |
| | 2 | in Lineatur schreiben: Groß- und Kleinbuchstaben | auf Ansatzpunkte in der Lineatur hinweisen, Lineaturhäuschen einführen |
| | 3 | visuelle Übung: Buchstabe im Bild | die Felder mit den gesuchten Buchstaben ergeben die Buchstabenformen |
| | 4 | auditive Übung: gleiche Anlaute hören und verbinden | „verbinden" einführen;<br>Übung zuvor mit Bildkarten einführen;<br>auch Artikelpunkte einführen |
| | 5 | auditive Übung: /L/ (Anlaut) hören und schreiben | Übung zuvor einführen (z. B. mit Bildkarten an der Tafel) |
| | 6 | Silben schwingen oder klatschen, Silbenbögen zeichnen | auf Hilfspunkte für die Silbenbögen in der Schreibfläche hinweisen; versch. Spielformen zum Silbenerfahren, -erlaufen, -erfühlen |
| | 7 | auditive Übung: zum Anlaut passendes Bild mit dem Buchstaben verbinden | Übung zuvor einführen |

| In der Schule | | Neue Übungstypen im Buchstabenkurs (wann sie das erste Mal auftauchen) | Didaktische Tipps zur Einführung/ Durchführung |
|---|---|---|---|
| | | freies Schreiben zum Bild: L-Wörter suchen, anmalen und mit dem Buchstabenhaus verschriften | diese Übung überfordert evtl. manche Kinder noch und ist daher freiwillig (s. Tatze); ermöglicht versch. Herangehensweisen; Differenzierung: einen Satz oder mehr zum Bild schreiben |
| **A a**<br>S. 16–19 | | *alle Übungsformen: s. L l* | Hinweis auf unterschiedliche Klangmöglichkeiten: Lang- und Kurzvokal (*Ameise* vs. *Anker*) |
| **N n**<br>S. 20–23 | **7** | neue auditive Übung/Leseübung: passende Anfangssilbe zum Bild ankreuzen | Übung zuvor einführen: „ankreuzen“ ist neu |
| | | *alle weiteren Übungsformen: s. L l* | |
| **E e**<br>S. 24–27 | **2** | in Lineatur schreiben: Groß- und Kleinbuchstaben; außerdem neu: Wörter *(Lena)* | Hinweis auf Groß- und Kleinschreibung am Satzanfang und innerhalb des Wortes – Wörter mit Artikelpunkt schreibt man am Anfang groß |
| | | *alle weiteren Übungsformen: s. L l und A a* | Hinweis auf unterschiedliche Klangmöglichkeiten: Lang- und Kurzvokal;<br>Abgrenzung zum I i (*Igel* vs. *Insel*) |
| S. 28/29 | | *Das kann ich schon* – hier zum ersten Mal | Stellenwert dieser Seiten thematisieren – leeren Katzenkopf besprechen |

## Lernstand überprüfen: Das kann ich schon

**▶ Seiten 28/29***

Nach Abschluss der Einheit zum Buchstabenplateau dieses Kapitels (LANE) können die blau hinterlegten „Das kann ich schon“-Seiten 28 und 29 im Buchstabenkurs bearbeitet werden. Sie fassen die erarbeiteten Inhalte zusammen und festigen diese. Die Kinder zeigen, was sie schon gelernt haben. Den leeren Katzenkopf können sie zur Selbsteinschätzung nutzen, indem sie einen „lachenden“ oder „traurigen“ Mund ergänzen, ähnlich einem Smiley.

Nach Abschluss der Einheit zum Buchstabenplateau dieses Kapitels (LANE) werden die bereits bekannten Aufgabenformate und Buchstaben zusammenfassend wiederholt:

- Aufgabe 1: Kenntnis der neuen Buchstaben überprüfen
- Aufgabe 2: Buchstaben und Wort in die Lineatur schreiben
- Aufgabe 3: Silbenbögen zeichnen
- Aufgabe 4: Anfangslaut/-silbe ankreuzen

** zusätzlich oder alternativ:*

**„Das kann ich schon“-Heft**

Die Seite 1 des „Das kann ich schon“-Hefts kann von allen Kindern bereits zu Beginn des Schuljahres bearbeitet werden. Diese Seite dient der Ermittlung des Vorwissens der Kinder. Leistungsstärkere Kinder können nach Einführung des vierten Buchstabens (E e) evtl. sogar schon die Seite 3 erfolgreich bearbeiten. Hierfür sollten jedoch entsprechende Übungen zu Silben im Buchstabenkurs bzw. Buchstabenordner und ggf. im Arbeitsheft Schreiben/Lesen vorausgegangen sein.

→ *Nähere Ausführungen dazu s. Kapitel 5.2*

## Fördern und Fordern

### Fördertipps

- Es ist zu erwarten, dass Kinder mit Förderbedarf mehr Zeit und mehr handlungsorientierte Aufgaben zu den Buchstaben benötigen. Die Abfolge der Übungen auf den Seiten richtet sich häufig nach dem Schwierigkeitsgrad, sodass für leistungsschwächere Kinder Aufgaben gestrichen werden können.

- Buchstaben mit den im Buchstabenkurs bzw. Buchstabenordner verwendeten Lautgebärden verknüpfen, Zuordnung täglich wiederholen (Zeichen, Laut, Geste)
- Spiegel einsetzen: beobachten und besprechen, wie ein Laut gebildet wird (Form der Lippen, Lage der Zunge); Unterschiede zwischen /a/ und /o/, /e/ und /i/, /n/ und /m/ betrachten und beschreiben
- TINTO-Lautbilder im A4-Format mit Folie bedecken, um Buchstaben im Großformat nachzuspuren
- Wörter mit langem und kurzem /a/, /e/ kontrastiv sprechen
- Gemeinsam Silben schwingen mithilfe verschiedener Bildkarten, Silben laufen, hüpfen, mit Klanghölzern hörbar machen
- Kopiervorlagen **(KV 80–91)**

→ *Kapitel 5 „Lernentwicklung beobachten und fördern“*

### Fordertipps

- Wörter mit „Ente“-Ende *(Laterne, Nase, Ameise ...)* sammeln
- Synthesespiel: Es werden Buchstabenkarten (L l, A a, N n, E e) verteilt. Die Rückseiten der „Dach“-Buchstaben sind rot markiert. Zu Musik laufen alle Kinder durcheinander. Wenn die Musik stoppt, finden sich ein Kind mit einer „Dach“-Buchstabenkarte und ein Kind mit einer anderen Buchstabenkarte zusammen. Sie sprechen die entstandene Silbe vor.
- Bildkarten nach Silbenanzahl sortieren
- **Buchstabenkurs,** Seite 15/Tatzenaufgabe, Seite 19/Tatzenaufgabe, Seite 23/Tatzenaufgabe (freies Schreiben zum Bild)

## Erstlesebuch ► Seiten 4–11

### ► Seiten 4/5

Vorschläge zum Einsatz des Wimmelbildes: s. o.

Beim Betrachten des Wimmelbildes die Methode „think – pair – share“ anbahnen: Zunächst betrachten die Kinder das Bild alleine und entdecken viele Einzelheiten, anschließend sprechen sie über das Entdeckte mit einem Partnerkind und abschließend wird in der Klasse über das Bild gesprochen. Hierbei ist es wichtig, dass die Kinder gut zuhören und nicht etwas erzählen, was bereits ein anderes Kind erzählt hat.

→ *Arbeitsheft Schreiben/Lesen, Seite 11*

### ▷ Ich bin ich — für alle

- Das Bild betrachten, die Situation besprechen
- Die Leitfiguren Tim und Lena benennen und beschreiben (kurze, braune Haare, Brille, grünes T-Shirt, blonde Locken, rote Weste und Rock, Ringelstrümpfe)
- Sprechblase und Brief erlesen, Unterscheidung von Groß- und Kleinbuchstaben
- Die Kinderzeichnungen besprechen: Was mögen Tim, Jonas und Fatma?
- Was magst du? Eigene Bilder malen, den eigenen Namen schreiben, falls möglich

### ► Seiten 6/7

→ *Arbeitsheft Schreiben/Lesen, Seite 10*

### ▷ Ich bin Tim — für viele

Diese Buchstaben sind enthalten: L l, A a, N n, E e *und darüber hinaus O o, M m, I i, T t, S s, F f, G g, B b, U u, Ch ch, K k, J j.*

- „Ich bin“-/„Ich mag“-Ganzwörter an der Tafel vorlesen. Die Lehrerin ergänzt ihren Namen und malt bzw. erzählt, was sie mag.
- Bildwörter selbstständig erlesen oder Texte allen vorlesen durch fortgeschrittene Leserinnen und Leser
- Kennenlernspiel „Mein rechter, rechter Platz ist leer“; Kind setzt sich und sagt: „Ich bin ... Ich mag ...“
- Kennenlernspiel „Hatschi-Patschi“

### ▷ Ich bin Lena

für manche

Leistungsstärkere Leserinnen und Leser erlesen den Tatzentext selbstständig, evtl. mithilfe der Lauttabelle (Buchstabenhaus); ggf. Text allen vorlesen

**Fördertipps zu den Seiten 6/7**

- Wortaufbau (und -abbau) von *Lena*
- Anlautbilder *Lampe, Esel, Nase, Ameise* hängen an der Tafel. Die Bilder werden im Buchstabenhaus gesucht, die Buchstaben gezeigt und unter die Anlautbilder an der Tafel geschrieben. Dabei wird die Schreibrichtung benannt.
- Arbeit mit Buchstabenkarten und/oder Anlautbildkarten, Namen mehrfach zusammensetzen

**Fordertipps zu den Seiten 6/7**

- „Ich bin …", „Ich mag …" durch Wörter oder Bilder ergänzen und so eigene Sätze bilden
- Zuordnen: Bildkarten der Leitfiguren und Namen der Leitfiguren
- Mit welchem Anlaut beginnen die Leitfiguren? Die passenden Anlautbilder (Tafel, Fisch, Jo-Jo, Lampe) im Buchstabenhaus finden und zuordnen.

## ▶ Seiten 8/9

→ *Arbeitsheft Schreiben/Lesen, Seite 13*

### ▷ Regeln

für alle

- Klassenregeln gemeinsam erarbeiten. Über die Notwendigkeit von Regeln sprechen.
- Die vier Bilder betrachten und Regeln erarbeiten: *Ich bin leise, ich melde mich, ich höre zu, ich helfe anderen.*
- Einzelne Regeln üben und anwenden

### ▷ Jonas hilft

für viele

Diese Buchstaben sind enthalten: L l, A a, N n, E e *und darüber hinaus M m, I i, T t, S s, F f, H h, Ch ch, K k.*

- Die Kinder suchen die dargestellte Situation im Eingangsbild. Gesprächsanlass: Wie fühlt sich Ole?
- Fortgeschrittene Leserinnen und Leser oder die Lehrerin erlesen die Sprechblasen
- Positives Verhalten von Jonas herausstellen
- Die Szene nachspielen: Was antwortet Ole? Wie geht es weiter?

### ▷ Alle Stifte …

für manche

Fortgeschrittenere Leserinnen und Leser erlesen den Tatzentext selbstständig, evtl. mithilfe der Lauttabelle (Buchstabenhaus); ggf. Text allen vorlesen

**Fördertipps zu den Seiten 8/9**

Täglich auf die eingeführten Regeln hinweisen, in bestimmten Situationen (Unterrichtsgespräch, Stillarbeit) einzelne Regelbilder an der Tafel befestigen

**Fordertipps zu den Seiten 8/9**

- Die dargestellten Regeln von Kindern nachstellen lassen und diese dann fotografieren. Die Fotos ausdrucken, beschriften und unterschreiben lassen.
- Kinder berichten in kleinen Gruppen, in welchen Situationen sie jemandem geholfen haben
- Der Tatzentext steht an der Tafel. Die Kinder suchen die Namen *Jonas* und *Ole*.
- Gesprächsanlass: Wann hilfst du?

## ▶ Seiten 10/11

→ *Arbeitsheft Schreiben/Lesen, Seite 14*

### ▷ Alles gesund?

für alle

- Über das gemeinsame Frühstück in der Klasse sprechen; Rituale üben
- Die dargestellten Lebensmittel benennen. Welche sind gesund? Was essen wir beim Schulfrühstück?

### ▷ Wann essen wir? für viele

Diese Buchstaben sind enthalten: L l, A a, N n, E e *und darüber hinaus M m, B b, Ei ei.*

- Das Bild betrachten und Vermutungen, evtl. über den Anlaut, anstellen: „Mm, eine ...“
- Wie heißt das Mädchen? Den Namen auf der Brotdose selbstständig lesen.
- Das Mädchen auf dem Eingangsbild/Poster suchen
- Gesprächsanlass: Wann essen wir in der Schule?

### ▷ Ich bin Nele für manche

- Tatzentexte durch fortgeschrittene Leserinnen und Leser selbstständig erlesen, evtl. mithilfe der Lauttabelle (Buchstabenhaus); ggf. allen vorlesen
- Die Wörter *Nele* und *Banane* suchen
- Bestandteile des eigenen Schulfrühstücks aufschreiben oder malen/aufkleben

**Fördertipps zu den Seiten 10/11**

- Bildkarten (Lebensmittel) einsetzen; Begriffe und den dazugehörigen Artikel üben
- Die Lebensmittel befinden sich in einem Korb in der Klasse und werden gemeinsam probiert und benannt
- Silben der dargestellten Wörter klatschen oder schwingen

**Fordertipps zu den Seiten 10/11**

- Anlaute zu den dargestellten Lebensmitteln oder einzelne lautreine Wörter *(Banane, Milch, Tomate, Saft, Brot, Paprika)* schreiben
- Lebensmittelnamen lesen und Bildkarten zuordnen
- Obst und Gemüse unterscheiden

## Arbeitsheft Schreiben/Lesen ▶ Seiten 10–15

### ▶ Seite 10: Ich bin ich

→ *Erstlesebuch, Seiten 6/7*

### ▷ Aufgabe 1

- Die Kinder erhalten die Information, dass der Anfangsbuchstabe eines Wortes in das Kästchen auf der Linie gehört. Diese Information ist auch für weitere Aufgaben im Arbeitsheft wichtig. Deshalb sollte der Name *Lena* beispielhaft gemeinsam lautiert werden. Die Kinder sprechen den Namen gedehnt, jeder Laut wird segmentiert und auf dem Buchstabenhaus das passende Anlautbild gesucht. An der Tafel wird der Name auf eine Linie geschrieben, der Anlaut in ein Kästchen, um ihn hervorzuheben. Ein kleiner Pfeil kann die Schreibrichtung anzeigen.
- Die Kinder suchen entweder das Anlautbild der Leitfigur im Buchstabenhaus und schreiben den entsprechenden Buchstaben auf oder sie nutzen die Namensschilder, wenn sie bereits die Anlaute den Leitfiguren zuordnen können
- Den eigenen Namen schreiben (aus der Vorstellung oder mithilfe eines Namensschildes)

### ▷ Tatzenaufgabe

- An der Tafel hängen kleine Bilder der vier Leitfiguren. Sie werden mündlich beschrieben. Andere Kinder müssen raten, wer gemeint ist.
- Die Kinder können Namen der Mitschülerinnen und Mitschüler sammeln, indem sie andere um „Unterschriften“ bitten

**Differenzierung**

- Bilder der Leitfiguren hängen an der Tafel. Gemeinsam werden die Namen oder nur die Anlaute lautiert, die Anlautbilder und Buchstaben im Buchstabenhaus gesucht und an der Tafel notiert. Bei der Seitenbearbeitung orientieren sich die Kinder am Tafelbild.
- Zur Entlastung für leistungsschwache Kinder können die Bilder und Namensschilder passend nummeriert werden. Oder die Namensschilder werden gelb (Lena), rosa (Fatma), blau (Jonas) und grün (Tim) markiert.
- Jedes Kind kann sich auf sein eigenes Namensschild das passende Anlautbild kleben. Dafür für jede Tischgruppe Anlautbilder bereitstellen **(KV 1, KV 25, KV 26)**.
- Täglich werden zu einem ausgewählten Anlautbild Namen von Kindern aus der Klasse gesammelt und an der Tafel festgehalten

### ▶ Seite 11: Silben schwingen

→ *Erstlesebuch, Seiten 4/5*

#### ▷ Aufgabe 1

- Das Silbenklatschen oder -schwingen sollte zunächst anhand von Dingen im Klassenraum oder anhand von Bildkarten mündlich geübt werden. Erst dann wird die Notierung der Silbe eingeführt. Die Aufmerksamkeit ist besonders auf einsilbige Wörter zu lenken, da sie erfahrungsgemäß am schwierigsten sind.
- Anhand von Bildkarten wird die Übung an der Tafel gezeigt. Ein Wort wird in Silben gesprochen, dabei wird geklatscht. Die Silbenanzahl wird genannt. Dann zeigt die Lehrerin den Silbenbogen an der Tafel. Eine Silbe reicht von Punkt zu Punkt. Zur Kontrolle wird das Wort wiederholt silbisch gesprochen und die Lehrerin fährt mit dem Finger den Silbenbogen nach.
- Die aus dem Erstlesebuch bekannten Bilder mit und ohne Artikel gemeinsam benennen
- Selbstständig langsam, gedehnt sprechen, klatschen oder schwingen
- Silbenbögen zeichnen, Punkte als Hilfe nutzen

#### ▷ Tatzenaufgabe

- Silbenbögen auch ohne Hilfspunkte notieren
- Einsilbige Wörter oder besonders lange Wörter
- Silbenspiel: Zwei Kinder erhalten je fünf Bildkarten. Sie klatschen oder schwingen die Wörter und zeichnen die Silbenbögen. Das Kind mit den meisten oder wenigsten Silben insgesamt hat gewonnen.
- Kinder erhalten die Aufgabe, aus einer Auswahl von Bildkarten alle Wörter mit einer, zwei oder drei Silben herauszusuchen oder die Bilder nach Silbenanzahl zu sortieren

**Differenzierung**

- Kindern mit schreibmotorischen Schwierigkeiten fällt es schwer, Silbenbögen zu zeichnen. Sie benötigen vertiefende Übungen, um Grundelemente wie Rundungen, Ovale und Striche zu beherrschen. In solchen Fällen kann der Silbenbogen vorerst entfallen und die Kinder malen die grauen Punkte an oder verbinden sie durch einen geraden Strich.
- Besonders einsilbige Wörter müssen im direkten Kontakt mit dem Kind gemeinsam erarbeitet werden, damit es statt „Heft" nicht „He-eft" schreibt

### ▶ Seite 12: Anlaute notieren

→ *Erstlesebuch, Seiten 4/5*

#### ▷ Aufgaben 1, 2

- Vorübung im Sitzkreis anhand von Gegenständen oder Bildkarten (Anspitzer, Elefant, Lineal, Apfel, Lehrerin, Ordner, Lupe)
- Die Wörter deutlich sprechen, abhören und dazugehöriges Anlautbild zeigen
- Die Wörter zu den Bildern mit und ohne Artikel mehrfach nennen
- Akzentuiert sprechen
- An der Tafel nach Möglichkeit mit Bildkarten die Übung zeigen: Anlaut heraushören, Anlaut notieren, evtl. mithilfe des Buchstabenhauses, Schreibrichtung beachten
- Bei Aufgabe 2 können Kinder, die im Hören der Anlaute schon etwas geübt sind, weitere Anlaute abhören (/R/, /M/, /S/)

#### ▷ Tatzenaufgabe

Fortgeschrittene Kinder können mithilfe des Buchstabenhauses noch mehr Anlaute abhören (/W/, /T/, /F/, /B/) und notieren. Auch bei weiteren Bildwörtern, z. B. auf Karten, können Anlaute abgehört und notiert werden. Ebenso als Partnerübung möglich.

**Differenzierung**

Phonologische Übungen täglich durchführen:

- Anlaute von Bildkarten/Gegenständen abhören und notieren; Buchstaben im Buchstabenhaus zeigen, Anlautbild zuordnen
- Aus einer Auswahl von Bildkarten/Gegenständen Paare mit gleichem Anlaut heraussuchen
- Laute deutlich sprechen, in den Spiegel schauen, Dinge zu einem bestimmten Anlaut suchen

### ▶ Seite 13: Regeln

→ *Erstlesebuch, Seiten 8/9*

#### ▷ Aufgaben 1, 2

- Bilder betrachten und dazu erzählen
- Erwünschtes Sozialverhalten in der Klasse bzw. in der Pause benennen
- Hilfemöglichkeiten für Kinder erläutern
- Weitere Spiele und Materialien für die Pause vorstellen

**Differenzierung**
- Zu diesem Zeitpunkt eher für leistungsstärkere Kinder: Was spielst du in der Pause? Wörter verschriften: *Rutsche, Karten tauschen ...*
- Szenen nachspielen lassen

### ▶ Seite 14: Alles gesund?

→ *Erstlesebuch, Seiten 10/11*

#### ▷ Aufgabe 1

- Die dargestellten Lebensmittel benennen
- Welche Lebensmittel sind gesund? Welche sind Süßigkeiten?
- Für die Frühstückspause empfehlenswerte Produkte werden mit dem Korb verbunden
- Empfehlenswerte Produkte können zusätzlich angemalt werden

#### ▷ Tatzenaufgabe

Mithilfe des Buchstabenhauses das eigene Frühstück verschriften und dazu malen, z. B. *Brot, Apfel, Banane*

**Differenzierung**
- Anlaute können neben die Lebensmittel geschrieben werden
- Einzelne Wörter eignen sich zum gemeinsamen Lautieren: *Brot, Banane, Tomate, Gurke, Paprika, Saft*
- Bei Kindern mit Förderbedarf kann die Anzahl der Lebensmittel durch Abdecken oder Markierungen verringert werden

### ▶ Seite 15: Leseseite

#### ▷ Aufgaben 1, 2, 3

- Auf unterschiedlichen Niveaus lesen
- Das Aufgabenformat von Aufgabe 1 ist aus den Übungen zum Buchstabenhaus (Seite 9) bekannt. Die Aufgabe kann mithilfe des Buchstabenhauses ausgeführt werden. Bekannte Buchstaben tragen die Kinder ein, ohne nachzuschauen.
- Bei Aufgabe 2 müssen Silben mit den eingeführten Buchstaben L l, A a, N n, E e gelesen werden
- Bei Aufgabe 3 handelt es sich um zweisilbige Namen mit den eingeführten Buchstaben

#### ▷ Tatzenaufgabe

Diese Buchstaben sind über die eingeführten Buchstaben hinaus enthalten: *M m, S s*.

- Zweiwortsatz erlesen und passend zum Bild ankreuzen

**Differenzierung**
- Übungen zur Synthese von Silben mit den Lauten /l/, /a/, /n/, /e/ an der Tafel mit einer Abdeckkarte
- Silben mündlich zu Wörtern vervollständigen: *Na- Nase, Le- Lego, En- Ente, Na- Nagel*
- Partnerlesen/Tandemlesen

## Fördern und Fordern

### Fördertipps zu den Seiten 10–15

- Kinder, die mit der linken Hand schreiben, besonders betreuen und ihnen die richtige Schreibhaltung sowie die richtige Lage des Heftes zeigen; Eltern beraten
- Kinder mit großen Schwierigkeiten beim Hören des Anlautes gezielt durch basale Hörübungen fördern (*laut, leid,* gleiche Geräusche zuordnen, Richtungshören, Dauerkonsonanten/Vokale deutlich sprechen, in den Spiegel schauen usw.)
- Schreibhaltung korrigieren und den Kindern individuell die Schreibweise von Buchstaben zeigen
- Tägliche Fünf-Minuten-Übungen zum Festigen der Buchstaben und Laute
- Tägliches Arbeiten mit dem Buchstabenhaus, Singen oder Sprechen des Rap
- Bei Übungen zu Buchstaben auf die Schreibrichtung hinweisen
- Schwungübungen auf verschiedenen Materialien in unterschiedlichen Größen durchführen: Kreise, Wellen, Striche, Zacken (schreiben und malen)
- Buchstaben L, A, N, E auf unterschiedliche Weise darstellen und basteln

### Fordertipps zu den Seiten 10–15

- Ausgewählte Bildkarten mit der Lauttabelle verschriften
- Wortlisten schreiben: Dinge aus dem Schulranzen, dem Klassenraum, der Schule
- Zeigespiel am Buchstabenhaus: Mit einem Zeigestab nacheinander Silben oder die Laute eines Wortes zeigen, die Kinder synthetisieren und erkennen das Wort. Zu einem späteren Zeitpunkt können die Kinder lautgetreue Wörter zeigen.
- Kopiervorlagen **(KV 46–48)**

## Fächerübergreifende Unterrichtsvorschläge

### Sachunterricht

- Das Schulgebäude, besondere Räume kennenlernen
- Den Hausmeister in die Klasse einladen
- Umgang mit Lernmaterialien, Ordnung im Klassenraum und im Schulranzen
- Symbole für den Tagesplan oder für Regeln

### Mathematik

Dinge im Klassenraum zählen (Tische, Stühle, Regale, Fenster ...)

### Sport

- Reaktionsspiele trainieren das genaue Zuhören
- Spiele zur Gruppenbildung mit Musik

### Kunst

- Kater Tinto ausmalen und ausschneiden **(KV 4)**
- Schultüten gestalten **(KV 3)**
- Den eigenen Namen in schöner Schrift und Farbe gestalten
- Buchstaben aufkleben, ausmalen oder gestalten

### Musik/Lieder

- TINTO-Rap (TINTO-Lieder-CD blau)
- „Darum sind wir hier" (auch auf der TINTO-Lieder-CD blau)
- Begrüßungslieder: „Hallo, hallo (Ich will euch begrüßen)" (Volker Rosin), „Guten Morgen, guten Morgen" (Hermann Heimeier)
- Lieder: „Alle Kinder lernen lesen" (Wilhelm Topsch), „Drei Chinesen mit dem Kontrabass" (trad.; auch auf der TINTO-Lieder-CD blau, Track 7), „1, 2, 3 im Sauseschritt" (Lore Kleikamp, Detlev Jöcker)
- Klatsch- und Koordinationsübungen, Silben, Namen klatschen
- Auszählverse, Fingerspiele

### Passende Kinderliteratur

Gunilla Bergström:
**Nur Mut, Willi Wiberg!**
Oetinger

Erhard Dietl:
**Die Olchis fliegen in die Schule**
Oetinger

Sabine Jörg:
**Der Ernst des Lebens**
Thienemann

Leo Lionni:
**Der Buchstabenbaum**
Beltz & Gelberg

### Darum sind wir hier

Text u. Melodie: Rüdiger Urbanek

Wenn wir unsre Hände fassen,
ja, dann spüren wir,
dass wir gut zusammenpassen.
Wir sind gerne hier.

## 4.4 Mein Schulweg

## Thematische Schwerpunkte

- Der eigene Schulweg
- Die Fahrbahn sicher überqueren
- Bedeutung der Ampel, der Ampelfarben, des Zebrastreifens
- Verhalten der Verkehrsteilnehmer
- Gefahren im Straßenverkehr
- Links-rechts-Orientierung im Straßenverkehr
- Buchstaben und Schrift in der Umwelt

## Tipps zum Einstieg ins Thema

Gemeinsam das Wimmelbild betrachten (im Erstlesebuch/E-Book, auf dem Poster, über Beamer/Whiteboard):

- Die Kinder finden, die gerade auf dem Schulweg sind; mit dem eigenen Schulweg vergleichen
- Die Kinder der Klasse erzählen, wie sie täglich zur Schule kommen
- Besprechen, wo und wie man die Fahrbahn sicher überqueren kann
- Über mögliche Ablenkungen und Gefahren auf dem Schulweg nachdenken

## Wortschatzarbeit/Sprachförderung

- Die Wörter in der Wimmelbild-Randleiste enthalten einige Buchstaben, die im Buchstabenkurs noch nicht erarbeitet wurden. Die meisten Kinder werden die Wörter daher noch nicht erlesen können. Vielleicht kann ein schon fortgeschritteneres Kind das Vorlesen übernehmen, ansonsten liest die Lehrerin die Wörter vor.
- Die Wörter mit und ohne Artikel mehrfach nennen (Achtung: *rot* und *grün* sind keine Nomen und haben daher keinen Artikelpunkt!)
- Tätigkeiten der Figuren auf dem Bild beschreiben: *gehen, fahren, stehen, sitzen, schieben, aus dem Fenster schauen, streiten ...*
- Sätze mit unterschiedlicher Struktur bilden, je nach sprachlichem Entwicklungsstand, z. B.:
  *Da ist ...*
  *Die Ampel ist ...*
  *Der Polizist steht ...*
  *Der rote Bus fährt ...*

→ *Allgemeine Tipps zur Wortschatzarbeit/Sprachförderung s. Kapitel 4.3*

## Buchstabenkurs Teil A* O o, M m, I i, T t, S s

▷ Seiten 30–51

*→ Allgemeine Tipps für die Erarbeitung aller Buchstaben/Laute s. Kapitel 4.3*

### Vorschläge für die Erarbeitung von O o, M m, I i, T t, S s

Großdemonstration an der Tafel/am Whiteboard, evtl. mitsprechen:

*O o – den Berg hoch, mit Schwung herum*

*M m – rauf, runter, rauf und runter; runter, rauf, kleiner Bogen und runter, rauf, kleiner Bogen und runter*

*I i – von oben nach unten, fertig; von oben nach unten, Punkt*

*T t – von oben nach unten, ein Dach drauf; von oben nach unten, kleiner Bogen, Strich*
„Von oben nach unten“ ist ein wichtiger Hinweis, weil viele Kinder sehr lange die Tendenz haben, die Buchstaben von unten nach oben (von sich weg) zu schreiben

*S s – Kurve links, Kurve rechts*

### Üben

- Tägliche phonematische Übungen zum Heraushören der bisher bekannten Laute /l/, /a/, /n/, /e/, /o/, /m/, /i/, /t/, /s/
- Täglich Buchstaben und die dazugehörigen Lautbilder benennen sowie die Schreibrichtung und die Buchstabenlage in der Lineatur zeigen
- Täglich O o und I i im Buchstabenhaus zeigen, Hinweis auf die Besonderheit „Dach“-Buchstabe

**► Wörter zum täglichen gemeinsamen Lautieren**

Ampel, Auto, Bus, Helm, Polizist, Post, Tor, Weste, rot

**► Wörter zum Lesen**

**ab O o:**
Enno, Leon, Lola, Ole

**ab M m:**
Alma, Emma, Lama, Mama, Mann, Melone, Name, Oma, malen, am, mal, man

**ab I i:**
Alima, Emil, Ina, Lilo, Limo, Lineal, Linie, Lino, Lolli, Mia, Milan, Mimi, Nil, Nina, lila, im, in, innen

**ab T t:**
Anita, Anton, Ente, Lotte, Mantel, Mitte, Monat, Not, Note, Tal, Tanne, Tante, Tee, Tim, Tina, Tinte, Tinto, Tomate, Ton, Tonne, malt, nimmt, alt, nett, toll, total, mit

**ab S s:**
Amsel, Ananas, Ast, Esel, Insel, Lasso, Liste, Lotse, Mist, Nase, Nest, Osten, Salami, Salat, Samt, Sattel, See, Sessel, Simon, Sinan, Sonne, Tasse, Taste, Tennis, essen, ist, lesen, messen, sammeln, sollen, tasten, testen, satt, selten, also, es, los, so

| **Mein Schulweg** | | **Neue Übungstypen im Buchstabenkurs** (wann sie das erste Mal auftauchen) | **Didaktische Tipps zur Einführung/ Durchführung** |
|---|---|---|---|
| **O o** S. 30–33 | 3 | visuelle Übung: Bild im Bild | neu: die Felder mit den gesuchten Buchstaben ergeben jetzt ein Bild mit dem passenden Anlaut (hier: Osterhase) |
| | | *alle weiteren Übungsformen: s. Kapitel 4.3* | Hinweis auf unterschiedliche Klangmöglichkeiten: Lang- und Kurzvokal, Abgrenzung zum U u |
| **M m** S. 34–37 | 2 | in Lineatur schreiben: Groß- und Kleinbuchstaben und Wörter | Wiederholung: Hinweis auf Groß- und Kleinschreibung: Wörter *mit* Artikelpunkt schreibt man am Anfang groß;<br>neuer Tipp: auf Wortgrenzen achten |
| | 5 | auditive Übung: M m hören und schreiben (Anlaut und neu: Auslaut) | Übung mit Auslauten gemeinsam einführen (z. B. mit Bildkarten an der Tafel), Bedeutung der Felder klären; Hinweis: Anlaut groß-, Auslaut kleinschreiben |

* *alternativ: Buchstabenordner*

| Mein Schulweg | | Neue Übungstypen im Buchstabenkurs (wann sie das erste Mal auftauchen) | Didaktische Tipps zur Einführung/ Durchführung |
|---|---|---|---|
| | 8 | neue Leseübung: passendes Wort zum Bild ankreuzen | Übung zuvor einführen: Wort ist neu; Hinweis: nur ein Wort ergibt Sinn, die anderen Wörter sind Quatschwörter |
| **I i** S. 38–41 | 2 | in Lineatur schreiben: Groß- und Kleinbuchstaben und Wörter (neu: Adjektive) | Hinweis auf Groß- und Kleinschreibung: Wörter *ohne* Artikelpunkt schreibt man klein (hier: Adjektive, Abbildung in einer Raute); Wiederholung: auf Wortgrenzen achten |
| | | | Hinweis auf unterschiedliche Klangmöglichkeiten: Lang- und Kurzvokal, Abgrenzung zum E e |
| | 8 | neue Leseübung mit *im* und *am:* passende Wortgruppe zum Bild ankreuzen | Übung zuvor einführen: Wortgruppe ist neu |
| **T t** S. 42–45 | 6 | Silben schwingen oder klatschen, Silbenbögen zeichnen; neu: Anlaut schreiben | auf Anlautkasten in der Schreibzeile hinweisen; Differenzierung: ganzes Wort schreiben |
| | 7 | Leseübung um das Wort *mit* | s. oben *im, am* |
| **S s** S. 46–49 | 2 | in Lineatur schreiben: Groß- und Kleinbuchstaben und Wörter (neu: Verben) | Hinweis auf Groß- und Kleinschreibung: Wörter *ohne* Artikelpunkt schreibt man klein (hier: Verben, Abbildung im Kreis) |
| | 3 | | Übung behandelt nur das stimmhafte S |
| | 4 | bekannte auditive Übung: S s hören und schreiben (Anlaut und Auslaut); neu: unterschiedliche S-Laute | Hinweis: stimmhaftes und stimmloses S s; Tipp: auf Summen im Kopf beim stimmhaften S (Anlaut) achten |
| | 7 | neue Leseübung mit *Sätzen:* passenden Satz zum Bild ankreuzen | Satz ist neu (Hinweis auf Punkt am Satzende) |

## Lernstand überprüfen: Das kann ich schon

**► Seiten 50/51***

Nach Abschluss der Einheit zum Buchstabenplateau dieses Kapitels (OMITS) werden die bereits bekannten Aufgabenformate und Buchstaben zusammenfassend wiederholt:

- Aufgabe 1: Kenntnis der neuen Buchstaben überprüfen
- Aufgabe 2: Wörter in die Lineatur schreiben
- Aufgabe 3: Silbenbögen zeichnen, Anlaut hören und schreiben (oder weitere gehörte Laute)
- Aufgabe 4: Anfangslaut/-silbe ankreuzen
- Aufgabe 5: passenden Satz zum Bild ankreuzen

** zusätzlich oder alternativ:*

**„Das kann ich schon"-Heft** (Beileger im Erstlesebuch)

Je nach Leistungsstand können einige Kinder bereits die Seiten 2, 3 und 4 erfolgreich bearbeiten. Hierfür sollten jedoch die entsprechenden Übungen zu den Buchstabenplateaus aus den Kapiteln 1 „In der Schule" (LANE) und 2 „Mein Schulweg" (OMITS) im Buchstabenkurs bzw. Buchstabenordner und ggf. im Arbeitsheft Schreiben/Lesen vorausgegangen sein.

## Fördern und Fordern

*→Allgemeine Förder- und Fordertipps s. Kapitel 4.3*

### Fördertipps

- Spiegel einsetzen: beobachten und besprechen, wie der Laut gebildet wird (Form der Lippen, Lage der Zunge); Unterschiede /o/ zu /a/, /i/ zu /e/, /m/ zu /n/ betrachten und beschreiben
- Wörter kontrastiv sprechen mit langem und kurzem /o/, z. B. *Ofen – offen, Oma – Omnibus, Hose – Hotel, Ober – Ordner, Obst – Otter, Olive – Otto*
- Wörter kontrastiv sprechen mit langem und kurzem /i/, z. B. *Igel – Insel, Iglu – Iltis, Iris – Indianer, ihm – im*
- Namen der Kinder aus der Klasse in Silbenstruktur singen und/oder klatschen nach folgendem Muster: *I-ri-na, Si-mo-ne, Me-la-nie, Jo-na-than, Li-na ...*
- O-Gesichter, Ohrringe ... gestalten
- Ein O-/M-/I-/T-/S-Leporello gestalten, in das Bilder von Gegenständen eingeklebt werden, die ein O (M, I etc.) enthalten (mithilfe von Katalogen, Zeitungen)
- Kopiervorlagen **(KV 92–106)**

*→Kapitel 5 „Lernentwicklung beobachten und fördern"*

### Fordertipps

- Faltbuch erstellen; O-/M-/I-/T-/S-Wörter sammeln und dazu malen
- Zu Bildern des Buchstabenhauses schreiben
- Gesammelte „Gegenstände" aus dem Buchstabenhaus verteilen und die Namen aufschreiben lassen (passend zu den Farben des Buchstabenhauses: in einem gelben Beutel z. B. FISCH, TAFEL, HOSE, GABEL ...; in einem roten Beutel z. B. AUTO, EURO, EIS, UHR ...)
- **Buchstabenkurs**, S. 33/Tatzenaufgabe, S. 45/Tatzenaufgabe, S. 49/Tatzenaufgabe (freies Schreiben zum Bild)

## Erstlesebuch ▷ Seiten 12–19

### ▶ Seiten 12/13

Vorschläge zum Einsatz des Wimmelbildes: s. o.

*→Arbeitsheft Schreiben/Lesen, Seiten 16/17*

### ▶ Seiten 14/15

*→Arbeitsheft Schreiben/Lesen, Seiten 18–20*

#### ▷ An der Fahrbahn — für alle

- Das Bild betrachten, die Situation besprechen
- Die Sprechblasen halblaut erlesen
- Sinnentsprechend, also rufend lesen
- Auf mögliche Gefahren hinweisen, eigene Erlebnisse einbringen

#### ▷ An der Ampel — für viele

Diese Buchstaben sind enthalten: L l, A a, N n, E e, O o, M m, I i, T t, S s *und darüber hinaus F f, G g, B b, R r, Ei ei, D d, H h, P p, Ch ch, Ü ü, St st.*

- Fortgeschrittene Leserinnen und Leser erlesen die Sprechblasentexte selbstständig mithilfe der Lauttabelle (Buchstabenhaus) und der Bildwörter; lesen die Texte allen vor
- Gemeinsam Lieder singen: „Bei Rot bleibe stehn" (Margarete Tews) oder „Mein Weg zur Schule" (Rolf Zuckowski)
- Eine Fahrbahn im Raum oder auf dem Schulhof markieren, das richtige Überqueren üben (Ampel, Zebrastreifen, ohne Hilfen; was tun, wenn die Ampel ausfällt?)

#### ▷ Am Zebrastreifen — für manche

Leistungsstärkere Leserinnen und Leser erlesen den Tatzentext selbstständig, evtl. mithilfe der Lauttabelle (Buchstabenhaus); ggf. Text allen vorlesen

**Fördertipps zu den Seiten 14/15**

- Wortaufbau (und -abbau) von *Lena, Sinan, Nele*
- Arbeit mit Silbenkarten, Namen mehrfach zusammensetzen
- Wörter lautieren mit Anblick und später ohne Anblick der Wörter

**Fordertipps zu den Seiten 14/15**

Ampel zeichnen und Farben beschriften

### ▶ Seiten 16/17

→ *Arbeitsheft Schreiben/Lesen, Seite 21*

**▷ Alle gehen in die Schule** für alle

- Silbenkarten im Sitzkreis oder an der Tafel erlesen, mehrfach verwürfeln und wieder zusammensetzen: *Le-na, Em-ma, Si-nan, Ma-ma, Lot-te, An-ton, Tan-te, Ni-na, O-ma, E-mil, A-li-ma*
- Nach Namen/Bezeichnungen von Kindern und von Erwachsenen ordnen
- Text halblaut erlesen, vorlesen
- Alle Namen von Kindern und von Erwachsenen still erlesen und vorlesen
- Das Bild genau betrachten, die Frage „Wer geht nicht mit in die Schule?" beantworten (Mama, Oma, Tante Nina gehen nicht mit in die Schule; Hinweis: „Ab hier kann ich alleine gehen.")
- Weitere Fragen zum Bild und zum Text stellen
- Hinweis: Komma als Satzzeichen für die Aufzählung mehrerer Namen, Fragezeichen als Kennzeichen einer Frage

**▷ Was ist das?** für viele

- Die Frage „Was ist das?" beantworten durch Vergleichen der Fotoausschnitte von Seite 17 mit dem Bild auf Seite 16 – hier ist alles noch einmal zu sehen
- Gegebenenfalls Begriffe *Reflektor, Weste* und *Schild* klären; Kinder entsprechende Gegenstände mitbringen lassen; überlegen, warum sie im Straßenverkehr wichtig sein könnten; prüfen, ob die Sachen der Kinder Reflektoren enthalten (Schulranzen, Turnbeutel, Anorak ...)

**▷ Helm, Ampel ...** für manche

- Erlesen der Wörter durch fortgeschrittene Leserinnen und Leser
- Frage auf Seite 17 oben beantworten durch Herstellen von Beziehungen zwischen Text und Bild

**Fördertipps zu den Seiten 16/17**

- Minimalpaare zusammenstellen und mehrfach lesen: *Mama/Mami, Oma/Omi, Tim/Tom, Tante/Tinte/Tinto, Lena/Nena, Lotte/Motte, am/im, an/in;* Unterschiede farbig hervorheben
- Buchstaben a/o, m/n, M/N, I i/L l/T t vergleichen; Unterschiede benennen und farbig kennzeichnen
- Phonematische Übungen zum Unterscheiden der Laute /m/ und /n/, /i/ und /e/; Spiegel nutzen zum Beobachten der Artikulation

**Fordertipps zu den Seiten 16/17**

- Kinder stellen Fragen zu den Seiten 16 und auch 17 und lassen sie durch andere Kinder beantworten, z. B.: „Wo ist Tim?", „Welche Farbe hat der Bus?", „Was versteckt sich hinter Foto Nr. 8?"
- Zuordnungen aufschreiben: *1/Weste, 2/Helm, 3/Ampel* etc. (von fortgeschrittenen Kindern)
- Bilder aus Katalogen so ausschneiden, dass weitere Rätselbilder entstehen; Plakat mit Rätselbildern nach dem Muster von Seite 17 erstellen; Plakate in der Klasse aufhängen, evtl. mit einem Briefkasten, in den die Kinder die Lösungen einwerfen können

### ► Seiten 18/19

### ▷ Überall Buchstaben — für alle

- Laute und Buchstaben L l, A a, N n, E e, O o, M m, I i, T t, S s wiederholen durch Zeigen auf dem Poster oder den Lautbildern, durch Legen entsprechender Buchstaben, durch Lautdiktate (Lehrerin nennt den Laut, Kinder legen oder schreiben den jeweiligen Buchstaben)
- Buchstaben auf den Fotos wiederfinden (auch auf dem Bild von Seite 19)
- Entsprechende Beispiele in der Klasse suchen
- Tipp: Passende Beispiele zum Ausdrucken finden sich auch im Internet

### ▷ Da im Tor ... — für viele

Diese Buchstaben sind enthalten: L l, A a, N n, E e, O o, M m, I i, T t, S s *und darüber hinaus G g, R r, Ei ei, D d, H h, Ch ch, Ü ü.*

- Fortgeschrittene Leserinnen und Leser erlesen die Sprechblasentexte selbstständig mithilfe der Lauttabelle (Buchstabenhaus), lesen die Texte allen vor
- Buchstaben O und N im Bild finden und mit den Fotos auf Seite 18 vergleichen

### ▷ Jonas und Tim suchen Buchstaben — für manche

- Fortgeschrittene Leserinnen und Leser erlesen den Tatzentext selbstständig, evtl. mithilfe der Lauttabelle (Buchstabenhaus); ggf. Text allen vorlesen
- Buchstaben O, N, I und S im Bild finden (S im Schwanz von Tinto) und mit den Fotos auf Seite 18 vergleichen

**Fördertipps zu den Seiten 18/19**

- Holz- oder Gummibuchstaben für Tastübungen einsetzen
- Bestimmte Buchstaben in Zeitungstexten und Werbemitteln markieren
- „Silbenteppiche" mit Kleinbuchstaben, aber ggf. auch mit großen Anfangsbuchstaben zum Lesen anbieten:

| | **e** | **o** | **i** | **a** |
|---|---|---|---|---|
| **m** | me | mo | mi | ma |
| **s** | se | so | si | sa |
| **t** | te | to | ti | ta |
| **n** | ne | no | ni | na |
| **l** | le | lo | li | la |

**Fordertipps zu den Seiten 18/19**

Entsprechende Beispiele auf dem Schulgelände und zu Hause suchen und fotografieren (ggf. mithilfe der Eltern); Beispiele (Fotos) in der Klasse vorstellen

## Arbeitsheft Schreiben/Lesen ▷ Seiten 16–21

### ► Seite 16: Silben schwingen/Wörter verschriften

→ *Erstlesebuch, Seiten 12/13*

### ▷ Aufgabe 1

- Wiederholung: die aus dem Erstlesebuch bekannten Wörter zu den Bildern mit und ohne Artikel mehrfach nennen
- Alle Namen der auf der Seite abgebildeten Dinge/Personen gemeinsam sprechen (langsam, gedehnt sprechen, klatschen oder schwingen; ein Kind macht es vor, alle anderen sprechen und klatschen gemeinsam nach)
- Silbenbögen zeichnen, Punkte als Hilfe nutzen
- Die Auswahl der Wörter auf dieser Seite ist themenbezogen, deshalb können beim Notieren der Anlaute alle Buchstaben des Buchstabenhauses vorkommen
- Anlaut heraushören, mithilfe des Buchstabenhauses aufschreiben

▷ **Tatzenaufgabe**

Drei weitere Wörter zum Thema entsprechend bearbeiten, diesmal ohne Hilfspunkte

**Differenzierung**

Weitere Laute hören und notieren oder gesamtes Wort verschriften, ggf. die eigene Schreibung mithilfe des Erstlesebuches (Seiten 12/13) prüfen und korrigieren

**Tipps**

- Da ab diesem Kapitel die Wörter auf den Arbeitsheftseiten identisch mit den Wörtern in den Wimmelbild-Randleisten im Erstlesebuch sind, können die Wörter aus dem Erstlesebuch zunehmend von den Kindern zur Rechtschreibkorrektur der selbst verschrifteten Wörter herangezogen werden
- Zur Rechtschreibkorrektur kann auch das Wortschatzheft verwendet werden, das sich am Ende des Arbeitsheftes Schreiben/Lesen befindet (zum Heraustrennen). Es enthält alle Wimmelbild-Wörter und darüber hinaus weitere zum Thema passende Verben und Adjektive.
- Weitere Übungen mit dem Wortschatzheft werden durch Illustrationen angeregt und können von jedem Kind im Lauf des ersten Schuljahres zu unterschiedlichen Zeitpunkten optional durchgeführt werden:
  - Anlegen einer Wörterkartei zum Üben einzelner Wörter. Diese kann auch mit weiteren Wörtern zum Thema individuell ergänzt werden.
  - Partnerdiktat
  - Schleichdiktat
  - Blitzlesen mit einem Partner

## ▶ Seite 17: Anlaute notieren

*→ Erstlesebuch, Seiten 12/13, 18*

▷ **Aufgaben 1, 2**

- Die Wörter zu den Bildern mit und ohne Artikel mehrfach benennen
- Akzentuiert sprechen
- Anlaut heraushören, den Anlaut mithilfe des Buchstabenhauses notieren
- Aufgabe 1 enthält nur Anlaute aus der LANE- und der OMITS-Gruppe, Aufgabe 2 zusätzlich weitere Buchstaben
- „Ich sehe was, was du nicht siehst, und das beginnt mit T (M, S ...)“

▷ **Tatzenaufgabe**

- Neues Aufgabenformat: Anlaut wird abgehört und notiert, alle weiteren Buchstaben sind vorgegeben und können ggf. auch gelesen werden
- Ganzes Wort darunter in die Lineatur schreiben. Wörter bestehen weitgehend aus bekannten Buchstaben.

**Differenzierung**

Zum Wimmelbild oder zu Bildausschnitten aus dem Wimmelbild Wörter schreiben

## ▶ Seite 18: Links oder rechts?

*→ Erstlesebuch, Seiten 14/15*

▷ **Aufgabe 1**

- Pfeile nach rechts (rot) und links (lila) unter die jeweiligen Abbildungen malen
- Übungen zur Links-rechts-Orientierung im Klassenraum, insbesondere auf dem Arbeitstisch
- Fragen beantworten, z. B.: „Wer sitzt rechts von dir/links von dir?“, „Was hängt an der rechten Seite des Raumes?“, „Was steht an der linken Wand des Raumes?“
- Lege- und Zeichenübungen nach Ansage, z. B.: „Zeichne links eine Sonne und rechts einen Baum.“
- Nach Ansage auf dem Schulhof gehen, z. B.: „Gehe zwei Schritte nach rechts, fünf Schritte geradeaus, drei Schritte nach links.“
- Die linke Hand auf den Tisch auflegen, den Daumen ausstrecken und das von Zeigefinger und Daumen gebildete L nachfahren; Hilfen geben wie ein rotes Bändchen am rechten Handgelenk (s. Abbildung Lena) u. Ä.

**Differenzierung**

- Unter die Fahrzeuge *rechts* oder *links* schreiben
- Zu einigen Fahrzeugen die Namen schreiben
- Die rechte und die linke Hand auf einem Blatt nachzeichnen, *links* und *rechts* hineinschreiben und rechts ein rotes, links ein lilafarbenes Bändchen ans Handgelenk zeichnen

## ▶ Seite 19: An der Ampel

*→ Erstlesebuch, Seiten 14/15*

▷ **Aufgabe 1**

- Gemeinsam über die Bilder sprechen; überlegen, was dazu geschrieben werden kann

- Gemeinsam an der Tafel verschriften (z. B. *die Ampel ist rot; Fatma wartet; bleibt stehen; Tim; gehen; grün*)
- Ampellichter in den passenden Farben anmalen

**Differenzierung**
- Die Wörter unten auf der Seite nutzen
- Eigene Wörter oder einen Satz zu den Bildern schreiben
- Einige Kinder können ggf. die Sprechblasentexte aus dem Erstlesebuch (Seite 15) abschreiben

### ▶ Seite 20: An der Fahrbahn

*→ Erstlesebuch, Seiten 14/15*

#### ▷ Aufgabe 1

- Das Bild gemeinsam betrachten, über angemessenes Verhalten an der Fahrbahn sprechen
- Überlegen, was die Menschen rufen oder denken könnten
- Bedeutsame Wörter gemeinsam verschriften *(Ball, Auto, halt, Kind, Junge, mein Ball, Hund, o nein ...)*
- Eher für leistungsstärkere Kinder zu diesem Zeitpunkt: Wörter oder kurze Sätze in die Sprechblasen schreiben (die meisten Kindern schreiben die Wörter zu diesem Zeitpunkt noch nicht vollständig und lassen bei Sätzen noch keine Wortlücken)
- Oft können die Kinder zu diesem Zeitpunkt ihren eigenen Text noch nicht lesen, sie sind aber sehr stolz, wenn die Lehrerin lesen kann, was sie geschrieben haben

**Differenzierung**
Kinder, die sich noch nicht an das Schreiben herantrauen, malen die Figuren an

### ▶ Seite 21: Leseseite

#### ▷ Aufgaben 1, 2, 3

- Auf unterschiedlichen Niveaus lesen
- Aufgabe 1: Training der Buchstaben mit dem Buchstabenhaus: Anlautbuchstaben eintragen, Wörter lesen (über Anlaut möglich) und mit dem passenden Bild verbinden
- Aufgaben 2, 3: zum Bild passende Silbe/passendes Wort ankreuzen (ausschließlich die eingeführten Buchstaben, nur p bei Ampel zusätzlich)

#### ▷ Tatzenaufgabe

Diese Buchstaben sind über die eingeführten Buchstaben hinaus enthalten: *F f, B b, D d, U u, P p, Au au.*
- Sätze lesen, zum Bild passenden Satz ankreuzen

**Differenzierung**
Partnerlesen/Tandemlesen

## Fördern und Fordern

### Fördertipps

- Silbenteppiche nutzen, Kopiervorlagen **(KV 100, 103, 106)**
- Bildkarten einsetzen, um die Silben zu schwingen und die Anlaute herauszuhören
- Wörter entsprechend Ansage verändern (Minimalpaare) – aus *Mama* soll *Lama* werden, aus *Tinte* soll *Tinto* werden

### Fordertipps

- Arbeitsheft Schreiben/Lesen, Seite 20: freies Schreiben zum Bild
- Wörter in Wörtern suchen, z. B. *Lama, Mami, Anton, Anton, Mast, Mist, Tinto, Tinte, Lena*
- Einigen Kindern Buchstabenkarten oder Anlautbilder geben; sie sollen herausfinden, welches Wort gebildet werden kann, und sich in der entsprechenden Reihenfolge aufstellen (z. B. A, P, L, E, M → AMPEL, LAMPE, PALME)
- Kurze Sätze/Texte auf vorbereiteten Zetteln lesen; auch als Losspiel mit einzelnen Sätzen möglich (Los ziehen, flüsternd erlesen, vorlesen); Satzbeispiele:
  1. Oma Elsa ist 80. Ist Oma Elsa alt?
  2. Tante Sina ist 50. Ist Tante Sina alt?
  3. Alle essen Salat mit Tomaten. Salat mit Tomaten ist ...
  4. Soll Tante Nina Salat mit Melone essen?
  5. Soll Mama Salat mit Ananas essen?
  6. Nenne Namen mit S.
  7. Nenne Namen mit M.
  8. Male 2 Sonnen.
  9. Male Tinto mit Tinte.

*→ Allgemeine Förder- und Fordertipps s. Kapitel 4.3*

# Fächerübergreifende Unterrichtsvorschläge

## Sachunterricht

- Besuch eines Polizisten, der den Kindern richtiges Verhalten im Straßenverkehr erklärt und mit ihnen einübt
- Hell/dunkel: richtige Kleidung in der dunklen Jahreszeit
- Über den Schulweg sprechen; Besonderheiten erzählen
- Hinweis auf „Walking Bus“ als Möglichkeit, den Schulweg zu Fuß zurückzulegen, Bedeutung von Bewegung an frischer Luft

## Mathematik

- Zuordnung von geometrischen Figuren zu Straßenschildern
- Orientierung im Raum: rechts/links, oben/unten
- Farben und Formen

## Sport

- Übungen zur Verbesserung der Motorik und Wahrnehmung
- Slalom laufen, balancieren, werfen, fangen ...
- Fangspiele wie „Fischer, Fischer“; entgegenkommende Kinder wahrnehmen und ihnen ausweichen

## Kunst

- Helle Farben/dunkle Farben
- Den Schulweg zeichnen, beginnend mit dem eigenen Haus
- Wichtige Verkehrsschilder malen
- Fahrzeugcollage erstellen

## Musik/Lieder

- „Mein Weg zur Schule“ (Rolf Zuckowski)
- CD **„Vorfahrt für Kinder“** (Volker Rosin)

## Passende Kinderliteratur

Anne-Sophie Baumann, Alexandra Huard:
**Drüber & drunter – Die Stadt**
Gerstenberg

Marianne Dubuc:
**Bus fahren**
Beltz & Gelberg

Andrea Erne, Wolfgang Metzger:
**Alles über die Polizei**
Ravensburger

Rob Lloyd Jones, Stefano Tognetti:
**Aufklappen und Entdecken: Autos**
Usborne

Ulrike Kaup, Christina Koenig, Maria Seidemann:
**Von verzauberten Wörtern und lustigen Schulwegabenteuern**
Arena

Norbert Pautner:
**Fingerstempeln für kleine Künstler – Fahrzeuge**
Bassermann

## 4.5 Im Herbst

### Thematische Schwerpunkte

- Der Herbst und seine Besonderheiten
- Der Igel und seine Lebensweise
- Der Kastanienbaum

### Tipps zum Einstieg ins Thema

Gemeinsam das Wimmelbild betrachten (im Erstlesebuch/E-Book, auf dem Poster oder über Beamer/Whiteboard):

- Im Bild die Kinder finden, die die Besonderheiten des Herbstes entdecken; mit eigenen Erfahrungen im Herbst vergleichen
- Die Kinder der Klasse erzählen, was sie im Herbst selbst erlebt/gefunden haben
- Besprechen, was den Herbst besonders macht und was man alles nur im Herbst erleben oder finden kann

### Wortschatzarbeit/Sprachförderung

- Folgende Wörter in der Wimmelbild-Randleiste enthalten nur die aus dem Buchstabenkurs bekannten Buchstaben und können somit nach der Erarbeitung des Buchstabenplateaus F f, G g, B b, R r, Ei ei erlesen werden: *Igel, Ast, Blatt, Regen, Nebel*
- Sätze mit unterschiedlicher Struktur bilden, je nach sprachlichem Entwicklungsstand, z. B.:
  *Der Igel liegt ...*
  *Das Blatt ist ...*
  *Jonas sammelt ...*

→ *Allgemeine Tipps zur Wortschatzarbeit/Sprachförderung s. Kapitel 4.3*

## Buchstabenkurs Teil A* F f, G g, B b, R r, Ei ei ▷ Seiten 52–73

→ *Allgemeine Tipps für die Erarbeitung aller Buchstaben/Laute s. Kapitel 4.3*

### Vorschläge für die Erarbeitung von F f, G g, B b, R r, Ei ei

Großdemonstration an der Tafel/am Whiteboard, evtl. mitsprechen:

*F f – von oben nach unten, eins, zwei; kleiner Bogen von oben nach unten und Strich*

*G g – großer Bogen nach links und Strich; Bogen nach links, hoch, ab und um die Kurve*
Auf Unterlänge des g hinweisen: „Das g geht in den Keller (des Lineaturhäuschens)“

*B b – von oben nach unten, Bogen nach rechts und Bogen nach rechts; von oben nach unten, hoch und kleiner Bogen nach rechts*

*R r – von oben nach unten, Bogen nach rechts und ab; von oben nach unten, hoch und weg*

*Ei ei – von oben nach unten, eins, zwei, drei, von oben nach unten, Punkt; Seite und dann rum, von oben nach unten, Punkt*
Hinweis: Ei ei braucht immer zwei und ist ein „Dach“-Buchstabe

### Üben

- Tägliche phonematische Übungen zum Heraushören der bisher bekannten Laute /l/, /a/, /n/, /e/, /o/, /m/, /i/, /t/, /s/, /f/, /g/, /b/, /r/, /ei/
- Täglich die Buchstaben und die dazugehörigen Lautbilder benennen sowie die Schreibrichtung und die Buchstabenlage in der Lineatur zeigen
- Täglich Ei ei im Buchstabenhaus zeigen, Hinweis auf die Besonderheit „Dach“-Buchstabe

**▶ Wörter zum täglichen gemeinsamen Lautieren**

Apfel, Ast, Baum, Bein, Birne, Fatma, Igel, Regen, Nebel, basteln, geben, malen, bunt

**▶ Wörter zum Lesen**

**ab F f:**
Affe, Elefant, Familie, Fatma, Fee, Fell, Fels, Fest, Film, Finale, Flamme, Folie, Foto, Ofen, Saft, Sofa, fallen, fasten, filmen, fest, offen, elf, fast, oft

**ab G g:**
Gans, Gast, Glas, Golf, Igel, Nagel, Segel, fegen, gefallen, legen, mag, nagen, sagen, egal, glatt, lang

**ab B b:**
Ball, Banane, Beet, Ben, Besen, Blase, Blatt, Gabel, Nebel, Obst, Silbe, basteln, bellen, bemalen, bin, bist, bitten, blasen, geben, leben, loben, toben, gelb, ab, bis, bitte, neben, oben

**ab R r:**
Arm, Birne, Brot, Erbse, Ernte, Farbe, Fenster, Ferien, Garten, Graben, Gras, Laster, Maler, Meer, Ober, Rabe, Rasen, Regal, Regel, Regen, Rest, Ritter, Roller, Rose, Rosine, brennen, fragen, fressen, graben, lernen, raten, regnen, rennen, retten, rollen, tragen, trennen, albern, fertig, rasant, rot, er, erst, gern, gestern, morgen

**ab Ei ei:**
Ameise, Bein, Ei, Eifer, Eimer, Eis, Eisen, Geige, Leine, Leiter, Reifen, Reis, Reise, Reiter, Seife, Seil, arbeiten, bleiben, reifen, reisen, reiten, allein, bereit, fein, leise, reif, bei, ein, einmal, eins, mein, meine, nein, sein, seine

* *alternativ: Buchstabenordner*

| Im Herbst | | Neue Übungstypen im Buchstabenkurs (wann sie das erste Mal auftauchen) | Didaktische Tipps zur Einführung/ Durchführung |
|---|---|---|---|
| **F f** S. 52–55 | **3** | auditive Übung: F f hören und schreiben (Anlaut, Auslaut und neu: Inlaut) | Übung mit Inlauten gemeinsam einführen (z. B. mit Bildkarten an der Tafel), Bedeutung der Felder klären; Hinweis: Anlaut groß-, Auslaut und Inlaut kleinschreiben |
| | **5, 6** | Einführung: Bild mit passendem Wort verbinden, abdecken und abschreiben | Arbeitstechnik „abschreiben" mithilfe der Bildfolge von Aufgabe 5 genau besprechen |
| | **7** | bekannte Leseübung mit Sätzen: passenden Satz zum Bild ankreuzen | neues Differenzierungsangebot: Tandemlesen (s. neues Symbol über der Aufgabe); weitere Differenzierung: den neuen Buchstaben (hier: F f) im Text suchen und markieren |
| **G g** S. 56–59 | **3** | auditive Übung: G g hören und schreiben (Anlaut und Inlaut, hier: *ohne* Auslaut) | Hinweis: auf das Hören des Auslautes wurde verzichtet, weil man das g im Auslaut nicht als g identifizieren kann (Auslautverhärtung) |
| | **4** | Einführung: Wörter ins eigene Heft abschreiben | Weiterführung Arbeitstechnik „abschreiben": ins Heft schreiben (ggf. nur als Differenzierung anbieten) |
| | **6** | bekannte Übung: Bild mit passendem Wort verbinden, abdecken und abschreiben; neu: Schwerpunkt -el | Endung -el markieren |
| **B b** S. 60–63 | **3** | bekannte auditive Übung: B b hören und schreiben (Anlaut und Inlaut, hier ohne Auslaut) | Hinweis: auf das Hören des Auslautes wurde verzichtet, weil man das b im Auslaut nicht als b identifizieren kann (Auslautverhärtung) |
| | **5** | bekannte Leseübung: passendes Wort (hier neu: Verb) zum Bild ankreuzen | Hinweis auf Verben: Was *tun* die Kinder und Tiere auf den Bildern? (Verben: Abb. im Kreis) |
| | **6** | bekannte Übung: Bild mit passendem Wort verbinden, abdecken und abschreiben; neu: Schwerpunkt -en | Endung -en markieren |
| **R r** S. 64–67 | **3** | bekannte auditive Übung: R r hören und schreiben (Anlaut, Inlaut, Auslaut) | Achtung: r im Auslaut klingt wie a *(Tor)* |
| | **6** | bekannte Übung: Bild mit passendem Wort verbinden, abdecken und abschreiben; neu: Schwerpunkt -er | Endung -er markieren |
| **Ei ei** S. 68–71 | **3** | bekannte auditive Übung: Ei ei hören und schreiben (Anlaut, Inlaut, Auslaut) | Achtung: Ich höre /ai/, aber ich schreibe ei; *zwei* Buchstaben ergeben *einen* Laut; Ei ei müssen jeweils zusammen in *einen* Kasten geschrieben werden |

## Lernstand überprüfen: Das kann ich schon

**▶ Seiten 72/73***

Nach Abschluss der Einheit zum Buchstabenplateau dieses Kapitels (FGBREi) werden die bereits bekannten Aufgabenformate und Buchstaben zusammenfassend wiederholt

- Die „Das kann ich schon"-Seiten können zur Lernstandsdiagnostik genutzt werden
- Je nach Leistungsstand können die Aufgaben differenziert bearbeitet werden:
  - Aufgabe 2: nur Anlaute oder ganze Wörter verschriften
  - Aufgabe 3: Silben schwingen, nur Anlaute oder ganze Wörter schreiben
  - Aufgabe 4: nur Anlaute/Anfangssilbe oder ganze Wörter lesen und das richtige Bild auswählen

** zusätzlich oder alternativ:*

**„Das kann ich schon"-Heft** (Beileger im Erstlesebuch)

Je nach Leistungsstand können ggf. einige Kinder bereits die Seiten 2, 3 und 4 erfolgreich bearbeiten, einige wenige evtl. sogar bereits Seite 5 mit Auslauten. Hierfür sollten jedoch die entsprechenden Übungen zu den Buchstabenplateaus aus den Kapiteln 1 (LANE) und 2 (OMITS) im Buchstabenkurs bzw. Buchstabenordner und ggf. im Arbeitsheft Schreiben/Lesen vorausgegangen sein.

## Fördern und Fordern

*→ Allgemeine Förder- und Fordertipps s. Kapitel 4.3*

### Fördertipps

- Gemeinsam Wörter mit den neuen Buchstaben als Anlaut finden; bei großen Schwierigkeiten gemeinsam die erste Silbe bilden (Fe..., Fu... usw.)
- F-Wörter gestalten, z. B. in Partnerarbeit: Ein Kind malt ein Wort mit F, das andere Kind rät.
- Ein F-/G-/B-/R-/Ei-Leporello gestalten, in das Bilder von Gegenständen eingeklebt werden, die ein F f (G g, B b, R r, Ei ei) enthalten (mithilfe von Katalogen, Zeitungen etc.)
- Kopiervorlagen **(KV 107–121)**

*→ Kapitel 5 „Lernentwicklung beobachten und fördern"*

### Fordertipps

- F-/G-/B-/R-/Ei-Wörter sammeln und aufschreiben
- **Buchstabenkurs,** S. 55/Tatzenaufgabe, S. 59/Tatzenaufgabe, S. 63/Tatzenaufgabe, S. 67/Tatzenaufgabe, S. 71/Tatzenaufgabe (freies Schreiben zum Bild)

# Erstlesebuch

▷ Seiten 20–27

## ▶ Seiten 20/21

Vorschläge zum Einsatz des Wimmelbildes: s. o.

*→ Arbeitsheft Schreiben/Lesen, Seite 22*

## ▶ Seiten 22/23

*→ Arbeitsheft Schreiben/Lesen, Seite 24*

### Der Igel

Der Igel durchstreift in der Nacht als Einzelgänger Gärten und Wiesen auf der Suche nach Nahrung. Er ernährt sich von Schnecken, Regenwürmern, Insekten und jungen Mäusen.
Im Oktober baut er sich ein geschütztes Blätternest, um dort zusammengekugelt bis etwa März seinen Winterschlaf zu halten. Der Igel senkt während dieser Zeit seine Körpertemperatur auf etwa 5 Grad ab. Er atmet nur selten und sein Herz schlägt sehr langsam. Er zehrt von seinem Fettpolster, das er sich im Sommer und Herbst angefressen hat.
Ein Igel besitzt ungefähr 6 000 Stacheln, die genau wie Haare ausfallen und nachwachsen können. An die 100 Flöhe finden auf einem Igel Platz.
Die Igelkinder kommen im August zur Welt. Sie haben bereits Stacheln, diese sind jedoch noch weich. Nach etwa drei Wochen begleiten sie ihre Mutter bei ihren nächtlichen Streifzügen.
Igel haben nur wenige natürliche Feinde. Am stärksten bedrohen ihn von Menschen verursachte Gefahren.

## ▷ Der Igel

für alle

- Das Bild betrachten, die Situation besprechen
- Die Sprechblasen halblaut erlesen
- Sinnentsprechend, also rufend lesen
- Gemeinsam ein Gespräch darüber führen, warum Tim dem Igel sein Brot nicht geben soll
- Gemeinsam ein Gespräch über Gefahren für einen Igel führen sowie über eigene „Igel-Erfahrungen"

## ▷ Der Igel mag ...

für viele

Diese Buchstaben sind enthalten: L l, A a, N n, E e, O o, M m, I i, T t, S s, F f, G g, B b, R r, Ei ei *und darüber hinaus U u, D d, H h, V v, -ie, W w, Sch sch, Ä ä.*

- Fortgeschrittene Leserinnen und Leser erlesen den Text selbstständig mithilfe der Lauttabelle (Buchstabenhaus) und der Bildwörter; lesen den Text allen vor
- Gemeinsam über Erfahrungen mit einem Igel sprechen
- Ein weiterführendes Gespräch darüber führen, was evtl. zu tun ist, wenn man einen Igel findet, bzw. was nicht getan werden soll

## ▷ Der Igel hat Stacheln

für manche

- Leistungsstärkere Schülerinnen und Schüler erlesen den Tatzentext selbstständig, evtl. mithilfe der Lauttabelle (Buchstabenhaus), ggf. Text allen vorlesen
- Individuell/gemeinsam über die Frage nachdenken, warum sich ein Igel zu einer Kugel rollt. Je nach Leistungsstand die Antwort verschriften.

**Fördertipps zu den Seiten 22/23**

- Wortaufbau (und -abbau) von *Igel, Brot, Tim*
- In verteilten Rollen lesen/sprechen
- Wörter lautieren mit Anblick und später ohne Anblick des Wortes

**Fordertipps zu den Seiten 22/23**

- Igel zeichnen und Gefahren sowie Nahrung aufschreiben/malen

derigelfrist.würme
OLIVER

DI IGL EST SCNEKN
DI IGL SCHLEFT
AM TAK
BETÜL

## ▶ Seiten 24/25

*→ Arbeitsheft Schreiben/Lesen, Seite 26*

### ▷ Ein Herbstbild — für alle

- Das Bild betrachten, die Situation besprechen
- Die Wörter und Sätze halblaut erlesen
- Gemeinsam laut lesen und den dargestellten Ablauf besprechen
- Gemeinsam über die benötigten Materialien sprechen
- Wenn notwendig, Blätter sammeln
- Die gestalterische Aufgabe individuell umsetzen

### ▷ Einen Igel basteln — für viele

Diese Buchstaben sind enthalten: L l, A a, N n, E e, O o, M m, I i, T t, S s, F f, G g, B b, R r, Ei ei *und darüber hinaus U u, Ä ä, Sch sch, D d, Au au, K k und -ie.*

- Fortgeschrittene Leserinnen und Leser erlesen den Text selbstständig mithilfe der Lauttabelle (Buchstabenhaus); lesen den Text allen vor
- Gemeinsam über die benötigten Materialien sprechen
- Wenn notwendig, Blätter sammeln und pressen
- Die gestalterische Aufgabe individuell umsetzen

### ▷ Kleine Igel schlafen gern — für manche

(Singen für alle)

- Fortgeschrittene Leserinnen und Leser erlesen den Text
- Gemeinsam den Text besprechen und das Lied „Winterschlaf" (TINTO-Lieder-CD blau, Track 8) hören und singen
- Ideen für die Umsetzung des Liedes:
  - Regen: Rasseln oder Regenstäbe, mit den Fingern auf dem Tisch trommeln
  - Wind: auf Handtrommeln mit den Fingerspitzen reiben
  - Donner: Becken
  - Schneefall: Glockenspiel oder Xylophon
  - Szenisches Spiel: Kind spielt den Igel in der Mitte, wacht bei den Geräuschen kurz auf, schläft dann aber wieder ein

**Fördertipps zu den Seiten 24/25**

- Sätze von Seite 24 zum generativen Schreiben nutzen und verschiedene Namen einsetzen. Schreiben und lesen üben.
- Wort- und Bildkarten erstellen, durcheinander anbieten und in die richtige Reihenfolge bringen lassen, um das sinnentnehmende Lesen zu fördern

**Fordertipps zu den Seiten 24/25**

- Eigenes Vorgehen bei der gestalterischen Aufgabe noch einmal aufschreiben und aufmalen
- Kleine Igelgeschichte/Wörter zum selbst gestalteten Blätterigel schreiben

## ▶ Seiten 26/27

*→ Arbeitsheft Schreiben/Lesen, Seiten 25/26*

### ▷ Rate mal! — für alle

- Rätsel thematisiert einen weiteren Aspekt des Herbstes, den Apfel
- Förderung des genauen Lesens
- Bilder als Hilfe für schwächere Leser
- Die Anfänge sind meistens gleich, um das Lesen zu erleichtern
- Nur Buchstaben aus dem bisher eingeführten Buchstabenplateau

### ▷ Groß wie ein Haus — für viele

Diese Buchstaben sind enthalten: L l, A a, N n, E e, O o, M m, I i, T t, S s, G g, R r, Ei ei *und darüber hinaus H h, Au au, K k, -ie, W w, Sp sp, -tz, -ß.*

- Fortgeschrittene Leserinnen und Leser erlesen das Rätsel selbstständig mithilfe der Lauttabelle (Buchstabenhaus); lesen den Text allen vor
- Erraten, was gemeint ist (gemeinsam oder selbstständig)

- Beim gemeinsamen Lesen können auch Gesten zur Verstärkung der Adjektive eingesetzt werden

### ▷ Bin ein stachliger Geselle *für manche*

- Fortgeschrittene Leserinnen und Leser erlesen den Tatzentext selbstständig, evtl. mithilfe der Lauttabelle (Buchstabenhaus); ggf. den Text allen vorlesen
- Erraten, was gemeint ist (gemeinsam oder selbstständig)

**Fördertipps zu den Seiten 26/27**

- In verteilten Rollen lesen, um die Menge des Textes zu reduzieren
- Nur für das Rätsel relevante Wörter lesen lassen, damit alle am Rätseln teilnehmen können

**Fordertipps zu den Seiten 26/27**

Eigene kurze Rätsel erstellen, mündlich oder auch schriftlich, evtl. den Text auf Seite 26 zum generativen Schreiben nutzen

## Arbeitsheft Schreiben/Lesen ▷ Seiten 22–27

### ▶ Seite 22: Silben schwingen/Wörter verschriften

*→ Erstlesebuch, Seiten 20/21*

#### ▷ Aufgabe 1

- Wiederholung: die aus dem Erstlesebuch bekannten Wörter zu den Bildern mit und ohne Artikel mehrfach nennen
- Die Wörter langsam, gedehnt sprechen; die Silben klatschen oder schwingen
- Silbenbögen zeichnen, Punkte als Hilfe nutzen
- Den Anlaut heraushören, mithilfe des Buchstabenhauses aufschreiben
- Je nach Leistungsstand mithilfe des Buchstabenhauses die abgebildeten Wörter verschriften
- Denkblasen sollen auf Besonderheiten im Wort aufmerksam machen: tt – Blatt, d – Wind
- Die Wörter 1–5 enthalten nur Buchstaben des bisher eingeführten Buchstabenplateaus

#### ▷ Tatzenaufgabe

Drei weitere Wörter zum Thema entsprechend bearbeiten, diesmal ohne Hilfspunkte

**Differenzierung**

Gesamtes Wort verschriften, ggf. die eigene Schreibung mithilfe des Erstlesebuches (Seiten 20/21) prüfen und korrigieren

### ▶ Seite 23: Endlaute notieren

*→ Erstlesebuch, Seiten 20/21*

#### ▷ Aufgaben 1, 2

- Die Wörter zu den Bildern mit und ohne Artikel mehrfach nennen
- Akzentuiert sprechen
- Neu: Auslaut heraushören, den Auslaut mithilfe des Buchstabenhauses notieren
- Die in Aufgabe 1 verwendeten Auslaute (abgestimmt auf die Buchstabengruppen der ersten drei Kapitel) sind gut hörbar
- Die in Aufgabe 2 verwendeten Wörter bestehen nur aus den bereits eingeführten Buchstaben bis einschließlich R r

**Differenzierung**

- Differenzierung nach unten: auch in Aufgabe 2 nur den Auslaut in das weiße Feld eintragen
- Differenzierung nach oben: Wörter aus Aufgabe 1 mithilfe des Buchstabenhauses vollständig im Heft verschriften

### ▶ Seite 24: Der Igel

*→ Erstlesebuch, Seiten 22/23*

#### ▷ Aufgaben 1, 2

- Igel mit Overheadprojektor vergrößern, gemeinsam Körperteile besprechen und Wörter zuordnen
- Verschiedene Lebensmittel mitbringen, um gemeinsam zu besprechen, was der Igel fressen darf und was eher nicht

#### ▷ Tatzenaufgabe

Mithilfe des Buchstabenhauses Wörter oder einen Satz zur richtigen Nahrung für einen Igel verschriften

**Differenzierung**

- Differenzierung nach unten: beim gemeinsamen Zuordnen der Wörter Bildkarten verwenden, um das Verständnis der Wörter zu erleichtern

- Differenzierung nach oben: Anwendung der gelernten Wörter auf eine Abbildung eines anderen Tieres

### ► Seite 25: Die Kastanie

→ *Erstlesebuch, Seite 27*

#### ▷ Aufgabe 1

- Bilder der Kastanienbestandteile vergrößern und die Wörter gemeinsam zuordnen bzw. klären
- Die Lehrerin stellt selbst gesammelte Naturmaterialien zur Verfügung oder die Kinder bringen Materialien mit und vergleichen sie
- Einen Kastanienbaum in der Nähe besuchen, um die abgebildeten Dinge wiederzufinden und zu benennen
- Kastanienmännchen aus gesammelten Kastanien basteln

#### ▷ Tatzenaufgabe

- Kastanienfiguren erkennen und die Wörter mithilfe des Buchstabenhauses verschriften

**Differenzierung**
- Differenzierung nach unten: nur die Anlaute der geforderten Wörter verschriften
- Differenzierung nach oben: eigene Kastanientiere gestalten und Wörter mithilfe des Buchstabenhauses verschriften
- Differenzierung nach oben: mit den Wörtern in der Tatzenaufgabe eigene kleine Sätze ins Heft schreiben

### ► Seite 26: Herbst-Geschichten

→ *Erstlesebuch, Seiten 24/25*

#### ▷ Aufgabe 1

- Leistungsstärkere Kinder schreiben mithilfe des Buchstabenhauses eigene kurze Sätze zu den Bildern. Der Wortspeicher kann als Hilfe genutzt werden.
- Kinder, die noch nicht in der Lage sind, Sätze zu schreiben, ordnen in Aufgabe 1 die Wörter aus dem Wortspeicher dem richtigen Bild zu und verschriften sie

#### ▷ Tatzenaufgabe

- Mithilfe des Buchstabenhauses selbstständig im Schmuckrahmen schreiben

**Differenzierung**
- Differenzierung nach unten: Namen der Kinder den richtigen Bildern zuordnen und verschriften
- Differenzierung nach unten: einzelne selbst gefundene Wörter oder Buchstaben den Bildern zuordnen

### ► Seite 27: Leseseite

→ *Erstlesebuch, Seiten 20/21*

#### ▷ Aufgaben 1, 2, 3

- Auf unterschiedlichen Niveaus lesen (in allen Aufgaben werden nur Buchstaben aus dem bisher eingeführten Buchstabenplateau verwendet)
- Aufgaben 2 und 3: passende Silbe bzw. passendes Wort auswählen und ankreuzen

#### ▷ Tatzenaufgabe

- Das Wortmaterial in den drei Sätzen ist sehr ähnlich; genaues Lesen ist erforderlich

**Differenzierung**
- Differenzierung nach oben: Partnerlesen/Tandemlesen

## Fördern und Fordern

### Fördertipps

- Silbenteppiche nutzen, Kopiervorlagen **(KV 109, 112, 115, 118, 121)**
- Bildkarten einsetzen, um die Silben zu schwingen und die Anlaute herauszuhören
- Lautgebärden einsetzen beim gemeinsamen Lautieren, vor allem auch bei der Einführung der Aufgabe zum Auslaut

### Fordertipps

- Ausgewählte Bildkarten mit der Lauttabelle verschriften und eigene kleine Sätze dazu bilden
- Wörter in Wörtern suchen, z. B. *B**auch***, *K**ast**anie*, *Dr**ach**en*, *Sp**in**ne*, *Schn**ecke***, *R**in**de*
- Kurze Lückensätze zum Vervollständigen:
  1. Der Igel ____________ im Winter.
  2. Die Frucht der Kastanie heißt ____________.
  3. Fatma fegt mit einem ____________.
  4. Ein ____________ Apfel.
  5. Am Baum sind bunte ____________.

→ *Allgemeine Förder- und Fordertipps s. Kapitel 4.3*

# Fächerübergreifende Unterrichtsvorschläge

## Sachunterricht

- Die Namen der wichtigsten Bäume kennenlernen und ihre Blätter, Samen und Früchte zuordnen lernen
- Die verschiedenen Teile des Baumes
- Merkmale des Herbstes
- Das Leben des Igels
- Aufbau und Entstehung des Apfels
- Die Kastanie

## Mathematik

- Mengenzuordnung sowie Rechenoperationen mit Naturmaterialien aus dem Herbst (Kastanien, Eicheln, Blätter ...)

## Sport

- Laufmemory mit Herbstwörtern und -bildern
- Ja-Nein-Lauf, um Fachwissen über den Igel zu vertiefen

## Kunst

- Bastelideen s. Erstlesebuch Seiten 24/25
- Weitere Bastelideen:
  - Igel aus Efaplast (tonähnlichem Material), kleinen Stöcken, Zahnstochern oder Streichhölzern gestalten
  - Laufigel aus Fotokarton ausschneiden
  - Blättermännchen aufkleben
  - Kastanienfiguren basteln
  - Herbstketten aus Samen/Hagebutten auffädeln

## Musik/Lieder

- Lieder: „Winterschlaf" (aus Schweden/K. W. Hoffmann), „Wenn sich die Igel küssen" (Kai Hohage), „Falle, falle, gelbes Blatt" (Wilhelm Keller/trad.), „Der Herbst, der Herbst, der Herbst ist da" (Hans-Reinhard Franzke)

## Passende Kinderliteratur

Monica Anzengruber, Elisabeth Humer, Diotima Fischer:
**Leonardo. Eine Reise in den Herbst**
Innsalz

Paula Gerritsen:
**Maus, pass auf! Eine Herbstgeschichte**
Atlantis

Norbert Pautner:
**Lustige Kastanienfiguren für kleine Künstler**
Bassermann

Peter Hacks, Annika Huskamp:
**Der Herbst steht auf der Leiter**
Eulenspiegel

Hans-Christian Schmidt, Andreas Nemet:
**Das Apfelwunder**
Fischer Sauerländer

Marko Simsa:
**Die vier Jahreszeiten: Eine Geschichte zur Musik von Antonio Vivaldi**
Annette Betz

Britta Teckentrup:
**Der Baum der Jahreszeiten**
Ars Edition

Frauke Nahrgang:
**Igel Hugo wohnt in unserem Garten**
cbj

Irmela Wendt, Manfred Limmroth:
**Wo kleine Igel sind**
Arena

## 4.6 Zu Hause

### Thematische Schwerpunkte

- Unterschiedliche Familien und Wohnsituationen kennenlernen
- Über Aufgaben in der Familie sprechen (z. B. Einkaufen, Aufräumen, Kochen usw.)
- Korrespondenz mittels elektronischer Medien
- Bedeutung von Freundschaft
- Bedürfnisse, Gefühle und Interessen wahrnehmen und formulieren
- Im Supermarkt einkaufen
- Entstehung/Vermeidung von Müll, Mülltrennung

### Tipps zum Einstieg ins Thema

Gemeinsam das Wimmelbild betrachten (im Erstlesebuch/E-Book, auf dem Poster oder über Beamer/Whiteboard):

- Das „aufgeschnittene" Wohnhaus erkennen, in dem vier Familien wohnen
- Die beiden Leitfiguren Tim und Fatma finden
- Die verschiedenen Familien- und Wohnsituationen vergleichen
- Die eigene Familien- und Wohnsituation beschreiben
- Die unterschiedlichen Beschäftigungen und Aufgaben in der Familie benennen
- Wörter, kleine Sätze oder Minigeschichten zu einem Raum oder einer Familie aufschreiben

### Wortschatzarbeit/Sprachförderung

- Fast alle Buchstaben aus den Wörtern der Wimmelbild-Randleiste sind im Buchstabenkurs vorgestellt und bis auf das Wort *Schwester* können somit alle Wörter erlesen werden
- Die Fülle der auf dem Bild gezeigten Einzelsituationen lädt zur Satzbildung ein:
  *Der Vater wickelt das Baby.*
  *Die Mutter schreibt ...*
  *Fatmas Mutter gießt ...*
  *Tim schreibt ...*

→ *Allgemeine Tipps zur Wortschatzarbeit/Sprachförderung s. Kapitel 4.3*

## Buchstabenkurs* Teil A D d, H h, U u, P p, Ch ch ▷ Seiten 74–95

### Vorschläge für die Erarbeitung von D d, H h, U u, P p, Ch ch

Großdemonstration an der Tafel/am Whiteboard, evtl. mitsprechen:

*D d – von oben nach unten, großer Bogen nach rechts; kleiner Bogen nach links, hoch, runter und Schluss*

*H h – von oben nach unten, runter, runter, gerader Strich; von oben nach unten, runter, hoch und kleiner Bogen nach rechts*

*U u – von oben nach unten, rum und rauf; von oben nach unten, rum und rauf und ab*
- Hinweis auf die zwei Klangmöglichkeiten als Lang- oder Kurzvokal: *Uhr* und *Unfall*
- Hinweis: U u ist ein „Dach"-Buchstabe

*P p – von oben nach unten, kleiner Bogen nach rechts; von oben nach unten, hoch und kleiner Bogen nach rechts*
Auf Unterlänge des p hinweisen: „Das p geht in den Keller (des Lineaturhäuschens)"

*Ch ch – großer Bogen nach links, von oben nach unten und Bogen nach rechts; kleiner Bogen nach links, von oben nach unten und Bogen nach rechts*
Hinweis: Ch ch braucht immer zwei Buchstaben

### Üben

- Tägliche phonematische Übungen zum Heraushören der bisher bekannten Laute
- Täglich Buchstaben und die dazugehörigen Lautbilder benennen sowie die Schreibrichtung und die Buchstabenlage in der Lineatur zeigen

**▶ Wörter zum täglichen gemeinsamen Lautieren**

Bruder, Dach, Familie, Haus, Lampe, Mama, Oma, Opa, Papa, Schwester, Sofa, Tonne

**▶ Wörter zum Lesen**

**ab D d:**
Abend, Bad, Band, Dame, Delfin, Diamant, Dino, Domino, Dorf, Dornen, Dose, Ende, Erde, Faden, Feder, Laden, Land, Made, Mandarine, Mandel, Marmelade, Mond, Motorrad, Nadel, Rad, Radio, Rand, Sand, Sandale, baden, binden, darf, finden, laden, landen, lodern, reden, rodeln, sind, beide, da, dann, das, dein, dem, den, der, dir, drei, drinnen, oder

**ab H h:**
Haare, Hafen, Hammer, Hamster, Hand, Hase, Hebel, Heft, Hefter, Heim, Heimat, Helm, Hemd, Herd, Hilfe, Himmel, Hintern, Hobel, Hof, Horn, Hose, Hotel, Nashorn, haben, halten, handeln, heilen, helfen, hoffen, holen, hart, heil, heiser, heiter, hell, hallo, her, hin, hinten, hinter

**ab U u:**
Blume, Bruder, Bude, Bus, Butter, Fluss, Futter, Hund, Hut, Iglu, Mut, Mutter, Nu, Nudel, Null, Nuss, Rute, Tube, Tunnel, Turm, Ufer, Ufo, Uhu, Unfall, Unfug, Unsinn, Unterhose, husten, rufen, tun, bunt, gut, lustig, mutig, rund, du, nur, uff, um, und, uns, unser, unten, unter

**ab P p:**
Ampel, Hupe, Lampe, Lappen, Lippe, Lupe, Opa, Paar, Palme, Panda, Papa, Papagei, Pappe, Pasta, Pia, Pilot, Pinsel, Pirat, Piste, Po, Post, Postbote, Pott, Preis, Pudel, Pulli, Pult, Pumpe, Puppe, Rippe, Suppe, Topf, Trompete, Tulpe, hupen, lispeln, paddeln, planen, pusten, rappeln, tippeln, platt, pur, minus, plus, pro

**ab Ch ch:**
Bach, Becher, Besuch, Buch, Dach, Docht, Drache, Drachen, Fach, Licht, Loch, Locher, Milch, Nacht, Pech, Sache, Sicht, Teppich, Trichter, besuchen, brechen, kochen, lachen, lochen, machen, rechnen, suchen, echt, hoch, leicht, peinlich, reichlich, richtig, acht, dich, doch, durch, ich, manchmal, mich, nach, nicht, noch, rechts

* *alternativ: Buchstabenordner*

| Zu Hause | | Neue Übungstypen im Buchstabenkurs (wann sie das erste Mal auftauchen) | Didaktische Tipps zur Einführung/ Durchführung |
|---|---|---|---|
| **D d** S. 74–77 | **3** | bekannte auditive Übung: D d hören und schreiben (Anlaut und Inlaut, hier ohne Auslaut) | Hinweis: auf das Hören des Auslautes wurde verzichtet, weil man das d im Auslaut nicht als d identifizieren kann (Auslautverhärtung); Merkhilfe zur Unterscheidung von b und d: Fäuste mit nach oben gestrecktem Daumen; linke Hand: b, rechte Hand: d |
| | | freies Schreiben zum Bild mit dem Buchstabenhaus | einen Satz oder mehr zum Bild schreiben; Differenzierung: nur Wörter schreiben |
| **H h** S. 78–81 | **3** | bekannte auditive Übung: H h hören und schreiben (Anlaut und Inlaut, hier ohne Auslaut) | Hinweis: auf das Hören des Auslautes wurde verzichtet, weil man das h im Auslaut nicht hören kann |
| | | im Bild Wörter mit H identifizieren *(Hampelmann, Handtuch, Hase, Heizung, Hemd, Hexe, Hochbett, Hose, Hubschrauber, Hund)* und mithilfe des Buchstabenhauses aufschreiben | anspruchsvoller ist die Aufgabe, das Tintoerlebnis aus Aufgabe 7 weiterzuerzählen |
| **U u** S. 82–85 | **3** | bekannte auditive Übung: U u hören und schreiben (Anlaut, Inlaut, Auslaut) | Hinweis auf unterschiedliche Klangmöglichkeiten: Lang- und Kurzvokal (Tipp: konstrastiv sprechen, z. B. „Buuuch“ und „Buch“, „Duuusche“ und „Dusche“); Unterscheidungsvermögen von O o und U u schärfen: „Kuhle oder Kohle, Boden oder Buden?“; die Kinder tendieren dazu, beim Schreiben mit der Lauttabelle den kurzen u-Laut durch das o darzustellen, also nicht *und*, sondern *ont* zu schreiben |
| | **4** | „Dach“-Buchstaben A a, E e, I i, O o, U u nachspuren und aufschreiben | Begriff „Dach“-Buchstaben für Vokale, weil sie im Dach des Buchstabenhauses stehen. Hinweis: Die Reihenfolge im Buchstabenhaus ist bewusst anders gewählt als im Alphabet – nämlich nach Klangaspekten. Spricht man der Reihe nach die langen Vokale i – e – a – o – u und erfasst mit Daumen und Zeigefinger die Mundwinkel, so kann man spüren, wie die Lippenspannung sich verändert und der Mund sich von maximaler Breite zu maximaler Rundung verformt. |
| | **5** | Silben schwingen und klatschen, neu: fehlende „Dach“-Buchstaben in die Silben eintragen | Hinweis: in jeder Silbe gibt es *einen* Buchstaben aus dem Dach des Buchstabenhauses (a, e, i, o, u) |
| | **6** | bekannte Übung: Bild mit passendem Wort verbinden, abdecken und abschreiben; neu: Schwerpunkt „Dach“-Buchstaben (Vokale) markieren | „Dach“-Buchstaben (Vokale) markieren |

| Zu Hause | | Neue Übungstypen im Buchstabenkurs (wann sie das erste Mal auftauchen) | Didaktische Tipps zur Einführung/ Durchführung |
|---|---|---|---|
| **P p** S. 86–89 | **6** | bekannte Übung: Bild mit passendem Wort verbinden, abdecken und abschreiben; neu: Schwerpunkt -e am Ende | -e am Ende markieren; auf besondere Aussprache am Ende hinweisen<br>Weil der p-Laut isoliert nur ausgesprochen werden kann, wenn man am Ende ein schwaches e anhängt, glauben die Kinder oft, das gesamte Wortende -pe dargestellt zu haben, wenn sie nur -p schreiben. |
| **Ch ch** S. 90–93 | **3** | Ach- bzw. Ichlaut hören (Inlaut/Auslaut) und schreiben | Hinweis auf unterschiedlichen Klang des ch (Ach- und Ichlaut): Nach A a, O o, U u klingt ch wie in *Bu**ch***, nach I i und E e klingt ch wie in ***Ch**inesisch*. Bei allen Umlauten sowie ei und eu wird der Ichlaut benutzt, bei au der Achlaut. |
| | **5** | Ich-Form des Verbs bilden, Endung -en/-e in den Wörtern markieren | Unterscheidung Grundform und Ich-Form bei Verben |
| S. 96 | | Blitzlesen | Übungsform erklären |

## Lernstand überprüfen: Das kann ich schon

**► Seiten 94/95***

Nach Abschluss der Einheit zum Buchstabenplateau dieses Kapitels (PHUDCh) werden die erlernten Buchstaben mithilfe bekannter Aufgabenformate wiederholt. Die Seiten können zur Lernstandsüberprüfung genutzt werden.

**zusätzlich oder alternativ:*

**„Das kann ich schon"-Heft** (Beileger im Erstlesebuch)

Die Aufgaben im Beileger des Erstlesebuches sind nicht als Tests zu verstehen. Sie sollten den Kindern erst vorgelegt werden, wenn die Lehrerin sicher ist, dass das Kind die entsprechenden Fähigkeiten besitzt und das Aufgabenformat beherrscht. Zu diesem Zeitpunkt könnten das die Seiten 1 bis 6 sein. Es sollten alle entsprechenden Übungen zu den Buchstabengruppen aus Kapitel 1 „In der Schule" (LANE), 2 „Mein Schulweg" (OMITS) und 3 „Im Herbst" (FGBREi) im Buchstabenkurs und ggf. im Arbeitsheft Schreiben/Lesen bearbeitet worden sein. Bei Kindern, die ausschließlich mit dem Buchstabenordner arbeiten, muss sich die Lehrerin vergewissern, dass das Kind versteht, was es auf Seite 6 machen soll (passende Silbe am Wortanfang ankreuzen).

## Fördern und Fordern

*→Allgemeine Förder- und Fordertipps s. Kapitel 4.3*

### Fördertipps

- Vor dem Spiegel Unterschiede bei der Lautbildung von /o/ zu /u/, /d/ zu /t/, /b/ zu /p/ betrachten und beschreiben
- Wörter mit langem und kurzem /u/ kontrastiv sprechen, z. B. *Ruder – rund, Lupe – Luft, Bude – bunt, Pudel – Puppe*
- Gemeinsam Wörter mit den neuen Buchstaben als Anlaute finden
- H-Wörter gestalten, z. B. in Partnerarbeit: Ein Kind malt ein Wort mit H, das andere Kind rät.
- Ein D-(P-, U-)Leporello gestalten, in das Bilder von Gegenständen eingeklebt werden, die ein D d (P p, U u) enthalten (mithilfe von Katalogen, Zeitungen etc.)
- Kopiervorlagen **(KV 122–136)**

*→Kapitel 5 „Lernentwicklung beobachten und fördern"*

### Fordertipps

- D-/H-/U-/P-/Ch-Wörter sammeln und aufschreiben
- **Buchstabenkurs,** S. 77/Tatzenaufgabe, S. 81/Tatzenaufgabe, S. 85/Tatzenaufgabe, S. 89/Tatzenaufgabe, S. 93/Tatzenaufgabe (freies Schreiben zum Bild)

## Erstlesebuch

▷ Seiten 28–37

### ▶ Seiten 28/29

Vorschläge zum Einsatz des Wimmelbildes: s. o.

→ *Arbeitsheft Schreiben/Lesen, Seite 28*

### ▶ Seiten 30/31

→ *Arbeitsheft Schreiben/Lesen, Seite 30*

### ▷ Freunde — für alle

- Das Bild betrachten, die Situation besprechen
- Was könnte die Mutter Tim erklären? Wie schreibt man auf einem Tablet?
- Den beschreibenden Text halblaut erlesen
- Die besondere Aussprache von „Tablet" und „E-Mail" beachten
- Den Bildschirm betrachten: Was können wir schon lesen?
- Durch Rückblättern zum Eingangsbild können die Kinder herausfinden, in welchem Zimmer sich die Handlung ereignet und dass die Szenen beinahe identisch sind

### ▷ Hallo Lena — für viele

Bis zu diesem Kapitel im Buchstabenkurs noch nicht eingeführter Buchstabe: *K* – lediglich das Wort „Kommst" kann noch nicht von allen Kindern erlesen werden.

- Die Kinder erfassen leicht, dass sie nun den vollständigen Text der E-Mail vor Augen haben
- Was wird Lena antworten? (Die entsprechende Aufgabenstellung finden die Kinder im Arbeitsheft Schreiben/Lesen auf Seite 30.)

### ▷ So groß wie ein Baum — für manche

(Singen für alle)

- Lied „So groß wie ein Baum" vorsingen oder anhand der Lieder-CD vorspielen
- Das Lied beim Singen mit Bewegungen begleiten:
  „groß wie ein Baum": *Arme über den Kopf recken*
  „stark wie ein Bär": *wie ein Ringer auf die eigenen Muskeln zeigen*
  „tief wie ein Fluss": *in die Hocke gehen*
  „soll unsere Freundschaft sein": *sich umarmen*
  „weit wie das Meer": *Arme ausbreiten*
  „hoch wie ein Haus": *mit den Händen über dem Kopf ein Dach bilden*
  „hell wie ein Stern": *mit ausgestrecktem Arm in den Himmel zeigen*
- Gemeinsam den Text genau betrachten und erkennen, dass alle Zeilen mit „so" oder „soll" beginnen
- Den Leitbegriff „Freundschaft" an die Tafel schreiben und eu sowie sch (Di- und Trigraph) farbig darstellen; diese komplexen Zeichen im Buchstabenhaus suchen
- Gibt es in der Klasse lesestarke Kinder, so kann die Erstbegegnung mit dem Text auch durch deren Vortrag geschehen

**Fördertipps zu den Seiten 30/31**

- Wortaufbau (und -abbau) von *mor-gen, manch-mal, Ge-burts-tag*
- Visueller Vergleich von Tablettext und Text auf Seite 31 oben

**Fordertipps zu den Seiten 30/31**

- Kennst du weitere Wörter aus anderen Sprachen, in denen Buchstaben anders ausgesprochen werden?
- Den Text „So groß wie ein Baum" selbstständig erlesen

## ► Seiten 32/33

→ *Arbeitsheft Schreiben/Lesen, Seite 31*

### ▷ Einkaufen — für alle

- Das Bild betrachten, die Situation besprechen
- Erkennen, dass hier die Situation des Eingangsbildes (Mutter schreibt einen Einkaufszettel) fortgeführt wird
- Den Dialog lesen (evtl. mit verteilten Rollen)
- Den Einkaufszettel lesen
- Vergleich von Einkaufszettel und Waren im Einkaufswagen
- Die Funktion eines Einkaufszettels erfassen
- Von eigenen Einkaufserfahrungen berichten

### ▷ Mama hat eine Liste gemacht — für viele

Bis zu diesem Kapitel im Buchstabenkurs noch nicht eingeführter Buchstabe: *k*.

- Fortgeschrittene Leserinnen und Leser erlesen den Text selbstständig; lesen ihn allen vor
- Erkennen, dass dieser Text die Antwort auf die Frage von Seite 32 enthält
- Einen Einkauf mit der Klasse auf dem Markt planen; die Kinder gestalten einen Einkaufszettel

### ▷ Ben bastelt — für manche

- Fortgeschrittene Leserinnen und Leser erlesen den Text
- Den Text gemeinsam besprechen

**Fördertipps zu den Seiten 32/33**

- Einfache Produktaufschriften lesen: *Milch, Apfelsaft, Birnensaft, Butter, Buttermilch ...*
- Mitgebrachtes Verpackungs- und Prospektmaterial nutzen und zu kleine Häusern, Marktständen o.Ä. zusammenkleben

**Fordertipps zu den Seiten 32/33**

- Beim Gang auf den Markt erworbene Produkte auf dem Einkaufszettel abhaken
- Beim Gang auf den Markt Preise vergleichen und günstige Produkte auswählen
- Falls das Buch von Rolf Butschkow „Ich habe einen Freund, der ist Müllmann“ angeschafft werden konnte, individuell in diesem Buch lesen und der Klasse vom Gelesenen berichten

## ► Seiten 34/35

→ *Arbeitsheft Schreiben/Lesen, Seite 32*

### ▷ Wohin mit dem Müll? — für alle

- Erkennen, dass das Eingangsbild mit der hier im Bild gezeigten Situation zusammenhängt
- Den beschreibenden Text lesen
- Die Sprechblase lesen
- Das Schild mit der Tabelle lesen bzw. deuten
- Bewertung der Situation: Darf ein Kind einen Erwachsenen so ansprechen? (Welche Formulierung wählt Fatma, um den Erwachsenen nicht zu verärgern?)
- Besprechen weiterer sich aus der Situation ergebender Fragen:
  - In welche Tonne muss das Zeitungspaket?
  - In welchen Eimer wird Fatma ihre Mülltüten werfen?
  - Warum gibt es vier verschiedenfarbige Mülltonnen?
  - Warum wird Müll getrennt?
  - Gibt es Pflichten, die die Kinder der Klasse zu Hause übernehmen?

### ▷ Kleiner Müll-Ratgeber — für viele

Bis zu diesem Kapitel im Buchstabenkurs noch nicht eingeführte Buchstaben: *Z, au, k, ie, W, sch, ü, sp, st, eu*.

- „Dosen“, „Pappe“ und „Obstreste“ können mit den bisher bekannten Buchstaben erlesen werden
- Zu den anderen Wörtern äußern die Kinder aufgrund der Abbildungen Vermutungen und erhalten Hilfestellung von der Lehrerin: „Du meinst,

das Wort könnte *Taschentücher* heißen. Womit müsste es dann anfangen?“

### ▷ Warum trennen wir den Müll? für manche

- Fortgeschrittene Leserinnen und Leser erlesen den Tatzentext selbstständig, evtl. mithilfe der Lauttabelle (Buchstabenhaus); lesen ihn allen vor
- Beim Vorlesen des Textes die Abbildung in Worte umsetzen: „Müll aus der *blauen Tonne* wird zu ...“
- Das Bild unten rechts deuten und zunächst mündlich erläutern: „Aus einer Plastikflasche werden ...“
- Erkennen, dass die Wiederverwertung ein Grund für die Mülltrennung ist

### Fördertipps zu den Seiten 34/35

- Im Rollenspiel freundliches Bitten üben, z. B. „Ich habe meinen Spitzer vergessen. Borgst du mir bitte deinen?“, „Ich kann meine Jacke nicht finden. Hilfst du mir bitte beim Suchen?“. (Diese Handlungen – immer wieder im Rollenspiel geübt – wirken sich erwiesenermaßen positiv auf die Einstellung der Kinder und auf die Atmosphäre in der Klasse aus.)

### Fordertipps zu den Seiten 34/35

- Aufkleber gestalten, die zeigen, wie der Müll in der Klasse sortiert wird
- Zum Bild unten rechts Sätze formulieren und aufschreiben, z. B. *Aus zehn Plastikflaschen kann man einen Teddy machen. ... wird ein Teddy.*

### ▶ Seiten 36/37

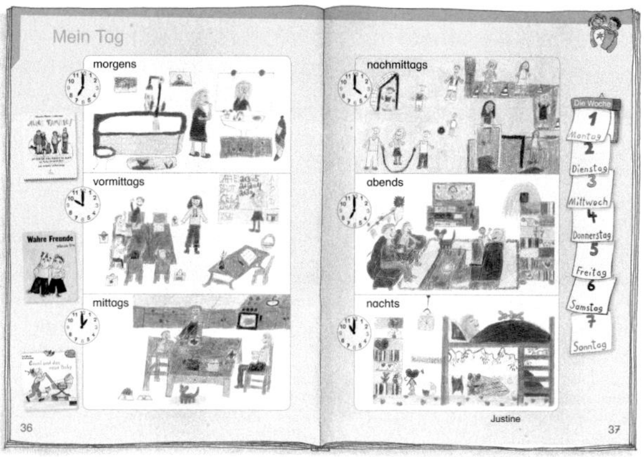


### ▷ Mein Tag für manche

- Das Bild betrachten und entdecken, dass hier das Mädchen Justine ihren Tagesablauf dargestellt hat
- Die Uhrzeiten mit den die sechs Tageszeiten bezeichnenden Wörtern verknüpfen (bis auf das Wort „vormittags“ können diese gelesen werden)
- Besonderheiten entdecken, die für Justine wichtig sind: kleiner Bruder im Kinderstühlchen, Familienhund, Spielplatz mit Rollschuhbahn, Kuschelecke, Lichtgirlande unter dem Hochbett
- Die Kalenderblätter betrachten
- Leseversuche (bei den Wochentagen ist nur -ie nicht bekannt)
- Vergleich mit dem vermutlich in der Klasse vorhandenen Kalender

## Arbeitsheft Schreiben/Lesen ▷ Seiten 28–33

### ▶ Seite 28: Silben schwingen/Wörter verschriften

→ *Erstlesebuch, Seiten 28/29*

### ▷ Aufgabe 1

- Wiederholung: die aus dem Erstlesebuch bekannten Bilder mit und ohne Artikel mehrfach benennen
- Langsam, gedehnt sprechen, klatschen oder schwingen
- Silbenbögen zeichnen, Punkte als Hilfe nutzen
- Anlaut heraushören, mithilfe des Buchstabenhauses aufschreiben
- Je nach Leistungsstand mithilfe des Buchstabenhauses die abgebildeten Wörter verschriften. (Bis auf das Beispiel „Bruder“ werden nur bekannte Buchstaben genutzt. Daher werden manche Kinder das Buchstabenhaus nicht in Anspruch nehmen, bei Fehlern sollte die Lehrerin auf das Buchstabenhaus verweisen.)
- Neu: in die Silbenbögen die Vokale eintragen; beim Schreiben des ganzen Wortes die Vokale markieren und sich so vergewissern, dass diese nicht vergessen wurden
- Denkblasen sollen auf Besonderheiten im Wort aufmerksam machen: ch – Dach

### ▷ Tatzenaufgabe

- Drei weitere Wörter zum Thema ebenso bearbeiten, diesmal ohne Hilfspunkte
- Denkblasen sollen auf Besonderheiten im Wort aufmerksam machen: nn – Tonne

**Differenzierung**
- Je nach Leistungsstand mithilfe des Buchstabenhauses die abgebildeten Wörter verschriften
- Gegebenenfalls die eigene Schreibung mithilfe des Erstlesebuches (Seiten 28/29) prüfen und korrigieren

## ► Seite 29: Endlaute notieren

*→ Erstlesebuch, Seiten 28/29*

### ▷ Aufgaben 1, 2

- Bilder mit und ohne Artikel mehrfach benennen
- Akzentuiert sprechen
- Auslaut heraushören, den Auslaut mithilfe des Buchstabenhauses notieren
- In Aufgabe 1 verwendeter Auslaut ist gut hörbar
- In Aufgabe 2 enthalten alle Wörter nur im Buchstabenplateau vorhandene Buchstaben (/r/ ist schwierig zu hören)

**Differenzierung**
- Differenzierung nach unten: auch in Aufgabe 2 nur den Auslaut in das weiße Feld eintragen
- Differenzierung nach oben: Wörter aus Aufgabe 1 mithilfe des Buchstabenhauses komplett ins Heft verschriften („Stuhl" ist schwierig)

## ► Seite 30: Freunde

*→ Erstlesebuch, Seiten 30/31*

### ▷ Aufgabe 1

- Bild auf Seite 31 des Erstlesebuches wieder aufgreifen
- Die Kinder machen verschiedene Vorschläge, was Lena schreiben könnte
- Die Kinder schreiben den Text auf einem Blatt Papier vor; erst wenn sie selbst zufrieden sind (und evtl. nach Lehrerkorrektur), übertragen sie den Text in den Bildschirm des Laptops

**Differenzierung**
- Differenzierung nach unten: nur Wörter aus dem Wortspeicher abschreiben
- Differenzierung nach oben: eine eigene E-Mail-Nachricht an eine Freundin oder einen Freund entwerfen

## ► Seite 31: Einkaufsliste

*→ Erstlesebuch, Seite 32*

### ▷ Aufgabe 1

- Die gezeichneten Produkte mit Namen benennen
- Wenn dabei Firmennamen genannt werden, diese von der Produktbezeichnung unterscheiden lernen
- Unter Umständen erneut den Zweck und Nutzen von solchen Einkaufslisten besprechen

### ▷ Tatzenaufgabe

Drei weitere Produktnamen aufschreiben, Bilder von zwei Produkten zeichnen und die Bezeichnung dazuschreiben

**Differenzierung**
- Differenzierung nach unten: nur den ersten Buchstaben schreiben
- Differenzierung nach oben: einen eigenen Einkaufszettel erstellen

## ► Seite 32: Wohin mit dem Müll?

*→ Erstlesebuch, Seiten 34/35*

### ▷ Aufgabe 1

- Die dargestellten, für den Müll bestimmten Objekte mit Namen benennen
- Begründen, warum sie in den Abfall kommen
- Die verschiedenen Müllbehälter beschreiben: Was steht darauf? Was kommt hinein? Wer kennt sie? Wo findet man sie? Sehen sie bei uns genauso aus?
- Auf das besondere Problem der Pfandflaschen eingehen

### ▷ Tatzenaufgabe

Einen Satz oder einzelne Wörter zum Müllbild schreiben

**Differenzierung**
- Differenzierung nach unten: den ersten Buchstaben des Objektnamens neben das Objekt schreiben
- Differenzierung nach oben: Plastikflaschen vorstellen und entschlüsseln, was das jeweilige Etikett und Logo bedeutet

**▶ Seite 33: Leseseite**

→ *Erstlesebuch, Seiten 28/29, 34*

**▷ Aufgaben 1, 2, 3**

- Auf unterschiedlichen Niveaus lesen (in allen Aufgaben werden nur Buchstaben aus dem Buchstabenplateau verwendet)
- Aufgabe 2: aus drei Silben mit gleichem Anlaut die passende erste Silbe eines zweisilbigen Wortes durch Ankreuzen auswählen
- Aufgabe 3: zu einem Bild aus drei Wörtern mit gleichem Anlaut das passende durch Ankreuzen auswählen

**▷ Tatzenaufgabe**

Hier muss das Kind erfassen, dass zwei Sätze richtig sind

**Differenzierung**
Differenzierung nach oben: Partnerlesen/Tandemlesen

## Fördern und Fordern

### Födertipps

- Bildkarten einsetzen, um die Silben zu schwingen und die Anlaute herauszuhören
- Lautgebärden beim gemeinsamen Lautieren einsetzen, vor allem auch bei der Einführung der Aufgabe zum Auslaut

### Fordertipps

- Durch Veränderung des Anfangsbuchstabens neue Wörter generieren: *Dach/Fach/Bach, Buch/Tuch, Hund/rund/Mund, Hand/Sand/Land/Band/Rand, Mutter/Butter/Futter, Sachen/machen/lachen, fegen/legen/Regen*
- Auch eine Veränderung im Wort ist möglich: *Hand/Hund, Milch/Molch, Hebel/Hobel*
- Kleine Aufforderungen auf Karten lesen (hier: Satzbeispiele und entsprechende Imperative):
  - Nimm ein Lineal! Nimm einen Becher!
  - Tritt an das Regal!
  - Lege ein Heft auf den Boden! Lege ein Blatt in dein Buch!
  - Mache ...
  - Hebe ...
  - Rufe ...
  - Hole ...
  - Bastele ...
  - Male ...
  - Trage ...
  - Puste in deine Hand!
- Kurze Lückensätze zum Vervollständigen mithilfe des Wimmelbildes:
  1. Eine Familie ist ________________.
  2. Tim sendet eine E-Mail an ________________.
  3. Fatma ist an der ________________.
  4. Eine Oma auf dem Sofa ist ________________.
  5. In den gelben Eimer darf Pappe ________________.
  6. Eine Lampe macht helles ________________.

| LICHT ALT EINGELADEN TREPPE NICHT LENA |
|---|

→ *Allgemeine Förder- und Fordertipps s. Kapitel 4.3*

## Fächerübergreifende Unterrichtsvorschläge

### Sachunterricht

- Eine Puppenstube einrichten, Namen der Möbel nennen
- Funktionen der verschiedenen Räume eines Hauses
- Aufgaben der Familienmitglieder, besondere Aufgaben der Kinder
- Verwandtschaft und Verwandtschaftsgrade
- Freundschaft: zanken und sich vertragen
- Mit Freunden mailen oder telefonieren: Was könnt ihr, was dürft ihr?
- Bedeutung der Mülltrennung, Mülltrennung in der Klasse
- Wiederverwertung des Mülls
- Unter Umständen Gang zu einem Recyclinghof
- Kaufen und verkaufen, Preise, Kaufentscheidungen
- Einkaufszettel erstellen und als Kontrolle benutzen im fiktiven Kaufladenspiel oder in der Realität

### Mathematik

Verkaufen spielen: mit Geld bezahlen, den Wert von Münzen an der Prägung erkennen

## Sport

Matten in der Turnhalle mit Raumbezeichnungen versehen. Die Kinder verteilen sich auf verschiedene Matten. Reihum dürfen sie andere Kinder auffordern, den „Raum" zu wechseln: „Ralf, geh bitte in die Küche." Wenn Ralf das richtig macht, darf er das nächste Kind auffordern.

## Kunst

- Mit Müll basteln, s. Erstlesebuch Seite 33
- Bilder zum eigenen Tageslauf erstellen
- Die eigene Familie malen

## Passende Kinderliteratur

Antje von Stemm:
**Unser Haus! Ein wunderbares Klapp-Bilderbuch mit Suchspiel!**
cbj

Alice Melvin:
**Omas Haus**
Antje Kunstmann

Stephen Michael King:
**Mein Papa ist der Größte**
Esslinger

Joe Lyward:
**Oma, Onkel, Papa und Cousinen. Mein Familienalbum**
Peter Hammer

Anna Herzog, Joëlle Tourlonias:
**Ein Baby in Mamas Bauch**
Fischer Sauerländer

Martina Schütze, Dorothée Böhlke:
**Ich pass von oben auf dich auf. Eine Geschichte vom Fortgehen und Dableiben**
Herder

Harriet Grundmann, Marc Alexander Schulze:
**Wir sind immer für dich da. Wenn Papa und Mama sich trennen**
Coppenrath

Irena Kobald, Freya Blackwood:
**Zuhause kann überall sein**
Knesebeck

Britta Sabbag, Maite Kelly, Joëlle Tourlonias:
**Die kleine Hummel Bommel und die Liebe**
Ars Edition

## 4.7 Hokuspokus

### Thematische Schwerpunkte

- Figuren aus der Kinderliteratur kennenlernen
- Fantasiefiguren (Zauberer und Hexen) kennenlernen
- Reime (u. a. in Zaubersprüchen) kennenlernen
- Zaubertricks kennenlernen und ausprobieren
- Märchen und Märchenfiguren kennenlernen

### Tipps zum Einstieg ins Thema

Gemeinsam das Wimmelbild betrachten (im Erstlesebuch/im E-Book, auf dem Poster oder über Beamer/Whiteboard):

- Die Figuren aus der Kinderliteratur finden
- Woran erkennt man diese Figuren?
- Die entsprechende Kinderliteratur mitbringen (und daraus vorlesen)
- Die Leitfiguren wiedererkennen
- Den Klassenraum beschreiben als Voraussetzung für die Planung einer eigenen Karnevalsfeier
- Märchen erzählen
- Märchenbücher ausstellen
- Eine Zaubervorstellung in der Klasse/für eine andere Klasse planen

### Wortschatzarbeit/Sprachförderung

- Zu diesem Zeitpunkt sind fast alle Buchstaben eingeführt und somit können sämtliche Wörter der Randleiste von allen Kindern erlesen werden. Einzige Ausnahme ist das Wort „Hexe“ – hier ist das X x noch nicht bekannt.
- Passende Sätze mit unterschiedlicher Struktur bilden, je nach sprachlichem Entwicklungsstand:
  *Da ist ...*
  *Fatma ist ...*
  *Ich verkleide mich als ...*
  *Das braune Seil liegt ...*

→ *Allgemeine Tipps zur Wortschatzarbeit/Sprachförderung s. Kapitel 4.3*

## Buchstabenkurs Teil B* Z z, Au au, K k, -ie, W w, Sch sch ▷ Seiten 6–31

### Vorschläge für die Erarbeitung von Z z, Au au, K k, -ie, W w, Sch sch

Zur Einführung eine Geschichte mit vielen Z-/Au-/K-/W-/Sch-Wörtern erzählen, z. B.: „Das kleine Zebra Zinnober lebt im Zoo. Eines Tages ...“

Großdemonstration an der Tafel/am Whiteboard (in Verbindung mit dem Lineaturhäuschen), evtl. mitsprechen:
*Z z – rechts, links, rechts* (oder: *Zau-be-rer* oder: *Zi-cke-zack* oder: *von links nach rechts*)

*Au au – a und u sind au* (oder: *Du kennst a, du kennst u – lern das au jetzt dazu*)

*K k – von oben nach unten, schräg ab nach links, schräg ab nach rechts („Krähenschnabel“ dran)*

*-ie – i und e sind das lange ie* (oder: *Erst i, dann e, macht ie*)

*W w – runter, rauf, runter, rauf* (oder: *wipp hin, wipp her*)

*Sch sch* – Hinweis: das sch braucht drei

### Üben

- Tägliche phonematische Übungen zum Heraushören der bisher bekannten Laute
- Täglich Buchstaben und die dazugehörigen Lautbilder benennen sowie die Schreibrichtung und die Buchstabenlage in der Lineatur zeigen

#### ▶ Wörter zum täglichen gemeinsamen Lautieren

Becher, Frosch, Kater, Kuchen, Maus, Saft, Seil, Teller, Tisch, Wolke, Zauberer, blau, sieben

#### ▶ Wörter zum Lesen

**ab Z z:**
Arzt, Brezel, Herz, Holz, Pelz, Pilz, Pizza, Polizist, Prinz, Prinzessin, Ranzen, Salz, Zebra, Zeichen, Zeiger, Zeile, Zeit, Zelt, Zettel, Zimmer, Zitrone, Zoo, Zug, tanzen, zeigen, zelten, zusammen

**ab Au au:**
Auge, Aula, Auto, Automat, Bau, Bauer, Baum, Daumen, Faust, Frau, Haufen, Haus, Laube, Laus, Mauer, Maus, Rauch, Raum, Raupe, Saum, Taube, Traum, Zauberer, Zaun, bauen, laufen, rauben, tauchen, zaubern, blau, braun, faul, grau, laut, sauber, traurig, auch

**ab K k:**
Direktor, Gurke, Haken, Kaffee, Kakadu, Kamel, Kamm, Kaninchen, Kante, Kanu, Karte, Kasten, Kater, Keller, Kerze, Kind, Kirche, Kissen, Kiste, Kleid, Knoten, Korb, Kran, Kraut, Kreide, Kreisel, Krokodil, Krokus, Krone, Kuchen, Kugel, Paket, Plakat, Wolke, Zirkus, kann, kaufen, kennen, klauen, klettern, kneten, kochen, kommen, kalt, kaputt, klein, kurz, links

**ab -ie:**
Biene, Brief, Dieb, Diener, Fieber, Flieder, Fliege, Fliese, Knie, Liebe, Lied, Liege, Niete, Papier, Riegel, Riese, Tier, Ziege, Ziegel, Ziel, fliegen, lieben, liegen, lieb, riesig, die, nie, sie, sieben

**ab W w:**
Gewicht, Gewitter, Kiwi, Wabe, Wade, Waffel, Wagen, Wal, Wald, Wasser, Welt, Weste, Wetter, Wiege, Wiese, Wiesel, Wind, Winter, Woche, Wolf, Wolke, Wort, Wurm, Wurst, Zwerg, wagen, wandern, warten, weinen, wenden, werben, werfen, wissen, wollen, wild, willkommen, winzig, wir, zwei

**ab Sch sch:**
Dusche, Fisch, Flasche, Fleisch, Frosch, Geschenk, Kirsche, Muschel, Schal, Schale, Schalter, Schaufel, Schaukel, Schaum, Schere, Schiff, Schild, Schirm, Schleife, Schleim, Schloss, Schnabel, Schnauze, Schnee, Schneemann, Schokolade, Schule, Schultasche, Schwamm, Schwein, Schwester, Tasche, Tisch, duschen, schaukeln, scheinen, schlafen, schneiden, schreiben, schwimmen, waschen, wischen, falsch, komisch, schief, schlau, schnell, schwarz, schwer

* *alternativ: Buchstabenordner*

| Hokuspokus | | Neue Übungstypen im Buchstabenkurs (wann sie das erste Mal auftauchen) | Didaktische Tipps zur Einführung/ Durchführung |
|---|---|---|---|
| S. 4/5 | | *Das habe ich in Heft A gelernt* | Hinweis auf die Wiederholung |
| **Z z** S. 6–9 | **2** | Bildfolge zum sinnvollen Abschreiben; einen ganzen Satz in die darunterstehende Zeile abschreiben | Schritte der Bildfolge klären; auf Wortlücken, Großschreibung am Satzanfang und den Punkt am Satzende hinweisen |
| | **5** | Leseübung ist bekannt – ab hier aber mit Realwörtern anstatt mit Quatschwörtern zur Auswahl | |
| | **7** | Lese-Mal-Aufgabe: das Leseverständnis wird durch richtiges Anmalen des Bildes oder der Bilder überprüft | Arbeitssymbol „ausmalen“ klären; über den merkwürdigen Zoo sprechen |
| **Au au** S. 10–13 | **7** | Lese-Mal-Auftrag wird durch Schreibauftrag ergänzt | auf Neuerung hinweisen |
| **K k** S. 14–17 | | – | |
| **-ie** S. 18–21 | | die Vokallänge wird durch das ie verdeutlicht | Wörter mit langem und kurzem i-Laut sprechen und einander gegenüberstellen: *bieten – bitten, schief – Schiff* |
| **W w** S. 22–25 | **6** | den richtigen Artikel eintragen | Bedeutung der Artikelsymbole wiederholen; die Kinder nennen die Wörter mit Artikel |
| **Sch sch** S. 26–29 | | – | |

## Lernstand überprüfen: Das kann ich schon

**▶ Seiten 30/31***

Nach Abschluss der Einheit zum Buchstabenplateau dieses Kapitels (Z, Au, K, -ie, W, Sch) werden die erlernten Buchstaben mithilfe bekannter Aufgabenformate wiederholt. Die Seiten können zur Lernstandsüberprüfung genutzt werden.

**zusätzlich oder alternativ:*

**„Das kann ich schon“-Heft** (Beileger im Erstlesebuch)
Je nach Leistungsstand können ggf. einige Kinder bereits das gesamte Heft bearbeiten.

## Fördern und Fordern

→ *Allgemeine Förder- und Fordertipps s. Kapitel 4.3*

### Fördertipps

- Den Unterschied von Z und S (K und G, W und F) bei der Lautbildung abhören und intensiv üben, kontrastiv sprechen, begleitet durch Lautgebärden
- Wörter mit langem und kurzem /i/ kontrastiv sprechen, z. B. *Kind – Kiend, Wise – Wiese, Flige – Fliege, Kinn – Kien, Tisch – Tiesch*
- Z-/Au-/K-/W-/Sch-Wörter fangen: Die Kinder sitzen im Kreis, in der Mitte liegen viele Bildkarten, zwei oder mehr Kinder haben eine Fliegenklatsche in der Hand; bei Nennung des Z (Au, K, W, Sch) berühren sie ein passendes Bild mit der Fliegenklatsche und nennen das Wort mit Artikel (alternativ: bilden Sätze mit dem Wort)
- Die Kinder legen den Kopf auf den Tisch (zur Konzentration auf das Gehör) und die Lehrerin nennt einzelne Wörter mit und ohne Z z (als Anlaut/Inlaut/Auslaut). Die Kinder schauen hoch, sobald sie ein Z/z-Wort hören.
- Kopiervorlagen **(KV 137–153)**

→ *Kapitel 5 „Lernentwicklung beobachten und fördern“*

### Fordertipps

- Gestalten von Buchstabenmännchen (Z, W, K) im Stil von Keith Haring
- Gestalten von Schmuckbuchstaben im Stil von Otmar Alt
- Zungenbrecher zu den Buchstaben kennenlernen/erfinden (z. B.: *Kleine Kinder knacken kaum Kirschkerne*)
- Buchstabengeschichten schreiben (1–3 Wörter vorgeben, z. B.: *Wasser, Wolke, Weg*)
- **Buchstabenkurs,** S. 9/Tatzenaufgabe, S. 13/Tatzenaufgabe, S. 17/Tatzenaufgabe, S. 21/Tatzenaufgabe, S. 25/Tatzenaufgabe, S. 29/Tatzenaufgabe (freies Schreiben zum Bild)

## Erstlesebuch

▷ Seiten 38–47

### ► Seiten 38/39

Folgende Personen und Kinderbuchfiguren können auf dem Wimmelbild entdeckt werden: Die Lehrerin hat sich als Pettersson verkleidet, der Sonderpädagoge als Findus. Tim ist Harry Potter, Lena ist Lisbet, die neugierige kleine Hexe, Fatma ist die Prinzessin aus dem Märchen „Der Froschkönig“ und Jonas ist Jim Knopf. Außerdem sind zu entdecken: das kleine Gespenst, das Sams, Pippi Langstrumpf, Kater Tinto, eine Mumie, der Froschkönig, ein Pirat (Captain Hook?) und Micky Maus. Und unter dem Tisch sitzt Obelix.

Vorschläge zum Einsatz des Wimmelbildes: s. o.

→ *Arbeitsheft Schreiben/Lesen, Seiten 34, 36*

### ► Seiten 40/41

Zaubersprüche

Holo molo schuschu hu
Unu guzu zafa ra
Hifi Kili faufau ri
Ripi fiti kama la
Reze weze kowo te
Hoho hoho hihi hi

40

Simsalabim – eine Riesenmaus,
Hokuspokus – ein Zwergenhaus,
Abrakadabra – ein ,
gebt dem Zauberer Applaus!

Fingernägel nicht zu kurz
und ein langer Mäusefurz,
aufgewärmter Fliegendreck
und ein Stück vom alten Speck,
dreimal in die Hände spucken
und mit beiden Ohren zucken,
hokuspokus, mau und mee –
aus dem Himmel fällt jetzt Schnee!

41

→ *Arbeitsheft Schreiben/Lesen, Seiten 34/35, 37*

### ▷ Zaubersprüche – Holo molo schuschu hu

für alle

- Den Zauberspruch erlesen
- Die Vokale besonders artikulieren
- Den Lesevortrag in Partnerarbeit üben
- Den Text zeilenweise vortragen, evtl. auch in unterschiedlicher Lautstärke und mit Stimmmodulation
- Eigene Zaubersprüche (Zeilen) erfinden
- Die abgebildeten Bücher betrachten und besprechen, eigene Zauberbücher mitbringen

### ▷ Simsalabim

für viele

Dieser Text enthält nur noch über den Buchstabenkurs eingeführte Buchstaben.

- Nur im Wort „Blumenstrauß“ ist ein unbekannter Buchstabe enthalten (ß), daher ist der Strauß als Bild dargestellt
- Den Zauberspruch selbstständig erlesen, evtl. im Lesetandem
- Die Reime entdecken
- Den Zauberspruch vortragen, gestützt durch Bilder, die die Kinder zu jeder Zeile malen

### ▷ Fingernägel nicht zu kurz

für manche

- Leistungsstärkere Schülerinnen und Schüler erlesen den Tatzentext selbstständig
- Die Reime entdecken, weitere Reimwörter finden
- Im Lesetandem vortragen

**Fördertipps zu den Seiten 40/41**

- Lange Wörter aus den Sprüchen von Seite 41 schreiben und die Silbenbögen eintragen
- Den Zauberspruch von Seite 40 schreiben und alle Selbstlaute markieren
- Den Zauberspruch von Seite 41 oben schreiben und die Reimwörter markieren

**Fordertipps zu den Seiten 40/41**

- Die Vokale im Zauberspruch auf Seite 40 ersetzen, auf diese Weise einen eigenen Zauberspruch erfinden und aufschreiben
- Einen Zauberspruch in Märchenbüchern suchen
- Reime zu vorgegebenen Wörtern finden

## ▶ Seiten 42/43

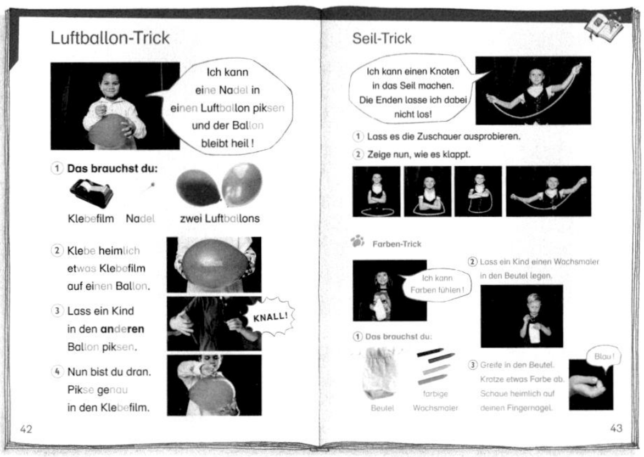


Zu diesen Seiten sollte das für die Zaubertricks benötigte Material bereitgestellt werden (oder von den Kindern entsprechend den eigenen Vorlieben mitgebracht werden). Außerdem empfiehlt es sich, die Tricks vorher alle selbst zu probieren, um den Kindern helfen zu können. Auch bietet es sich an, Bücher mit Zauberanleitungen für Kinder in die Klassenbücherei aufzunehmen oder in der örtlichen Bücherei auszuleihen.

→ *Arbeitsheft Schreiben/Lesen, Seiten 34/35, 37*

### ▷ Luftballon-Trick — für alle

- Den Text bildgestützt erlesen
- Eventuell nur die Beschriftungen der Gegenstände erlesen
- Allein oder mit einem Partnerkind (Lesetandem) den Luftballontrick am Text entlang ausprobieren
- Im Lesetandem Anweisungen vorlesen, das Partnerkind führt aus
- Den Zaubertrick einstudieren und vorführen (in anderen Klassen, bei der Karnevalsfeier, zu Hause ...)
- Die Handlungsschritte in die Ich-/Du-Form umformulieren

### ▷ Seil-Trick — für viele

Auch dieser Text enthält jetzt nur noch die über den Buchstabenkurs eingeführten Buchstaben.

- Den Text bildgestützt erlesen
- Allein oder mit einem Partnerkind den Seiltrick anhand der Bilder ausprobieren
- Die Bilder in Text „übersetzen“
- Den Zaubertrick einstudieren und vorführen (in anderen Klassen, bei der Karnevalsfeier, zu Hause ...)

### ▷ Farben-Trick — für manche

- Den Text bildgestützt erlesen
- Allein oder mit einem Partnerkind (Lesetandem) den Farbentrick am Text entlang ausprobieren
- Im Lesetandem Anweisungen vorlesen, das Partnerkind führt aus
- Den Zaubertrick einstudieren und vorführen (in anderen Klassen, bei der Karnevalsfeier, zu Hause ...)
- Die Handlungsschritte in die Ich-/Du-Form umformulieren

### Fördertipps zu den Seiten 42/43

- Lange Wörter (Luftballon, Klebefilm etc.) herausschreiben und mit Silbenbögen versehen
- Zahlwörter zusammenstellen und lesen
- Die Laute /z/ und /s/, /k/ und /g/, /w/ und /f/ vergleichen, Wörter dazu sammeln und aufschreiben

### Fordertipps zu den Seiten 42/43

- Aus Zauberbüchern (oder aus dem Internet) weitere Tricks heraussuchen, einüben und vorführen; diese Tricks Partnerkindern beibringen
- Eine Fantasiegeschichte über einen Zauberer oder einen Bericht über eine Zaubervorstellung aufschreiben
- Ein Plakat für eine Zaubervorstellung gestalten

## ▶ Seiten 44/45

→ *Arbeitsheft Schreiben/Lesen, Seiten 38/39*

### ▷ So kocht Lisbet — für alle

Der obere Text ist ein originaler (korrigierter) Kindertext. Er entstand nach der Lektüre des Buches „Die neugierige kleine Hexe“. In dem Buch trifft die kleine Hexe Lisbet außer der Kochhexe die Musikhexe, die Schlafhexe und die Bastelhexe. Es bietet sich an, dieses Buch (und evtl. die anderen Bücher von Lisbet) in die Klassenbücherei aufzunehmen. Die abgedruckten Kindertexte und die Lektüre des Buches regen die Kinder zu eigenen Texten an.

- Die Texte erlesen. Der Kindertext wurde zusätzlich in Silbenschrift gesetzt, um das Lesen zu erleichtern. Die Buchstaben sind bekannt. Nur im Wort „Hexe“ ist ein unbekannter Buchstabe enthalten (x). Daher wurde die Hexe als Bild dargestellt.
- Das Buch „Die neugierige kleine Hexe“ lesen/vorlesen
- Einen eigenen Lisbet-Text schreiben (s. Arbeitsheft Schreiben/Lesen, Seite 38). Die Texte können auch in einem Buch gesammelt werden.
- Hexentreppen basteln zur Dekoration des Klassenraums für die Karnevalsfeier (s. Wimmelbild)

### ▷ Die Suppe war fertig — für viele

Auch hier wurde ein Kindertext über Lisbet, die neugierige kleine Hexe, im (korrigierten) Original und in Silbenschrift gesetzt abgedruckt. Bis zu diesem Kapitel im Buchstabenkurs noch nicht eingeführte Buchstaben: *st, x*.

- Den Text im Lesetandem lesen
- Das Buch von der neugierigen kleinen Hexe im Lesetandem lesen und Lieblingsseiten vortragen

### ▷ Morgens früh um sechs — für manche

(Singen für alle)

- Fortgeschrittene Kinder erlesen das Gedicht selbstständig
- Bewegungen zum Gedicht erarbeiten (zur Unterstützung eines Gedichtvortrags)
- Den Gedichtvortrag allein oder im Lesetandem erarbeiten und das Gedicht vortragen (allein, im Tandem, in der Gruppe) vor unterschiedlichem Publikum (Klasse, Partnerklasse etc.)
- Zum Gedicht malen (s. auch: Reinhard Michl: „Morgens früh um sechs“, Hanser, München, 1997 – nur noch gebraucht zu erwerben)
- Ein szenisches Spiel zum Gedicht entwickeln
- Eine Vertonung des Gedichts befindet sich auf der TINTO-Lieder-CD blau, Track 12

**Fördertipps zu den Seiten 44/45**

- Im Lesetandem lesen
- In den Texten alle Wörter zu den neuen Buchstaben suchen und vorlesen/schreiben
- Reimwörter anbieten und passend zuordnen lassen
- Das Gedicht in wenige Teile auseinanderschneiden und richtig sortieren lassen

**Fordertipps zu den Seiten 44/45**

- Das Gedicht in viele Teile auseinanderschneiden und richtig sortieren lassen
- Das Gedicht ohne Reimwörter anbieten und diese finden lassen
- Reimwörter zu Vorgaben selbstständig finden lassen

## ► Seiten 46/47

*→ Arbeitsheft Schreiben/Lesen, Seite 39*

### ▷ Der gestiefelte Kater

Diese Comic-Seiten lassen sich nicht gemäß den drei unterschiedlichen Kompetenzstufen untergliedern. Eine Differenzierung kann aber leicht durch verschiedene Aufgabenstellungen erfolgen.

- Das Märchen vom gestiefelten Kater ist hier stark vereinfacht nacherzählt nach der Version von Charles Perrault. Der kleine, freche Kater, der unerschrocken seines Herren Glück schmiedet, ist eine Figur, die Kinder gern haben. Überdies hat die Zeichnerin ihm eine große Ähnlichkeit mit Tinto gegeben. Besonders lohnend ist es, mit den Kindern darüber nachzudenken, mit welchem Trick der Zauberer überlistet wird.
- Die Erarbeitung der Textform Comic kann durch szenisches Erlesen erfolgen. Die Kinder stehen dazu in einer Reihe und lesen einzeln oder chorisch zu mehreren die Texte der einzelnen Figuren und den Erzähltext. Vor allem beim chorischen Lesen können auch schwache Leser sehr gut beteiligt werden.

Weitere Möglichkeiten der Textdarbietung sind z. B.:

- Lesestarke Kinder üben den Textvortrag anhand einiger vorbereitender Aufgaben und präsentieren ihn anschließend allein oder zu mehreren
- Das Stück mit Handpuppen vorspielen oder frei erzählen

## Arbeitsheft Schreiben/Lesen ▷ Seiten 34–39

### ▶ Seite 34: Silben schwingen/Wörter verschriften

→ *Erstlesebuch, Seiten 38–43*

**▷ Aufgabe 1**

- Auf dieser Seite wird erstmals der bestimmte Artikel benannt (als Wort) und sollte thematisiert werden; der Fachbegriff ist hier noch nicht notwendig, kann aber durchaus genannt werden
- Langsam, gedehnt sprechen, Silben schwingen, evtl. noch unterstützend klatschen
- Silbenbögen zeichnen, „Dach"-Buchstaben in jeden Silbenbogen schreiben (thematisieren!) – hier erstmals auch Diphthonge
- Wörter verschriften und Vokale markieren

**▷ Tatzenaufgabe**

Drei weitere Wörter zum Thema ebenso bearbeiten, diesmal mit Doppelkonsonanten (ss/ll) bzw. nicht eingeübtem Buchstaben (x)

**Differenzierung**
In der Wörterliste Wörter mit Diphthong finden, diese aufschreiben und alle Vokale markieren

### ▶ Seite 35: Vokale ergänzen (au, ei, eu)

→ *Erstlesebuch, Seiten 40–43*

**▷ Aufgaben 1, 2**

- Begriffe zu Bildern finden und die fehlenden „Dach"-Buchstaben einsetzen, anschließend das vollständige Wort aufschreiben
- Silbisch sprechen und dabei auf die Vokale in allen Silben achten
- Diphthonge in Wörtern ergänzen und die vollständigen Wörter aufschreiben

**▷ Tatzenaufgabe**

Lange Wörter durch mehrere Vokale und Diphthong ergänzen und aufschreiben

**Differenzierung**
- Lange Wörter mit Diphthong in der Wörterliste finden oder selbst bilden (gut geeignet als Partneraufgabe)
- Liste langer Wörter veröffentlichen

### ▶ Seite 36: Wer bin ich?

→ *Erstlesebuch, Seiten 38/39*

**▷ Aufgabe 1**

- Mithilfe des Wimmelbildes im Erstlesebuch (Seiten 38/39) die Rätsel lösen, dabei die Bilder zur Leseunterstützung nutzen; ggf. Lesetandems bilden
- Lösungen aufschreiben und in der Liste unten streichen, dabei unbedingt auch die Artikel aufschreiben
- Eventuell in einer Differenzierungsgruppe der schwächeren Leserinnen und Leser die Rätsel vorlesen bzw. von starken Leserinnen und Lesern vorlesen lassen

**▷ Tatzenaufgabe**

Ein eigenes Rätsel erfinden

**Differenzierung**
Rätsel erfinden, auf besondere Blätter schreiben und in einem Buch sammeln

### ▶ Seite 37: Ein Zaubertier

→ *Erstlesebuch, Seiten 40–43*
- An jedes Körperteil schreiben, zu welchem Tier/welcher Tierart es gehört; für spracharme Kinder Tierlexikon o. Ä. bereitlegen
- Das Zaubertier anmalen

**▷ Tatzenaufgabe**

Dem Zaubertier einen Namen geben

**Differenzierung**
Ein eigenes Zaubertier erfinden, malen und beschriften; besonders gelungene Exemplare als Kopie von den anderen Kindern beschriften lassen

### ▶ Seite 38: So kocht Lisbet

→ *Erstlesebuch, Seiten 44/45*

**▷ Aufgabe 1**

- Den Text lesen, ggf. den leistungsschwächeren Kindern vorlesen (lassen)
- Zutaten für ein Hexenrezept ausdenken und in den Kessel malen
- Das Hexenrezept oder eine Kochgeschichte ausdenken und aufschreiben, den Wortspeicher dabei als Hilfe nutzen

**Differenzierung**
Ein Rezeptheft und/oder ein Geschichtenheft anlegen

**▶ Seite 39: Leseseite**

→ *Erstlesebuch, Seiten 44–47*

**▷ Aufgaben 1, 2, 3**

- Auf unterschiedlichen Niveaus lesen (in allen Aufgaben werden nur die bereits erarbeiteten Buchstaben verwendet)
- Auf Großschreibung der Nomen hinweisen
- Aufgabe 3 ist neu: Es müssen Wortgruppen erlesen und angekreuzt werden

**▷ Tatzenaufgabe**

Das Bild entsprechend den Aussagen im Text anmalen

**Differenzierung**
Tandemlesen

## Fördern und Fordern

### Fördertipps

- Vokalen und Diphthongen (= „Dach"-Buchstaben) besondere Aufmerksamkeit widmen; auf die Lage (in jeder Silbe) immer wieder hinweisen
- Reimübungen mit Bildkarten
- Tägliche (mündliche) Rätsel zum Wimmelbild oder zum Klassenraum

### Fordertipps

- Zettelkasten mit Handlungsanweisungen in unterschiedlichen Schwierigkeitsgraden erstellen; Satzbeispiele:
  1. Geh zur Tür.
  2. Hole ein Stück Kreide.
  3. Bring ein Buch zu deiner Mitschülerin ...
  4. Frag deinen Mitschüler ... nach dem Wochentag.
  5. Nimm dein Mathe-Buch und gib es deinem Banknachbarn ...
  6. Hole ein Heft aus der Tasche, lege es auf den Tisch und geh dann zur Tafel.
  7. Geh zur Sekretärin und bitte sie, diesen Zettel zu unterschreiben.

## Fächerübergreifende Unterrichtsvorschläge

### Mathematik

- Zahlen als Ziffern und als Zahlwort schreiben
- Zahlen gestalten (im Stil von Otmar Alt)

### Kunst

- Hexentreppen basteln
- Dekoration für die Karnevalsfeier herstellen (s. Wimmelbild)
- Hexenhäuser vor Abendhimmel: zunächst ein Blatt in Abendhimmelfarben (gelb, orange, rot ...) einfärben, aus schwarzem Tonpapier scherenschnittartig ein Hexenhaus und evtl. Bäume etc. ausschneiden und daraufkleben
- Zauberhüte basteln

### Musik/Lieder

- „Morgens früh um sechs" (trad.; auch auf der TINTO-Lieder-CD blau, Track 12), „Anne Kaffeekanne" (Fredrik Vahle), „Hänsel und Gretel" (trad.), „Der Zauberer Schrappelschrut" (Detlev Jöcker), „Ich hab die Schnauze voll von Rosa" (Suli Puschban)

### Passende Kinderliteratur

Jörg Hilbert, Felix Jansa:
**Ritter Rost und die Hexe Verstexe**
Terzio

Otfried Preußler, Winnie Gebhardt:
**Die kleine Hexe**
Thienemann

Lieve Baeten:
**Die neugierige kleine Hexe**
Oetinger

Roald Dahl:
**Hexen hexen**
Rowohlt

Sabine Städing, Sabine Büchner:
**Petronella Apfelmus**
Boje

Sandra Grimm, Stephan Pricken:
**Fantastische Vorlesegeschichten – Hexen, Drachen, Zauberer**
Ellermann

# 4.8 Mein Körper

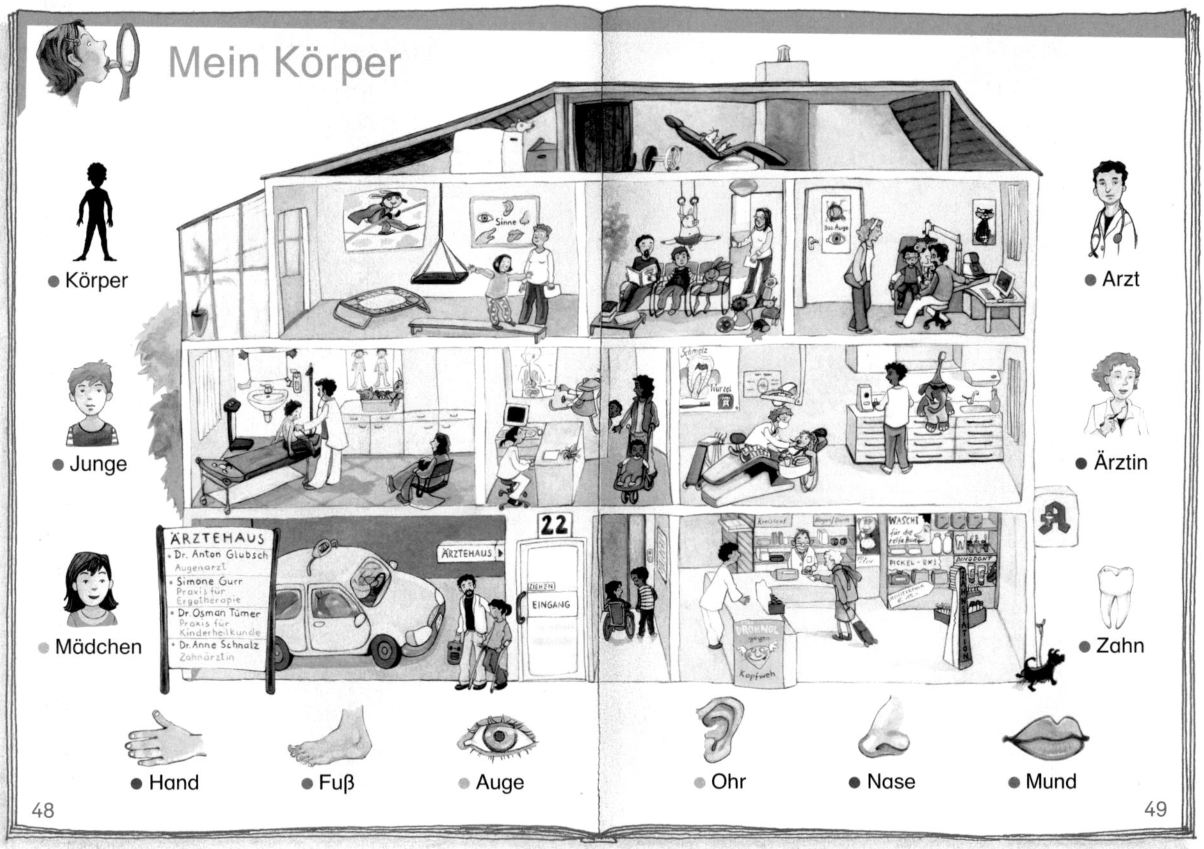


## Thematische Schwerpunkte

- Der menschliche Körperbau
- Die Sinne des Menschen
- Der Aufbau des menschlichen Gebisses und Abgrenzung von tierischen Gebissen
- Wackelzähne
- Gesundheitsbewusstes Verhalten: (zahn-)ärztliche Kontrolle
- Umgang mit körperlicher Beeinträchtigung

## Tipps zum Einstieg ins Thema

Das Wimmelbild gemeinsam betrachten (im Erstlesebuch/E-Book, auf dem Poster oder über Beamer/Whiteboard):

- Die Kinder finden, die sich gerade im Ärztehaus befinden
- Die Ärzte benennen, bei denen die Kinder zur Untersuchung sind
- Erzählen, welche Vorerfahrung die Kinder der Klasse mit (Kontroll-)Untersuchungen haben
- Besprechen, wieso ein regelmäßiger Arztbesuch von Bedeutung ist
- Über mögliche Präventionsmaßnahmen zur gesunden Lebensführung nachdenken

## Wortschatzarbeit/Sprachförderung

- Nach dem Einstieg ins Thema können kurze Sprachspiele gespielt werden, um die Kinder mit dem benötigten Wortmaterial vertraut zu machen. Um Wörter und Satzmuster einzuüben, eignet sich auch das Spiel „Ich sehe was, was du nicht siehst".
- Folgende Wörter der Randleiste enthalten nur die aus dem Buchstabenkurs bekannten Buchstaben und können somit nach der Erarbeitung der Kapitel-Buchstabengruppe erlesen werden: *Arzt, Ärztin, Zahn, Mund, Nase, Ohr, Auge, Hand, Mädchen, Körper* – nur ß *(Fuß)*, J und ng *(Junge)* sind noch nicht eingeführt.
- Sätze von unterschiedlicher Struktur bilden je nach sprachlichem Entwicklungsstand:
  *Da ist ...*
  *Der Arzt hat ...*
  *Lena/Fatma/Tim/Jonas ist ...*
  *Das Taxi ...*

→ *Allgemeine Tipps zur Wortschatzarbeit/Sprachförderung s. Kapitel 4.3*

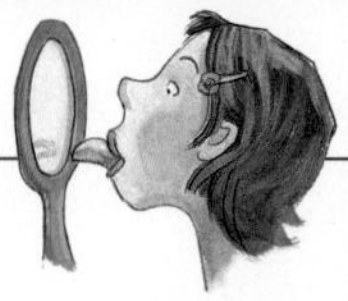

## Buchstabenkurs Teil B* Ö ö, -h, Ä ä, -ck, Ü ü

▷ Seiten 32–49

→ *Allgemeine Tipps für die Erarbeitung aller Buchstaben/Laute s. Kapitel 4.3*

### Vorschläge für die Erarbeitung von Ö ö, -h, Ä ä, -ck, Ü ü

Großdemonstration an der Tafel/am Whiteboard, evtl. mitsprechen:

*Ö ö – wie O o, nur noch zwei Punkte drauf*

- Hinweis auf die zwei Klangmöglichkeiten als Lang- oder Kurzvokal: *Öl* und *Öffner*
- Hinweis: Ö ö ist ein „Dach"-Buchstabe

*-h* – das Dehnungs-h dehnt das Wort: *Zahn, Lehrer, Sohn, Schuh*

*Ä ä – wie A a, nur noch zwei Punkte drauf*

- Hinweis auf die zwei Klangmöglichkeiten als Lang- oder Kurzvokal: *Ähre* und *Äpfel*
- Hinweis: Ä ä ist ein „Dach"-Buchstabe

*ck – ck braucht immer zwei*

*Ü ü – wie U u, nur noch zwei Punkte drauf*

- Hinweis auf die zwei Klangmöglichkeiten als Lang- oder Kurzvokal: *Überraschungsei (Tür)* und *Mücke (Schlüssel)*
- Hinweis: Ü ü ist ein „Dach"-Buchstabe

### Üben

- Tägliche phonematische Übungen zum Heraushören der bisher bekannten Laute
- Täglich Buchstaben und die dazugehörigen Lautbilder benennen sowie die Schreibrichtung und die Buchstabenlage in der Lineatur zeigen
- Regelmäßige Wiederholung des TINTO-Rap

**► Wörter zum täglichen gemeinsamen Lautieren**

Arm, Arzt, Ärztin, Auge, Bein, Hand, Körper, Mädchen, Mund, Nase, Ohr, Schulter, Zahn, hören riechen, schmecken, sehen, tasten, wackeln, gesund, krank

**► Wörter zum Lesen**

**ab Ö ö:**
Brötchen, Eichhörnchen, Flöte, Königin, Körper, Löffel, Löwe, Möwe, Öffner, Öl, hören, zwölf

**ab -h:**
Fahne, Huhn, Lehrer, Ohr, Rohr, Schneidezahn, Zahn, Zahnarzt, sehen, wehtun

**ab Ä ä:**
Käfer, Käse, Mädchen, Säge, Träne, Zähne, schälen, zählen

**ab -ck:**
Backenzahn, Bäcker, Decke, Ecke, Eckzahn, Picknick, Schnecke, Wecker, Zucker, angucken, hocken, schmecken, stecken, wackeln, lecker, locker

**ab Ü ü:**
Bügel, Bürste, Früchte, Gemüse, Gürtel, Küche, Küsse, Müsli, Nüsse, Schüler/-in, Schüssel, Tür, Tüte, Würfel, bügeln, fühlen, rühren, grün

| Mein Körper | | **Neue Übungstypen im Buchstabenkurs** (wann sie das erste Mal auftauchen) | **Didaktische Tipps zur Einführung/ Durchführung** |
|---|---|---|---|
| **Ö ö** S. 32–35 | **5** | Mehrzahlbildung bei gleichzeitiger Umlautung | Aus o wird ö: Um die Mehrzahl zu bilden, dient als Hilfsimpuls „ein XX – **viele** XX". Die Kinder erkennen, dass der Artikel im Plural immer zu *die* wird. |
| | **7** | Leseverständnis überprüfen: Nicht passende Wortalternativen müssen durchgestrichen werden. | Einführung des Symbols für „durchstreichen"; Bild besprechen: Was passiert hier? Text und Bild müssen „gelesen" werden. |
| **-h** S. 36–37 | **1** | Einführung des Dehnungs-h | verdeutlichen, dass der Vokal vor dem h lang klingt; Kontrastsprechen: „Heißt es Faaaahne oder Fanne?" |
| | **2** | einen Satz mit dem passenden Wort verbinden | einfache Form des Rätsels durch Rätselfragen mit *er, sie, es* vorbereiten: „Sie ist an meinem Arm: die Uhr." |

* *alternativ: Buchstabenordner*

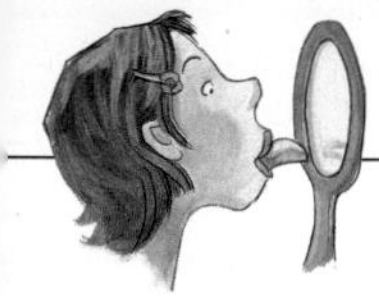



| Mein Körper | | Neue Übungstypen im Buchstabenkurs (wann sie das erste Mal auftauchen) | Didaktische Tipps zur Einführung/ Durchführung |
|---|---|---|---|
| **Ä ä** S. 38–41 | **6** | aus a wird ä beim Verb: von der Grundform zur 3. Pers. Sing. Präs. | Vorübung: *schlafen – wer schläft? Das Kind schläft.* |
| **-ck** S. 42–43 | | ck als Zeichen, dass der vorangehende Vokal kurz gesprochen wird | Kürze des Vokals durch Kontrastsprechen verdeutlichen: „Heißt es Schneeeke oder Schnecke?“ |
| **Ü ü** S. 44–47 | **5** | bestimmter und unbestimmter Artikel | Tinto gibt vor, wann *ein* bzw. *eine* geschrieben werden muss. Mögliches Sprachmuster zum Training:<br>*Das ist **eine** Tür.*<br>***Die** Tür ist rot.* |

## Lernstand überprüfen: Das kann ich schon

**▶ Seiten 48/49***

Nach Abschluss der Einheit zum Buchstabenplateau dieses Kapitels (Ö, -h, Ä, -ck, Ü) werden die bereits bekannten Aufgabenformate und Buchstaben zusammenfassend wiederholt:

- Aufgabe 1: Wörter in die Lineatur schreiben
- Aufgabe 2: Silben schwingen oder klatschen und die fehlenden Buchstaben ergänzen
- Aufgabe 3: Sätze lesen und passenden Satz zum Bild ankreuzen
- Aufgabe 4: Text lesen und das Bild passend anmalen.

**zusätzlich oder alternativ:*

**„Das kann ich schon“-Heft** (Beileger im Erstlesebuch)

Je nach Leistungsstand der Kinder können ggf. einige Kinder bereits die Seiten 11, 12 und 13 erfolgreich bearbeiten. Hierfür sollten jedoch die entsprechenden Übungen zu den Buchstabenplateaus bis einschließlich Kapitel 6 „Mein Körper“ im Buchstabenkurs bzw. Buchstabenordner und ggf. im Arbeitsheft Schreiben/Lesen vorausgegangen sein.

## Fördern und Fordern

→ *Allgemeine Förder- und Fordertipps s. Kapitel 4.3*

### Fördertipps

- Spiegel einsetzen: beobachten und besprechen, wie der Laut gebildet wird (Form der Lippen, Lage der Zunge); Unterschiede von /ck/ und /k/ betrachten und beschreiben
- Mehrzahlbildung mit gleichzeitiger Umlautbildung: *ein Zahn – viele Zähne*
- Einführung des Dehnungs-h: kontrastiv sprechen, um zu verdeutlichen, dass der Vokal vor dem -h lang gesprochen wird
- Einführung des -ck: kontrastiv sprechen, um zu verdeutlichen, dass der Vokal vor dem -ck kurz gesprochen wird
- Übungen zum unbestimmten und bestimmten Artikel
- Kopiervorlagen **(KV 154–165)**

→ *Kapitel 5 „Lernentwicklung beobachten und fördern“*

### Fordertipps

- Ein Buchstabenheft gestalten, in dem jedem Buchstaben eine Seite gewidmet wird: Das Kind schreibt den Buchstaben, malt Gegenstände, deren Namen den Buchstaben enthalten, oder schneidet sie aus Prospekten/Katalogen/Zeitungen aus und klebt sie ein. Anschließend erste Wörter schreiben.
- **Buchstabenkurs,** S. 35/Tatzenaufgabe, S. 37/Tatzenaufgabe, S. 41/Tatzenaufgabe, S. 43/Tatzenaufgabe, S. 47/Tatzenaufgabe (freies Schreiben zum Bild)

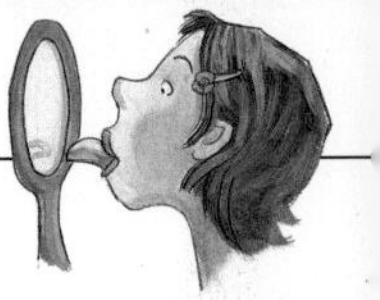

# Erstlesebuch

▷ Seiten 48–57

### ▶ Seiten 48/49

Das Wimmelbild dient als Impuls und Redeanlass. Erste thematische Wörter, die von den Kindern geliefert werden, sollten auf (entsprechend den Artikelpunkten) farbigen Kärtchen notiert und um das Wimmelbild angeordnet werden.
Weitere Vorschläge zum Einsatz des Wimmelbildes: s. o.

→ *Arbeitsheft Schreiben/Lesen, Seite 40*

### ▶ Seiten 50/51

→ *Arbeitsheft Schreiben/Lesen, Seite 42*

### ▷ Der Körper — für alle

- Das Bild betrachten, die Situation besprechen
- Den Eingangstext erlesen
- Weitere Körperteile sammeln und auf Haftnotizzetteln notieren (Gruppenarbeit)

### ▷ Mein Körper-Lapbook — für viele

Bis zu diesem Kapitel im Buchstabenkurs noch nicht eingeführte Buchstaben: *sp, ß, pf*.

- Fortgeschrittene Leserinnen und Leser erlesen den Eingangssatz und erste Wörter im Bild (Lapbook) selbstständig; lesen die Texte allen vor
- Ein individuelles Lapbook zum Körper anfertigen: Die Kinder beschriften eigenständig mithilfe der Lauttabelle (Buchstabenhaus) die Vorlagen für ihr Lapbook und ergänzen es durch eigene Klappen/Taschen/Umschläge etc. (s. auch **KV 61/62**).

### ▷ Kopf, Schulter, Knie und Fuß — für manche

(Singen für alle)

- Leistungsstärkere Kinder erlesen den Liedtext selbstständig, evtl. mithilfe von Lauttabelle (Buchstabenhaus); ggf. Text allen vorlesen
- Kinder mit Englischkenntnissen fungieren als Experten für die englische Fassung
- Das Lied „Kopf, Schulter, Knie und Fuß" gemeinsam singen und parallele Bewegungen ausführen

**Fördertipps zu den Seiten 50/51**

- Wortaufbau (und -abbau) der Namen von Körperteilen
- Arbeit mit Silbenkarten
- Sprachmuster einüben: „Mein Körper hat ..."
- Wort- und Bildkarten einsetzen
- Wörter lautieren

**Fordertipps zu den Seiten 50/51**

- Die Namen weiterer Körperteile lautieren, z. B. zum Gesicht
- Eine Geschichte über einen Arztbesuch/einen Krankenhausaufenthalt/ein Krankheitserlebnis für das Lapbook schreiben

### ▶ Seiten 52/53

→ *Arbeitsheft Schreiben/Lesen, Seite 43*

### ▷ Bei der Zahnärztin — für alle

- Das Bild betrachten und die Situation besprechen
- Den Eingangssatz und die Sprechblasen halblaut erlesen
- Die Sprechblasen sinnentsprechend lesen
- Auf notwendige Vorsorgeuntersuchungen beim Zahnarzt verweisen
- Eigene Erlebnisse einbringen

### ▷ Die Zahnärztin erklärt — für viele

Dieser Text enthält nur noch die über den Buchstabenkurs bis zu diesem Kapitel eingeführten Buchstaben – *ggf. auf die Besonderheit von chs hinweisen.*

- Fortgeschrittene Leserinnen und Leser erlesen den Kurztext selbstständig; lesen ihn ggf. mit verteilten Rollen (Erzähler/-in und Zahnärztin) vor
- Klärung des Zahnwachstums (keine Zähne – Milchzähne – bleibende Zähne)
- Klärung der Begriffe „Milchzähne“ und „bleibende Zähne“
- Von eigenen Wackelzahnerlebnissen erzählen

### ▷ Unsere Zähne — für manche

- Das Poster zum Gebissaufbau eigenständig erlesen, ggf. mithilfe der Lauttabelle (Buchstabenhaus)
- Die Zahnarten unterscheiden und ihre Funktion klären
- Die eigenen Zähne beobachten und die Zahnarten wiedererkennen (parallel: Seite 43 im Arbeitsheft Schreiben/Lesen bearbeiten)

**Fördertipps zu den Seiten 52/53**

- Gemeinsam lautieren
- Silbenkarten nutzen
- Wort- und Bildkarten mit den Zahnarten im Klassenzimmer fixieren

**Fordertipps zu den Seiten 52/53**

- Die Anzahl der Zähne eines Milchgebisses im Vergleich zu einem Erwachsenengebiss herausfinden
- Die Funktionen der Zahnarten bestimmen mithilfe von Experimenten mit Werkzeugen mit ähnlicher Funktion (Schere = Schneidezähne, Zange = Eckzähne, Mörser = Backenzähne)

## ▶ Seiten 54/55

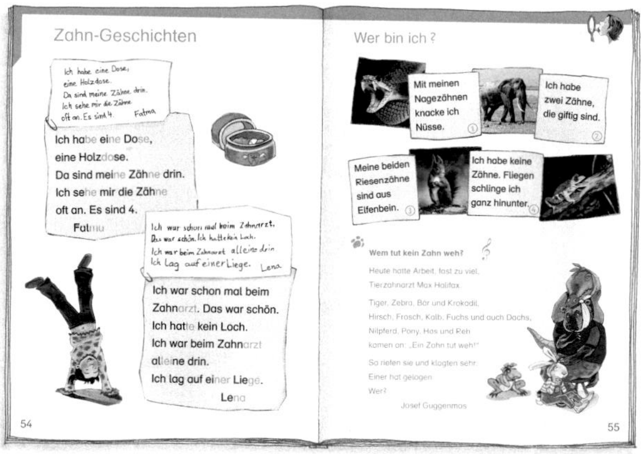

Zahn-Geschichten

Ich habe eine Dose,
eine Holzdose.
Da sind meine Zähne drin.
Ich sehe mir die Zähne
oft an. Es sind 4.
Fatma

Ich war schon mal beim
Zahnarzt. Das war schön.
Ich hatte kein Loch.
Ich war beim Zahnarzt
alleine drin.
Ich lag auf einer Liege.
Lena

54

Wer bin ich?

Mit meinen Nagezähnen knacke ich Nüsse. ①

Ich habe zwei Zähne, die giftig sind. ②

Meine beiden Riesenzähne sind aus Elfenbein. ③

Ich habe keine Zähne. Fliegen schlinge ich ganz hinunter. ④

Wem tut kein Zahn weh?

Heute hatte Arbeit, fast zu viel,
Tierzahnarzt Max Halifax.
Tiger, Zebra, Bär und Krokodil,
Hirsch, Frosch, Kalb, Fuchs und auch Dachs,
Nilpferd, Pony, Has und Reh
kamen an: „Ein Zahn tut weh!“
So riefen sie und klagten sehr.
Einer hat gelogen.
Wer?
Josef Guggenmos

55

→ *Arbeitsheft Schreiben/Lesen, Seite 44*

### ▷ Zahn-Geschichten — für alle

- Die Bilder von Fatma und der Zahndose betrachten und erste inhaltliche Vermutungen zu den Texten anstellen
- Die gesetzten Texte halblaut erlesen, ggf. auch die von Kindern geschriebenen Texte erlesen
- Über die Texte sprechen: „Worin sammelt Fatma ihre Zähne?“, „Wie viele Zähne hat Fatma in ihrer Dose?“, „Hat Lena ein Loch im Zahn?“, „Wer war mit Lena beim Zahnarzt?“, „Wo lag Lena beim Zahnarzt?“
- Die Kinder tauschen sich über eigene Wackelzahngeschichten und Zahnarztbesuche aus

### ▷ Wer bin ich? — für viele

Dieser Text enthält nur noch eingeführte Buchstaben – *ggf. auf die besondere Aussprache von ng hinweisen.*

- Die Tierfotos betrachten
- Die nummerierten Texte selbstständig erlesen (ggf. mit Lauttabelle/Buchstabenhaus), ggf. die Texte vorlesen und den Fotos zuordnen

### ▷ Wem tut kein Zahn weh? — für manche

- Den Text selbstständig erlesen; ggf. auf die Besonderheit (x-Laut) von chs hinweisen (in „Fuchs“, „Dachs“)
- Ausgehend von den vorherigen Texten Rückschlüsse ziehen
- Den Text rhythmisch und sinnentsprechend mit verteilten Rollen lesen (s. auch Vertonung auf der TINTO-Lieder-CD blau, Track 13)
- Abschlussfrage beantworten: „Wer hat gelogen?“

**Fördertipps zu den Seiten 54/55**

- Benötigte, prägnante Wörter für eine Zahngeschichte gemeinsam lautieren
- Satzmuster für eigene Texte vorgeben: „Ich habe ...“, „In meiner Dose sind ...“

**Fordertipps zu den Seiten 54/55**

- Eigene Zahngeschichten schreiben und vorlesen (lassen)
- Zu anderen Tieren und ihren Zähnen recherchieren und Kurztexte verfassen (als Rätsel für den Klassenverband)

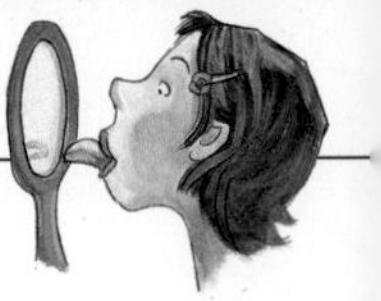

### ▶ Seiten 56/57

Bist du krank, Rolli-Tom ?

Der Hase Nulli und
der Frosch Priesemut
bekommen Besuch von Tom.
Hase Tom ist ein alter Schulfreund
von Nulli.



„Freut mich, dich kennenzulernen",
sagte Priesemut und bestaunte
den sonderbaren Stuhl,
auf dem Tom saß.

„Was ist denn mit deinen Beinen los?
Sind sie gebrochen?", wollte Priesemut wissen.
„Nein", antwortete Tom.
„Aber ich hatte einen Unfall
und seitdem schlafen meine Beine."

56

Da brachte Nulli Tom Himbeersaft –
in einem Schnabelbecher!
„Und die Möhrchen hab ich
für dich klein gerieben",
erklärte Nulli.

„HÖÖR AAUF!",
schrie Tom plötzlich.
„Ich bin **nicht** krank!
Ich kann, genau wie du, Möhren klein rotzeln ...
Ich kann wie du aus einem richtigen Glas trinken ...
Ich – kann – nur – nicht – laufen !"

„Aber ... ich habe es doch nur gut gemeint",
sagte Nulli.

Plötzlich bekam Nulli eine prima Idee.
Und dann ...

Matthias Sodtke

57

### ▷ Bist du krank, Rolli-Tom? für manche

- Bilder betrachten
- Namen der Figuren erlesen
- Geschichte vorlesen
- Inhalt besprechen: „Welche Tiere kommen in der Geschichte vor?", „Was ist mit den Beinen von Tom passiert?", „Was bekommt Tom von Nulli zu essen und zu trinken?", „Wie reagiert Tom, als er das Essen bekommt?"
- Ende der Geschichte weitererzählen anhand des Abschlussbildes: „Welche Idee hatte Nulli?"
- Mit verteilten Rollen lesen (Erzähler/-in, Nulli, Tom, Priesemut)

## Arbeitsheft Schreiben/Lesen ▷ Seiten 40–45

### ▶ Seite 40: Silben schwingen/Wörter verschriften

→ *Erstlesebuch, Seiten 48/49*

#### ▷ Aufgabe 1

- Wiederholung: die aus dem Erstlesebuch bekannten Wörter zu den Bildern mit und ohne Artikel mehrfach nennen und verschriften
- Alle Namen der auf der Seite abgebildeten Dinge/Personen langsam und gedehnt sprechen, klatschen oder schwingen
- Silbenbögen zeichnen
- „Dach"-Buchstaben in die Silbenbögen schreiben, ggf. mithilfe von Lauttabelle (Buchstabenhaus)

#### ▷ Tatzenaufgabe

Drei weitere Wörter zum Thema entsprechend bearbeiten, dieses Mal mit Dehnungs-h, Umlaut Ä und ß (noch nicht bekannter Buchstabe)

**Differenzierung**

- Das gesamte Wort verschriften und ggf. die Tipps in den Denkblasen nutzen
- Die „Dach"-Buchstaben markieren und ggf. selbst anhand der Wörter aus der Randleiste im Erstlesebuch kontrollieren

### ▶ Seite 41: Vokale ergänzen: Einzahl/Mehrzahl (ä, ö, ü)

→ *Erstlesebuch, Seite 50*

#### ▷ Aufgaben 1, 2

- Die im Erstlesebuch genannten Körperteile wiederholen
- Die Mehrzahlbildung bei gleichzeitiger Umlautbildung üben: *eine Hand – viele Hände, ein Zahn – viele Zähne*
- „Dach"-Buchstaben einsetzen und das Wort in die Lineatur abschreiben, Silbenbögen einzeichnen

#### ▷ Tatzenaufgabe

- Die „Dach"-Buchstaben in einem langen Wort (Kompositum) ergänzen, sowohl in der Einzahl als auch in der Mehrzahl
- Die Silbenbögen einzeichnen und die Wörter in die Lineatur abschreiben

**Differenzierung**

Entsprechend der Lernsituation des Kindes evtl. nur die Aufgabe 1 bearbeiten lassen, da die Wörter mithilfe des bekannten Buchstabenplateaus erlesen werden können

### ▶ Seite 42: Mein Körper

→ *Erstlesebuch, Seite 51*

#### ▷ Aufgabe 1

- Einstieg: Ein Kind der Klasse legt sich auf ein Stück Tapete, ein zweites umfährt die Silhouette mit einem Stift
- Die Namen der Körperteile wiederholen, unterstützt durch das sprachliche Muster „Mein Körper hat ..."

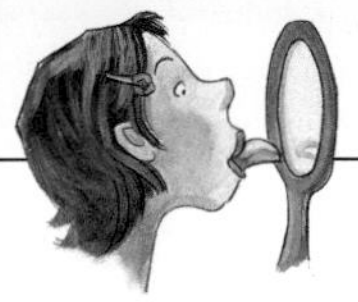



- Die Namen der Körperteile auf Kärtchen schreiben, um diese anschließend an der Silhouette anordnen zu können
- Die Körperteile von Lena und Tim im Arbeitsheft mithilfe des Wortspeichers beschriften
- Den Unterschied zwischen Junge und Mädchen herausstellen

**▶ Seite 43: Meine Zähne**

→ *Erstlesebuch, Seite 53*

**▷ Aufgaben 1, 2, 3**

- Die Begriffe „Lücke", „Wackelzahn" und „bleibender Zahn" wiederholen und klären, ebenso „Backenzahn", „Eckzahn" und „Schneidezahn"
- Die Arbeitsaufträge halblaut erlesen und die Aufgaben 1, 2 und 3 bearbeiten

**▷ Tatzenaufgabe**

Alle Zähne zusammenzählen mithilfe der Informationen aus Aufgabe 2 und 3

**Differenzierung**

- Je nach Lernsituation und Lese- bzw. Schreibfortschritt des Kindes nur die Aufgaben 1 (bzw. 1 und 2) bearbeiten lassen
- Das Lösen der Tatzenaufgabe durch ein Zahnmodell im Klassenraum unterstützen, sodass auch eine haptische Lösungsfindung ermöglicht wird

**▶ Seite 44: Meine Zahn-Geschichte**

→ *Erstlesebuch, Seite 54*

**▷ Aufgabe 1**

- Die Zahn-Geschichten im Erstlesebuch wiederholt lesen und eigene Erlebnisse erzählen (ggf. weitere Wörter als Anregung auf Kärtchen notieren)
- Die eigenen Erfahrungen aufschreiben; auch Einwortsätze sind möglich (der Wortspeicher dient als Anregung)

**Differenzierung**

- Geschichten aus dem Erstlesebuch als Muster nehmen und generativ verändern
- Satzanfänge bereitstellen: „Ich habe ...", „Ich war ...", „Mein Zahnarzt ..."

**▶ Seite 45: Leseseite**

**▷ Aufgaben 1, 2, 3**

Wiederholung zu den Wörtern in der Randleiste des Wimmelbildes: die Bilder im Arbeitsheft wiedererkennen, die Wörter bzw. Sätze erlesen und die passenden Wörter oder Sätze ankreuzen

**▷ Tatzenaufgabe**

Den Text sinnentnehmend lesen und das Bild passend anmalen

**Differenzierung**

- Je nach Lesekompetenz des Kindes die Aufgaben nach Anforderungsbereich bearbeiten lassen (1, 2, 3)
- Fortgeschrittene Leserinnen und Leser können den Text der Tatzenaufgabe auch gemeinsam mit einem Partner/einer Partnerin erlesen, besprechen und das Bild entsprechend kolorieren

## Fördern und Fordern

### Fördertipps

- Tägliche Kurzübungen zum Festigen des erarbeiteten Wortschatzes (s. auch Sprachförderung)
- Täglicher Umgang mit Lauttabelle (Buchstabenhaus) und insbesondere mit den „Dach"-Buchstaben

### Fordertipps

- Ausgewählte Bildkarten oder Gegenstände zum Thema mithilfe der Lauttabelle (Buchstabenhaus) verschriften, die Wörter schwingen und die „Dach"-Buchstaben markieren
- Zu einem vorbereiteten Kurztext malen (ähnlich wie auf Seite 45/Tatzenaufgabe), z. B.: *Lena hat sich ein Bein gebrochen. Sie läuft mit Krücken.*

→ *Allgemeine Förder- und Fordertipps s. Kapitel 4.3*

# Fächerübergreifende Unterrichtsvorschläge

## Sachunterricht

- Lapbook zum Körper anfertigen mit den Unterkategorien „Mein Körperbau“, „Mein Kopf“, „Meine Sinne“, „Meine Zähne“
- Anzahl der Zähne mithilfe von Spiegeln bestimmen
- Die Funktion der verschiedenen Zahnarten
- Ein Gebiss kneten: rosa Knete für den Kiefer bzw. das Zahnfleisch, weiße Knete für die einzelnen Zähne

## Mathematik

- Die Zähne der verschiedenen Zahnarten auszählen und ggf. verdoppeln (Zusammenhang von Ober- und Unterkiefer herstellen)
- Die Anzahl der Zähne im Gebiss errechnen

## Musik/Lieder

- Lied: „Kopf, Schulter, Knie und Fuß“ (trad.)

## Passende Kinderliteratur

Charlotte Habersack, Thorsten Saleina:
**Kariesalarm!**
Ars Edition

Margret Rettich, Catharina Westphal:
**Jan und Julia sind krank**
Ellermann

Jeanne Willis, Tony Ross:
**Susi lacht**
Lappan

## 4.9 Im Frühling

### Thematische Schwerpunkte

- Wo zeigt sich der Frühling? Merkmale und Auswirkungen des Frühlings auf Menschen und Tiere
- Die Amsel: Aussehen und Nistverhalten
- Frühblüher (Schwerpunkt Tulpe)

### Tipps zum Einstieg ins Thema

Das Wimmelbild gemeinsam betrachten (im Erstlesebuch/E-Book, auf dem Poster oder über Beamer/Whiteboard):

- Die Leitfiguren finden und ihre Tätigkeiten benennen
- Wo zeigt sich im Bild der Frühling? (Die Vogeljungen werden gefüttert, Sträucher und Blumen blühen, die Sonne scheint, die Zugvögel kehren zurück usw.)
- Erzählen, was man im Frühling gerne macht
- In welchen Farben zeigt sich der Frühling?
- Wo kann man den Frühling riechen, fühlen?

### Wortschatzarbeit/Sprachförderung

- Die Wörter in der Randleiste mehrfach mit und ohne Artikel lesen (alle Wörter sind jetzt erlesbar)
- Die bezeichneten Tiere, Pflanzen und Dinge im Wimmelbild suchen
- Über die besonderen Bezeichnungen für Vögel und Blumen sprechen: *Amsel, Meise, Tulpe, Osterglocke, Krokus*
- Je nach sprachlichem Entwicklungsstand Sätze unterschiedlicher Struktur mit den Wörtern aus der Randleiste bilden, z. B.:
  *Jonas riecht an einer Tulpe.*
  *Die Meise sitzt auf einem Kasten.*
  *Die Amsel füttert die Jungen.*
- Sätze zum Bild schreiben
- Gemeinsam einen „Satz des Tages" schriftlich erarbeiten, z. B.:
  *Die Meise hat eine Raupe im Schnabel.*
  *Die schwarze Amsel baut ein Nest.*
  Satzanfang und Punkt sowie Nomen können zur Anbahnung der Lerninhalte markiert, der Satz zu einer Frage umgestellt werden.

→ *Allgemeine Tipps zur Wortschatzarbeit/Sprachförderung s. Kapitel 4.3*

## Buchstabenkurs Teil B* -ng, V v, J j, St st, Sp sp ▷ Seiten 50–65

→ *Allgemeine Tipps für die Erarbeitung aller Buchstaben/Laute s. Kapitel 4.3*

### Vorschläge für die Erarbeitung von -ng, V v, J j, St st, Sp sp

Großdemonstration an der Tafel/am Whiteboard, evtl. mitsprechen:

*-ng* – den Laut deutlich sprechen, Position der Zunge am Gaumen spüren, Beispielwörter deutlich sprechen

*V v* – Buchstabe kann als Vogel-V benannt werden; die Lehrerin sollte darauf hinweisen, dass nur Merkwörter (besondere Wörter) mit V v geschrieben werden

*J j* – auf die Positionierung von j in der Lineatur (Unterlänge im Keller des Lineaturhäuschens) achten

*St st/Sp sp* – auf die Rechtschreibbesonderheit hinweisen: „Du hörst sch, dann t/p, schreibst aber st/sp" (s. auch Seite 60/62 im Buchstabenkurs); auf Unterlänge des p hinweisen: „Das p geht in den Keller (des Lineaturhäuschens)"

- Auf die Besonderheit der Spezialbuchstaben V v, St st und Sp sp im „Keller" des Buchstabenhauses (Rechtschreibbesonderheit/Merkwörter) hinweisen
- Die neuen Buchstaben in die Lineatur einordnen (Vorsicht ist bei den Unterlängen der Kleinbuchstaben von j, -ng und Sp sp geboten; wegen der Ähnlichkeit von Groß- und Kleinbuchstaben bei V v, St st und Sp sp darauf hinweisen, dass auf die Größe der Buchstaben geachtet werden muss)
- Bei Buchstabengruppen (St st und Sp sp) besonders auf Vollständigkeit und korrekte Größe der Einzelbuchstaben achten

### Üben

- Tägliche phonematische Übungen zum Heraushören der Laute /ng/, /j/; die Buchstaben und die dazugehörigen Lautbilder benennen
- Wiederkehrend auf die Buchstabengruppe -ng und den zugehörigen Laut hinweisen
- Besonderes Rechtschreibmuster St st und Sp sp wiederkehrend bei allen passenden Gelegenheiten thematisieren

#### ► Wörter zum täglichen gemeinsamen Lautieren

Amsel, Blume, Ei, Himmel, Krokus, Meise, Nest, Osterglocke, Raupe, Sonne, Stängel, Tulpe, Vogel, bringen, singen, spielen, jung, viel, vier

#### ► Sätze zum gemeinsamen Verschriften

Im Frühling legt die Amsel vier Eier in das Nest.
Sie brütet zwei Wochen lang.
Dann schlüpfen die jungen Vögel.
Die Eltern bringen Spinnen und Würmer.

#### ► Wörter zum Lesen

**ab -ng:** Angel, Ding, Engel, Finger, Frühling, Heizung, Hunger, Ring, Schmetterling, Zange, Zeitung, Zunge, bringen, fangen, singen, eng, jung, lang

**ab V v:** Klavier, Kurve, Pullover, Pulver, Vampir, Vase, Vater, Vogel, Vorhang, Vulkan, verkaufen, versuchen, vorlesen, voll, viel, vier

**ab J j:** Jacke, Jäger, Jahr, Januar, Joghurt, Jo-Jo, Judo, Juli, Junge, Juni, jubeln, jung, ja

**ab St st:** Baustelle, Stängel, Stein, Stempel, Stern, Stiefel, Stift, Stuhl, starten, staunen, stellen, stark, still

**ab Sp sp:** Gespenst, Spiegel, Spiel, Spinne, Sport, sparen, spielen, sprechen, springen, spät

* *alternativ: Buchstabenordner*

| Im Frühling | | Neue Übungstypen im Buchstabenkurs (wann sie das erste Mal auftauchen) | Didaktische Tipps zur Einführung/ Durchführung |
|---|---|---|---|
| **-ng** S. 50/51 | | – | Die Verben auf Seite 51 sollten besprochen werden, da evtl. *schlingen* nicht allen Kindern geläufig ist. Mündlich und ggf. an der Tafel sollte die Ich-Form bei allen Verben vorbereitet werden. |
| **V v** S. 52–55 | **3** | Zuordnungsübung von Wörtern mit V in beiden Aussprachevarianten durch Verbinden | Erstmalig wird ein „Keller"-Buchstabe erarbeitet. Das V wird im Buchstabenhaus gesucht und die zwei Anlautbilder mit dem jeweiligen Klang verknüpft („Vase klingt wie /w/, Vogel klingt wie /f/"). Der stimmhafte Klang /w/ und der stimmlose Klang /f/ können den Kindern verdeutlicht werden, wenn sie sich beim Sprechen des Lauts die Ohren zuhalten.<br>Hinweis: „Wörter mit V v sind Merkwörter. Schreibe nur dann V v, wenn du das Wort gelernt hast!" |
| | **4** | Wörter nach der Lautqualität des V-Lautes ordnen | weitere Möglichkeiten der Klangverdeutlichung: Kehlkopf anfassen, Hand auf den Kopf legen |
| | **6** | bei gleicher Vorsilbe (ver-/vor-) das zum Bild passende Wort ankreuzen | Es sollte geklärt werden, was die Vorsilben ver- und vor- jeweils bewirken. Die Verben mit den Vorsilben ver- und vor- bahnen das Thema Wortbausteine an. Weitere Verben können gesucht werden. |
| | | eine Geschichte fortsetzen | Hier muss das Kind erkennen, dass das Bild die Entwicklung der Handlung aus Aufgabe 7 zeigt und die beiden Bilder als Folge zu verstehen sind. Gleichzeitig kann es anhand des unteren Bildes überprüfen, ob es das obere richtig ausgemalt hat. Der Text oben kann beim korrekten Schreiben helfen. |
| **J j** S. 56–59 | **7** | falsche Sätze erkennen, richtige Sätze ankreuzen | Die Illustration ist hier keine Hilfe. Das Kind entscheidet aufgrund seines Sachwissens. Möglicherweise muss der Begriff „Fasching" geklärt werden. Es empfiehlt sich Tandemlesen. |
| **St st** S. 60/61 | | – | auf Tintos Hinweis eingehen |
| **Sp sp** S. 62/63 | | – | auf Tintos Hinweis eingehen |

## Lernstand überprüfen: Das kann ich schon

**► Seiten 64/65***

Nach Abschluss der Einheit zum Buchstabenplateau dieses Kapitels (-ng, V v, J j, St st, Sp sp) werden die bereits bekannten Aufgabenformate und Buchstaben zusammenfassend wiederholt. Auf die Bedeutung der Wörter *verschlingen* und *verlangen* (Aufgabe 3) muss ggf. hingewiesen werden.

**zusätzlich oder alternativ:*
**„Das kann ich schon"-Heft** (Beileger im Erstlesebuch)
Je nach Leistungsstand der Kinder können ggf. einige Kinder bereits alle Seiten erfolgreich bearbeiten. Die entsprechenden Übungen zu den Buchstabenplateaus im Buchstabenkurs bzw. Buchstabenordner und ggf. im Arbeitsheft Schreiben/Lesen sollten vorausgegangen sein.

## Fördern und Fordern

*→ Allgemeine Förder- und Fordertipps s. Kapitel 4.3*

### Fördertipps

- Wichtige Lernwörter häufig wiederholen: *Finger, Junge, Spiel, Spinne, Stein, Stern, Stift, Vater, Vogel, bringen, fangen, singen, springen, viele*
- Kopiervorlagen **(KV 166–178)**

### Fordertipps

- Die Kinder legen eine Liste mit V-Wörtern an und üben sowohl das Abschreiben als auch das Sortieren von Wörtern
- Wortanfänge bei St- und Sp-Wörtern ergänzen, Wörter sortieren
- Sätze schreiben:
  **-ng:**
  *Mama hat einen Ring am Finger.*
  *Der Junge klingelt an der Tür.*
  **St st/Sp sp:**
  *Ich spare in der Spardose.*
  *Ich springe über den Stein.*
  *Ich staune über den Stern.*
- **Buchstabenkurs,** S. 55/Tatzenaufgabe, S. 59/Tatzenaufgabe (freies Schreiben zum Bild)

## Erstlesebuch ▷ Seiten 58–67

**► Seiten 58/59**

Vorschläge zum Einsatz des Wimmelbildes: s. o.

*→ Arbeitsheft Schreiben/Lesen, Seite 46*

**► Seiten 60/61**

*→ Arbeitsheft Schreiben/Lesen, Seiten 47/48*

**▷ Im Frühling** — für alle

- Das Bild betrachten, die Situation besprechen
- Den gesamten Text oder einzelne Nomen halblaut erlesen
- Wörter suchen/blitzlesen mit folgendem Arbeitsauftrag: „Lege deinen Lesefinger unter das Wort ‚Amsel' (Meise, Baum, Kasten, Strauch)."
- Wörter mit Wortendungen -en und -el im Text finden und die Wortendung markieren:
- *-en: die Blumen, der Kasten, bauen, blühen, ersten*
- *-el: die Vögel, die Amsel*

**▷ Frühblüher** — für viele

Dieser Text enthält nur noch eingeführte Buchstaben.

- Nach Möglichkeit sollten einige Frühblüher in der Klasse vorhanden sein
- Die abgebildeten Frühblüher beschreiben und betrachten (Schnee als Hinweis für den Zeitpunkt der Blüte)

- Die Pflanzennamen (auch Pluralformen) lesen und kennenlernen; Begriffe *Blüte, Stängel* und *Blätter* einführen
- Den Text gemeinsam lesen: Wann blühen die Frühblüher? Welche Frühblüher blühen als Erste?
- Hinweis für einige Kinder auf die besondere Schreibweise von *wa**chs**en*

### ▷ Die Zwiebel — für manche

- Leistungsstärkere Schülerinnen und Schüler erlesen den Tatzentext selbstständig
- Eine Blumenzwiebel betrachten und mit einer Speisezwiebel vergleichen
- Was braucht die Pflanze zum Wachsen? (Licht, Wasser, Nährstoffe)
- Hinweis auf den Krokus, der eine Knolle als Speicherorgan besitzt

**Fördertipps zu den Seiten 60/61**

- Gemeinsam auf einfachem Niveau lautieren *(Amsel, Garten, Nest, Schnabel)*
- Rechtschreibmuster wiederholen und die Buchstaben im Buchstabenhaus zeigen: *Meise (ei), Wiese, Zwiebel (ie), Frühling (ng)*

**Fordertipps zu den Seiten 60/61**

- Namensschilder für Frühblüher basteln
- Einen Blumen-Steckbrief erstellen
- Kurze Sätze sprechen und schreiben, dabei auf Wortgrenzen achten:
  *Die Amsel baut ein Nest.*
  *Im Garten ist ein Kaninchen.*
  *Die Tulpe hat eine rote Blüte.*

## ▶ Seiten 62/63

Versucht es doch mal!

**Das braucht ihr:**
- eine frische Tulpe
- ein Glas
- Wasser
- Tinte

Der Stängel muss frisch angeschnitten sein!

**So geht es:**
Füllt etwas Wasser in das Glas.
Gebt ganz viel Tinte dazu.
Stellt die Tulpe
in das blaue Wasser.
Vermutet: Was passiert?

Wartet einige Stunden.
Was beobachtet ihr?

62

Die Tulpe

Die Tulpe ist
eine beliebte Blume
im Garten.
Die Blüte der Tulpe kann
rot, rosa, lila,
gelb, orange, weiß
und sogar **schwarz** sein.

Blüte
Stängel
Blatt

Vor 400 Jahren waren Tulpenzwiebeln
in Holland selten und kostbar.
Reiche Menschen bezahlten
sehr viel Geld dafür.
Eine Zwiebel kostete so viel
wie ein Haus!

63

→*Arbeitsheft Schreiben/Lesen, Seite 48*

### ▷ Versucht es doch mal! — für alle

- Den Versuch durchführen, während ein Kind die Versuchsbeschreibung vorliest; ggf. in Kleingruppen arbeiten
- Auf eine ausreichende Farbkonzentration achten, damit sich die Blüte verfärben kann
- Der Stängel kann auch zerteilt und in zwei unterschiedliche Farben gestellt werden
- Der Text enthält zwei Fragen: die Fragen nennen, auf das Satzschlusszeichen hinweisen
- Das Merkwort *viel* an die Tafel schreiben und darüber sprechen

### ▷ Die Tulpe — für viele

Bis auf ß *(weiß)* enthält dieser Text nur noch eingeführte Buchstaben.

- Der Text besteht aus einfachen, kurzen Wörtern. Viele Wörter können die Kinder schon selbstständig schreiben, z. B. *Tulpe, Blume, Garten, Farbe.* Zur Vorbereitung können diese Wörter Laut für Laut im Buchstabenhaus mit einem Zeigestock gezeigt werden. Die Kinder synthetisieren die Laute zum Wort. Dieses Zeigespiel kann auch von einem sicheren Kind durchgeführt werden.
- Gegebenenfalls die Begriffe *Blüte, Stängel, Blatt, Zwiebel, Wurzel* klären oder wiederholen
- Welche Teile der Pflanze befinden sich im bzw. oberhalb des Erdbodens?

### ▷ Vor 400 Jahren ... — für manche

- Leistungsstärkere Schülerinnen und Schüler erlesen den Tatzentext selbstständig
- Ein Kind liest den Text vor, die Lehrerin ergänzt weitere Informationen

**Fördertipps zu den Seiten 62/63**

Die Farben mit verschiedenfarbigen Stiften verschriften: *rot, rosa, lila, gelb, orange, blau, weiß* (evtl. in Grau) sowie *schwarz.* Die Wörter können auch in einfach gezeichnete Tulpenblüten hineingeschrieben werden.

**Fordertipps zu den Seiten 62/63**

- Das Versuchsergebnis verschriften
- Über den Auslaut bei *gelb* sprechen und den Laut durch Verlängern hörbar machen: „*Gelb* gehört zu *gelbe,* also mit b."
- Forscherauftrag im Internet: die Tulpenmanie in Holland

## ▶ Seiten 64/65

Die Amsel

Im Frühling baut
die Amsel ein Nest
aus Gräsern und Moos.

Die Amsel legt
kleine Eier ins Nest.
An der Farbe kannst
du sie erkennen.

Die Amsel hält
die Eier warm.
Sie brütet.

64

Nach zwei Wochen schlüpfen
die Jungen aus den Eiern.
Die Augen sind noch zu.
Sie haben fast keine Federn.

Die Jungvögel haben
immer Hunger.
Sie sperren die Schnäbel
weit auf.
Die Eltern bringen Würmer,
Käfer, Spinnen und Beeren.

fragTINTO.de
Amsel
Bei der Amsel kannst du Männchen
und Weibchen leicht unterscheiden.
Das Männchen hat einen
gelben Ring um das Auge.
Es hat schwarze Federn.
Das Weibchen hat braune Federn.

65

→ *Arbeitsheft Schreiben/Lesen, Seiten 49/50*

### ▷ Die Amsel — für alle

- Mündlich zu den Fotos erzählen; wichtige Begriffe: *Grashalm, gesprenkelt, nisten, auspolstern, brüten, aufsperren*
- Die drei Textabschnitte können auf Kleingruppen verteilt werden. Die Kinder üben, ihren Text zu lesen, und bestimmen ein Kind zum Vorlesen. Im Anschluss wird der gesamte Text vorgelesen.
- Informationen aus den Sachtexten wiedergeben: Wann baut die Amsel ihr Nest? Woraus baut die Amsel ein Nest? Woran kann man die Amseleier erkennen? Was bedeutet „brüten"?

### ▷ Nach zwei Wochen ... — für viele

Dieser Text enthält nur noch eingeführte Buchstaben.

- Textbearbeitung s. Seite 64
- Informationen aus den Sachtexten wiedergeben: Wann schlüpfen die Jungen? Wie sehen die Jungen aus? Womit werden die Jungen gefüttert?

### ▷ frag TINTO.de — für manche

- Leistungsstarke Kinder lesen den Text und berichten den anderen Kindern, wie sich das Aussehen von Amselmännchen und -weibchen unterscheidet. Ein Foto oder Plakat in der Klasse kann dabei helfen.
- Die Darstellung des Textes als Internetseite motiviert die Kinder zu weiteren Nachforschungen über die Amsel

**Fördertipps zu den Seiten 64/65**

- Zeigespiel am Buchstabenhaus mit den Wörtern *Amsel, Nest, Eier, Gras*
- Die Umlaute an folgenden Beispielen wiederholen: *Frühling, Gräser, Käfer, Schnäbel, Vögel, Würmer, brüten, schlüpfen*
- Die Umlaute markieren, im Buchstabenhaus zeigen, verwandte Wörter mündlich suchen: *Gräser – Gras, Schnäbel – Schnabel, Vögel – Vogel* usw.

**Fordertipps zu den Seiten 64/65**

- Fragen zu den Texten schriftlich beantworten:
  - Wie unterscheiden sich das Amselmännchen und das Amselweibchen?
  - Wie sehen die Eier der Amsel aus?
  - Woraus baut die Amsel ihr Nest?
  - Womit werden die Amseljungen gefüttert?
- Wörter mit doppeltem Mitlaut sprechen und die Silben klatschen/schwingen, Silbenbögen einzeichnen: *Blätter, Himmel, Sonne, Spinne, sperren, immer*
- Zur Bewusstmachung der Wortgrenzen Schlangensätze richtig schreiben:
  - DieAmselbauteinNest.
  - DasNestistinderHeckeversteckt.
  - DieJungenhabenimmerHunger.

## ▶ Seiten 66/67

Der Lenz ist da

Roller aus dem Keller,
Katze aus dem Haus,
Blüten aus den Knospen,
alles kommt heraus.

Kinder aus den Stuben,
Küken aus dem Ei,
Vögel aus dem Süden
sind auch bald dabei.

Alfons Schweiggert

66

Die Tulpe

Dunkel
war alles und Nacht.
In der Erde tief
die Zwiebel schlief,
die braune.

Was ist das für ein Gemunkel,
was ist das für ein Geraune,
dachte die Zwiebel,
plötzlich erwacht.
Was singen die Vögel da droben
und jauchzen und toben?

Von Neugier gepackt,
hat die Zwiebel einen langen Hals gemacht
und um sich geblickt
mit einem hübschen Tulpengesicht.
Da hat ihr der Frühling entgegengelacht.

Josef Guggenmos

67

### ▷ Der Lenz ist da

- Gedichtvortrag durch die Lehrerin oder durch leistungsstarke Kinder
- Die Gedichtaussage aufgreifen: Was machst du im Frühling?
- Schwierige Begriffe klären: *Lenz, Knospe, Stube*
- Passende Bewegungen ausdenken als Hilfe zum Auswendiglernen bzw. zum gemeinsamen Sprechen
- Der Gedichttext kann auch als Lückentext angeboten werden. Dabei müssen die Lückenwörter vorgegeben werden:
  *Roller aus dem* ____________,
  *Katze aus dem* ____________,
  usw.

- Das Gedicht kann durch eine eigene Strophe ergänzt werden:
  *Blumen aus der Zwiebel,*
  *Tiere aus dem Stall,*
  *Tinto aus dem Körbchen,*
  *Frühling wird's auf jeden Fall.*

### ▷ Die Tulpe

- Das bekannte Guggenmos-Gedicht „Die Tulpe" eignet sich ebenso zum szenischen Spiel wie zur Verklanglichung. Die Illustration gibt Anregung zur Darstellung der ersten und letzten Strophe.
- Zur Verklanglichung kann einzelnen Schlüsselwörtern ein Instrument zugeordnet werden: *dunkel:* Bass, *Gemunkel:* Becken, *Vögel:* Flöte, *langer Hals:* Metallophon, *Frühling:* Triangel

## Arbeitsheft Schreiben/Lesen ▷ Seiten 46–51

### ▶ Seite 46: Silben schwingen/Wörter verschriften

→ *Erstlesebuch, Seiten 58/59*

### ▷ Aufgabe 1

- Wiederholung: die aus dem Erstlesebuch bekannten Bilder mit und ohne Artikel mehrfach benennen
- Die Namen der abgebildeten Pflanzen, Tiere oder Dinge langsam und gedehnt sprechen, klatschen oder schwingen
- Silbenbögen zeichnen
- Die Wörter verschriften, auf Kleinbuchstaben im Wort achten, ggf. Vokale markieren

### ▷ Tatzenaufgabe

Drei Nomen mit Rechtschreibbesonderheit selbstständig verschriften oder von Seite 58 im Erstlesebuch abschreiben und die Besonderheit markieren

**Differenzierung**

- Dem Kind das einzelne Wort deutlich vorsprechen, das Wort mit dem Kind gemeinsam sprechen und abhören
- Gegebenenfalls die eigene Schreibung mithilfe des Erstlesebuches (Seiten 58/59) prüfen und korrigieren

### ▶ Seite 47: -el oder -er?

→ *Erstlesebuch, Seiten 58/59, 60*

### ▷ Aufgaben 1, 2

- Die Wortendungen -el und -er als Rechtschreibmuster zunächst an einigen Beispielen an der Tafel bewusst machen (das e ist kaum hörbar, statt -er wird -a gesprochen)
- Die Bilder mehrfach mit und ohne Artikel benennen, den Wortanfang lesen
- Die passende Endung finden und schreiben; die Wörter in die Tabelle einsortieren
- Die Tabellenform tritt auf dieser Seite zum ersten Mal auf; Hinweis auf die Begriffe *Tabelle, Zeile, Spalte, Überschrift*

**Differenzierung**

- Zusätzliche Wortanfänge an die Tafel schreiben und ergänzen lassen; Wortbeispiele: *Ampel, Apfel, Eimer, Esel, Fenster, Feuer, Igel, Leiter, Mauer, Nadel, Reiter*
- Leistungsstarke Kinder suchen im Wortschatzheft weitere passende Wörter
- Das Kind erhält Hilfe bei der richtigen Ergänzung der Endung. Es schreibt nur eine begrenze Anzahl von Wörtern in die Tabelle.

### ▶ Seite 48: Frühblüher

→ *Erstlesebuch, Seiten 61, 63*

### ▷ Aufgaben 1, 2

- Die Frühblüher erkennen, die Namen richtig abschreiben, die Blumen ausmalen
- Die Teile der Tulpe richtig beschriften, den Wortspeicher nutzen

### ▶ Seite 49: Die Amsel

→ *Erstlesebuch, Seite 63*

### ▷ Aufgaben 1, 2

- Die Körperteile der Amsel richtig beschriften, den Wortspeicher dabei nutzen
- Die Lesetexte sinnentnehmend lesen
- Über die Unterschiede im Aussehen von Amselmännchen und -weibchen sprechen
- Beide Amseln passend zum Text anmalen, die bearbeiteten Sätze abhaken

### ▷ Tatzenaufgabe

Zwei zusätzliche Sätze lesen und die Eier passend dazu anmalen

**Differenzierung**

Die Lesetexte werden dem Kind von einem Partnerkind oder der Lehrerin vorgelesen. Es können auch nur markierte Schlüsselwörter erlesen werden.

## ▶ Seite 50: Das weiß ich von der Amsel

→ *Erstlesebuch, Seiten 64/65*

### ▷ Aufgabe 1

- Zu jedem Bild mündlich erzählen als Vorbereitung zum Schreiben; gemeinsam Sätze formulieren
- Leistungsstärkere Kinder schreiben zu jedem Bild einen Satz. Die Wörter aus dem Wortspeicher können dabei helfen. Je nach Schreibentwicklung können die Kinder bereits Wortgrenzen beachten.

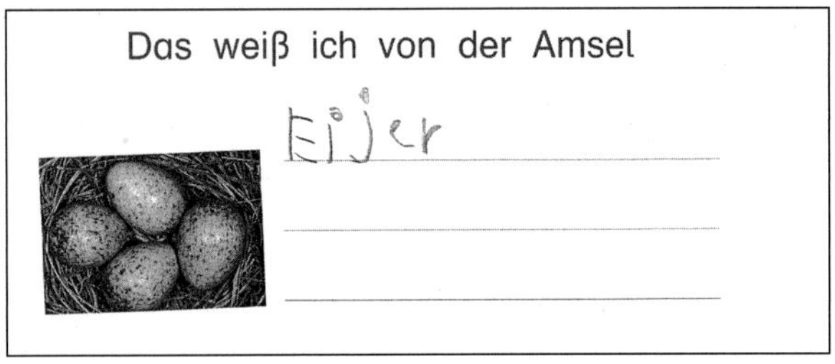


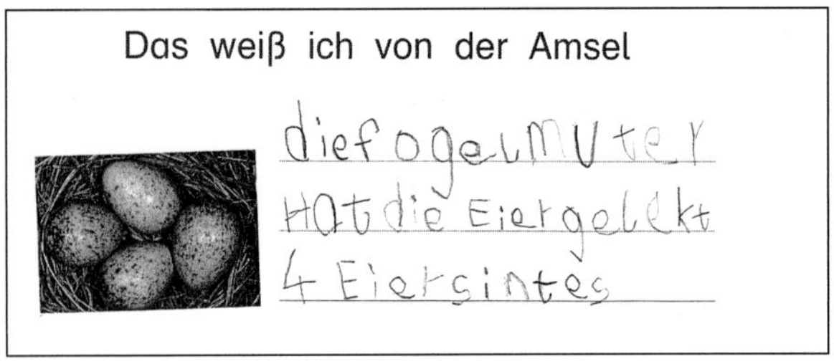


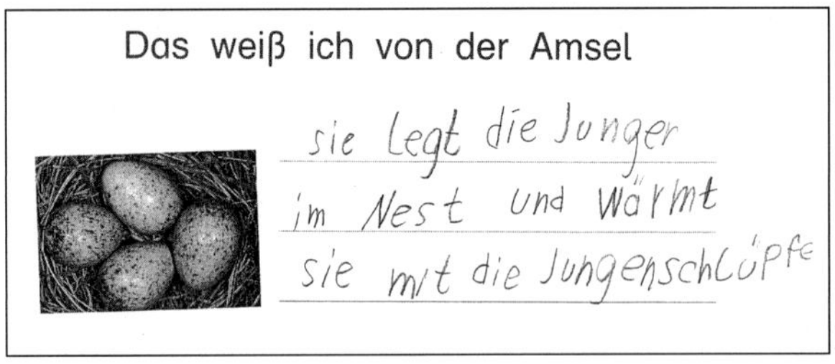


**Differenzierung**

- Leistungsstarke Kinder lesen ihre Texte anderen vor
- Nach Möglichkeit erhält jedes Kind individuelle Hinweise zur Schreibung einzelner Wörter
- Nur einzelne Wörter zu den Bildern schreiben, dabei den Wortspeicher nutzen

## ▶ Seite 51: Leseseite

### ▷ Aufgaben 1, 2, 3

Die Wortgruppen mit St und Sp aus Aufgabe 1 können zunächst an der Tafel besprochen werden. Auf die Rechtschreibbesonderheit bei St und Sp wird verwiesen, die Buchstabengruppe im Buchstabenhaus gezeigt, Sp und St in den Wörtern markiert.

### ▷ Tatzenaufgabe

Erstmalig tritt auf dieser Seite ein Lückentext auf. Dieser Begriff sollte den Kindern erläutert werden. Diese Aufgabe kann auch als Partneraufgabe bearbeitet werden.

**Differenzierung**

Für sehr leistungsschwache Kinder bei Aufgabe 1 über die Bilder das jeweilige Wort schreiben. Durch Vergleich kann aus der Auswahl das richtige Wort ermittelt werden.

# Fördern und Fordern

## Fördertipps

- Tägliche Fünf-Minuten-Übungen zum Festigen der Buchstaben und Laute, insbesondere von St, Sp und V v
- Täglich die Rechtschreibmuster wiederholen und benennen: -en, -el, -er sowie -ng
- Wörterdetektive: Einfache, lautgetreue Wörter stehen an der Tafel, werden gelesen und besprochen. Dann wird die Tafel zugeklappt. Die Kinder schreiben die Wörter auf. Anschließend kann verglichen werden.

## Fordertipps

- Wörterdetektive mit Besonderheiten: *Spaten, Stängel, Vögel*
- Kurze, lautgetreue Sätze als „Satz des Tages" schreiben. Der Satz ist zunächst an der Tafel sichtbar und kann anschließend zur Kontrolle genutzt werden. Kinder mit Sprachschwierigkeiten wiederholen den Satz. Nomen können zur Anbahnung an die Großschreibung markiert werden. Fortgeschrittene Kinder bilden aus dem Satz eine Frage und schreiben diese ggf. auch auf.
  Beispielsätze:
  - Die Amsel baut ein Nest.
  - Eine Amsel brütet im Baum.
  - Die Meise hat einen Wurm im Schnabel.

- Wörter mit den Endungen -en, -el, -er sammeln (Wortschatzheft), aufschreiben und die Endung markieren
- Frühlingsakrostichons schreiben, z. B. *Frühling (Feder, Raupe, Überraschung, Hase, Licht, Insekt, Nest, Garten)*

## Fächerübergreifende Unterrichtsvorschläge

### Sachunterricht

- Frühblüher im Klassenzimmer beobachten
- Hyazinthe in entsprechendem Glas austreiben lassen
- Einen Bausatz für einen Nistkasten zusammensetzen und den Kasten auf dem Schulgelände aufhängen
- Mithilfe von Wort-Bild-Karten Blau- und Kohlmeise unterscheiden

### Mathematik

- Rechengeschichten mit Vogeleiern, Blumen, Beinen von Tieren usw.
- Mit interessierten Kindern kann berechnet werden, wie lange der Nistvorgang der Amsel dauert

### Sport

- Lauf- und Suchspiel zum Entdecken von Frühlingsanzeichen auf dem Schulhof

### Kunst

- Falttulpe aus quadratischem Papier; Stängel und Blätter aus grünem Tonpapier ausschneiden. Die Tulpe auf ein bemaltes Blatt kleben.
- Tulpen und Narzissen ausschneiden und als Fensterdekoration nutzen

### Musik/Lieder

- Lieder: „Singt ein Vogel“ (trad.; auch auf der TINTO-Lieder-CD blau, Track 14), „Alle Vögel sind schon da“ (Hoffmann von Fallersleben), „Die Vogelhochzeit“ (trad.), „Immer wieder kommt ein neuer Frühling“ (Rolf Zuckowski)
- Malen zur Musik: „Der Frühling“ (Antonio Vivaldi)

### Passende Kinderliteratur

Sven Nordqvist:
**Pettersson und Findus. Aufruhr im Gemüsebeet**
Oetinger

Andrea Erne, Susanne Szesny:
**Was machen wir im Frühling?**
Ravensburger

Wolf Erlbruch:
**Frau Meier, die Amsel**
Peter Hammer

Patricia Mennen, Anne Ebert:
**Wir entdecken die Vögel**
Ravensburger

Veronika Straaß:
**Die Amsel: Schauen und Wissen!**
Hase und Igel

## 4.10 Am Wasser

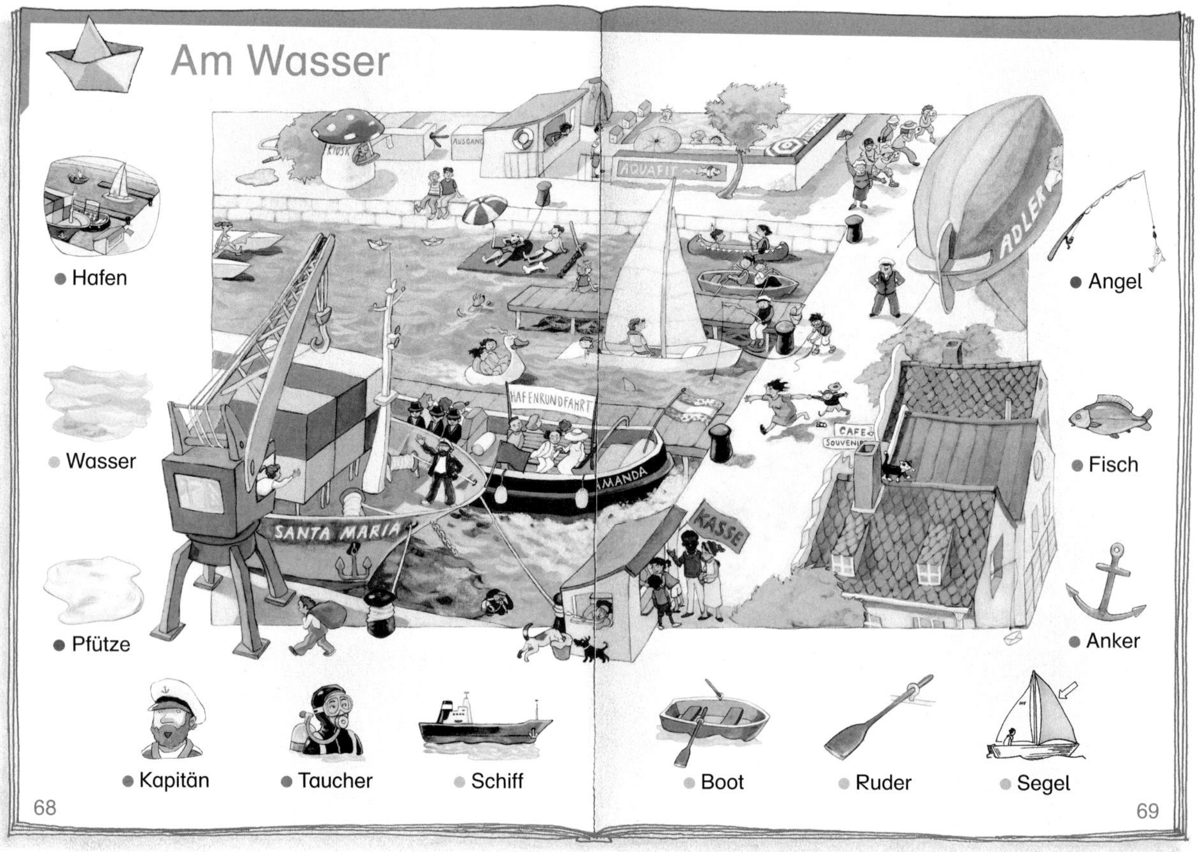


### Thematische Schwerpunkte

- Wasser als physikalisches Phänomen (Versuche)
- Wasser in seiner Bedeutung für den Verkehr und den Transport von Gütern
- Wasser in seiner Bedeutung für die Freizeit
- Der Hafen
- Wasser als Gegenstand der bildenden Kunst

### Tipps zum Einstieg ins Thema

Das Wimmelbild gemeinsam betrachten (im Erstlesebuch/E-Book, auf dem Poster oder über Beamer/Whiteboard):

- Die Leitfiguren finden, den Hafen entdecken und die Entdeckungen mit eigenen Erfahrungen verbinden
- Von eigenen Erlebnissen an einem Hafen erzählen
- Besprechen, was an einem Hafen passiert und wofür er wichtig ist
- Weitergehende Gesprächs- oder Schreibanlässe, z. B. zu Schwimmbad, Kanufahren, Segeln oder Angeln

### Wortschatzarbeit/Sprachförderung

- Die Wörter der Randleiste enthalten nur die bereits bekannten Buchstaben des Buchstabenkurses
- Die Wörter mehrfach mit und ohne Artikel nennen
- Die entsprechenden Dinge, Tiere und Personen im Wimmelbild suchen (evtl. eine Spielfigur auf die entsprechende Stelle im Buch setzen bzw. das Gesuchte auf dem Poster/Bild am Whiteboard zeigen)
- Je nach Entwicklungsstand Wortkarten an der entsprechenden Stelle auf dem Poster fixieren
- Sätze unterschiedlicher Struktur bilden, je nach sprachlichem Entwicklungsstand:
  *Die Frau liegt ...*
  *Der Kapitän steht ...*
  *Tinto läuft ...*

→ *Allgemeine Tipps zur Wortschatzarbeit/Sprachförderung s. Kapitel 4.3*

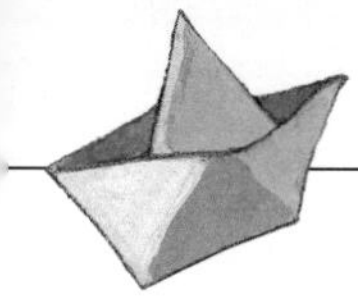



## Buchstabenkurs Teil B * Eu eu, -nk, Pf pf, -tz

▷ Seiten 66–77

→ *Allgemeine Tipps für die Erarbeitung aller Buchstaben/Laute s. Kapitel 4.3*

### Vorschläge für die Erarbeitung von Eu eu, -nk, Pf pf, -tz

Großdemonstration an der Tafel/am Whiteboard, evtl. mitsprechen:

*Eu eu – e und u = eu, das eu braucht immer zwei*

- Hinweis: Eu eu wohnt im Dach des Buchstabenhauses

*-nk – n und k = nk, das nk braucht immer zwei*

*Pf pf – p und f = pf, das pf braucht immer zwei*
Auf Unterlänge des p hinweisen: „Das p geht in den Keller (des Lineaturhäuschens)"

*-tz – t und z = tz, das tz braucht immer zwei*

### Üben

Tägliche phonematische Übungen zum Heraushören der Laute /eu/, /nk/, /pf/, /tz/; die Buchstaben und die dazugehörigen Lautbilder täglich benennen

**▶ Wörter zum täglichen gemeinsamen Lautieren**

Angel, Anker, Boot, Fisch, Hafen, Kapitän, Pfütze, Ruder, Schiff, Segel, Taucher, Wasser, sinken, spritzen, trinken, nass, neu

**▶ Sätze zum gemeinsamen Verschriften**

Im Hafen ist ein neues Schiff.
Am Steuer ist der Kapitän.
Er winkt.
Der Anker sinkt in das Wasser.
Es spritzt.

**▶ Wörter zum Lesen**

**ab Eu eu:** Beule, Eule, Euro, Euter, Feuer, Feuerwehr, Flugzeug, Freude, Freund/-in, Kreuz, Leute, Steuer, Ungeheuer, freuen, heulen, neu, neugierig, eure, neun

**ab -nk:** Bank, Geschenk, Gestank, Getränk, Klinke, Lenker, Schrank, Tankstelle, blinken, danken, funkeln, schenken, sinken, tanken, trinken, winken, dunkel, links

**ab Pf pf:** Apfel, Kampf, Knopf, Kopf, Pfanne, Pfeife, Pfeil, Pferd, Pflaster, Pflaume, Pfosten, Strumpf, Topf, Zopf, kämpfen, klopfen, pfeifen, pflegen

**ab -tz:** Blitz, Hitze, Katze, Mütze, Pfütze, Schatz, Spitzer, Spritze, Tatze, Witz, flitzen, kratzen, schützen, schwitzen, sitzen, spritzen, spitz

| **Am Wasser** | | **Neue Übungstypen im Buchstabenkurs** (wann sie das erste Mal auftauchen) | **Didaktische Tipps zur Einführung/ Durchführung** |
|---|---|---|---|
| **Eu eu** S. 66–69 | | Eine Geschichte wird fortgesetzt. Zwei Alternativen stehen zur Auswahl. | Die beiden unteren Bilder müssen als Alternative erkannt werden. Die Kinder entscheiden sich für eine der Alternativen und müssen die Entscheidung auch versprachlichen, damit der Text verständlich wird. |
| **-nk** S. 70/71 | | – | – |
| **Pf pf** S. 72/73 | | – | Tintos Hinweis: Die Kinder sollten dazu angehalten werden, das Pf pf so zu sprechen, dass sowohl das /p/ als auch das /f/ hörbar sind. |
| **-tz** S. 74/75 | | – | Tintos Sprachspiel/Zungenbrecher aufnehmen und für weitere Übungen nutzen |

* *alternativ: Buchstabenordner*

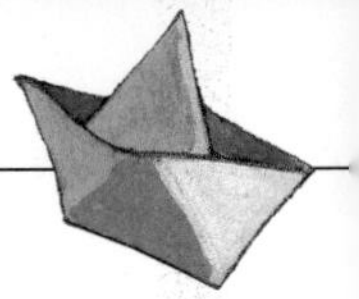

## Lernstand überprüfen: Das kann ich schon

**▶ Seiten 76/77***

Nach Abschluss der Einheit zum Buchstabenplateau dieses Kapitels (Eu eu, -nk, Pf pf, -tz) werden die bereits bekannten Aufgabenformate und Buchstaben zusammenfassend wiederholt. Die Seiten können zur Lernstandsdiagnostik genutzt werden. Zur Differenzierung kann der Wortspeicher unter Aufgabe 2 als Hilfe genutzt bzw. können die Wörter selbstständig verschriftet werden.

**zusätzlich oder alternativ:*
**„Das kann ich schon"-Heft** (Beileger im Erstlesebuch)
Hier können jetzt alle Seiten bearbeitet werden.

## Fördern und Fordern

→ *Allgemeine Förder- und Fordertipps s. Kapitel 4.3*

### Fördertipps

- Wichtige Lernwörter häufig wiederholen: *Apfel, Bank, Eule, Euro, Geschenk, Katze, Mütze, Pferd, Pfütze, Schrank, Strumpf, danken, schenken, trinken, dunkel, neu, spitz, neun*
- Reimen:

| | | | |
|---|---|---|---|
| Eule | neu | Beute | Feuer |
| K______ | sch______ | L______ | t______ |

- Kopiervorlagen **(KV 179–187)**

→ *Kapitel 5 „Lernentwicklung beobachten und fördern"*

### Fordertipps

- Wörter mit Eu eu/-nk/Pf pf/-tz sammeln und aufschreiben
- **Buchstabenkurs,** S. 69/Tatzenaufgabe (freies Schreiben zum Bild)

## Erstlesebuch ▷ Seiten 68–77

**▶ Seiten 68/69**

Vorschläge zum Einsatz des Wimmelbildes: s. o.

→ *Arbeitsheft Schreiben/Lesen, Seite 52, 54*

**▶ Seiten 70/71**

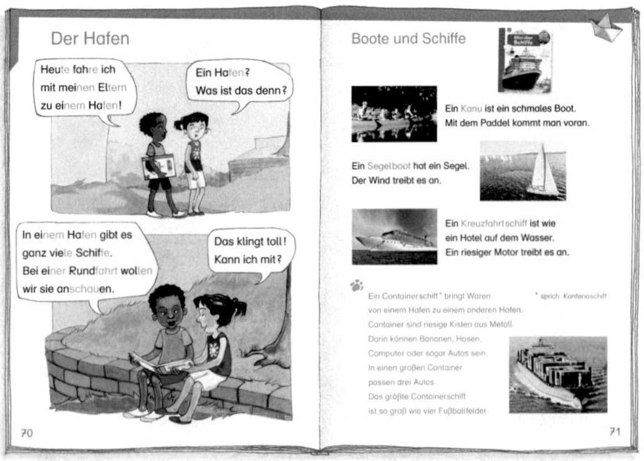


→ *Arbeitsheft Schreiben/Lesen, Seite 52*

**▷ Der Hafen** — für alle

- Das Bild betrachten, die Situation besprechen
- Die Sprechblasen halblaut erlesen
- Die Fragen sinnentsprechend betonen
- Gemeinsam darüber sprechen, was ein Hafen ist und was es dort alles zu sehen gibt
- Gemeinsam über Erfahrungen am Wasser, mit Häfen oder Schiffen sprechen

**▷ Boote und Schiffe** — für viele

Alle Buchstaben sind aus dem Buchstabenkurs bekannt.

- Sichere Leserinnen und Leser erlesen den Text selbstständig mithilfe der Lauttabelle (Buchstabenhaus); lesen den Text allen vor
- Gemeinsam über Erfahrungen mit verschiedenen Booten und Schiffen sprechen
- Ein weiterführendes Gespräch darüber führen, was die Unterschiede zwischen Booten und Schiffen sind

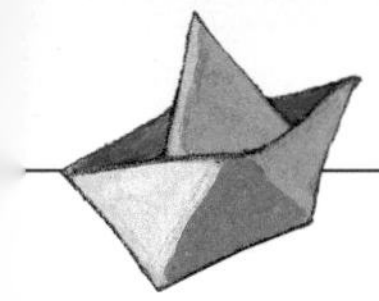



### ▷ Ein Containerschiff — für manche

- Leistungsstärkere Schülerinnen und Schüler erlesen den Tatzentext selbstständig, evtl. mithilfe der Lauttabelle (Buchstabenhaus), lesen den Text ggf. allen vor
- Individuell/gemeinsam über die Größe der Containerschiffe nachdenken bzw. darüber, warum Containerschiffe wichtig sind und welche Waren noch von ihnen transportiert werden können

**Fördertipps zu den Seiten 70/71**

- Wortaufbau von *Hafen, Kanu, Boot, Segel, Hotel, Motor*
- Mit verteilten Rollen lesen/sprechen
- Die Wörter lautieren mit Anblick und später ohne Anblick des Wortes

**Fordertipps zu den Seiten 70/71**

Informationen über weitere Boote/Schiffe in Büchern etc. finden

### ▷ Schifflein auf dem Bach — für manche

- Fortgeschrittene Leserinnen und Leser erlesen den Text selbstständig
- Den Text gemeinsam besprechen
- Das Gedicht mit verteilten Rollen lesen/sprechen
- Betontes Lesen/Sprechen eines Gedichts üben
- Weitere Ideen für die Umsetzung des Gedichts:
  - Gedichttext ohne Reimwörter anbieten und Reimwörter richtig einsetzen lassen
  - Gedichttext auf ein Schmuckblatt abschreiben und verzieren

**Fördertipps zu den Seiten 72/73**

Wort- und Bildkarten erstellen, durcheinander anbieten und in die richtige Reihenfolge bringen lassen, um das sinnentnehmende Lesen zu fördern

**Fordertipps zu den Seiten 72/73**

- Eine eigene Faltanleitung erstellen
- Einen eigenen Zungenbrecher erfinden

## ▶ Seiten 72/73

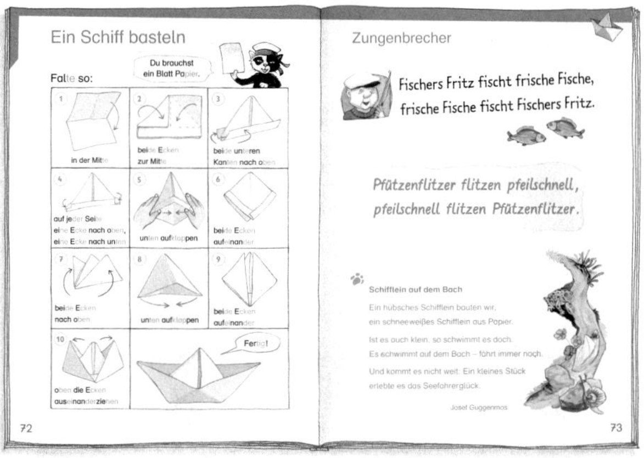

Ein Schiff basteln

Falte so:

Du brauchst ein Blatt Papier.

1 in der Mitte
2 beide Ecken zur Mitte
3 beide unteren Kanten nach oben
4 auf jeder Seite eine Ecke nach oben, eine Ecke nach unten
5 unten aufklappen
6 beide Ecken aufeinander
7 beide Ecken nach oben
8 unten aufklappen
9 beide Ecken aufeinander
10 oben die Ecken auseinanderziehen

Fertig!

72

Zungenbrecher

Fischers Fritz fischt frische Fische,
frische Fische fischt Fischers Fritz.

*Pfützenflitzer flitzen pfeilschnell,*
*pfeilschnell flitzen Pfützenflitzer.*

Schifflein auf dem Bach

Ein hübsches Schifflein bauten wir,
ein schneeweißes Schifflein aus Papier.
Ist es auch klein, so schwimmt es doch.
Es schwimmt auf dem Bach – fährt immer noch.
Und kommt es nicht weit: Ein kleines Stück
erlebte es das Seefahrerglück.

Josef Guggenmos

73

### ▷ Ein Schiff basteln — für alle

- Die Bilder betrachten und den Ablauf besprechen
- Die Wörter und Sätze halblaut erlesen
- Gemeinsam laut lesen und den Ablauf evtl. konkretisieren
- Die gestalterische Aufgabe individuell umsetzen; wenn notwendig, die einzelnen Arbeitsschritte gemeinsam erarbeiten und durchführen

### ▷ Zungenbrecher — für viele

Alle verwendeten Buchstaben sind aus dem Buchstabenkurs bekannt.

- Fortgeschrittene Leserinnen und Leser erlesen den Text selbstständig mithilfe der Lauttabelle (Buchstabenhaus); lesen den Text allen vor
- Den Zungenbrecher gemeinsam üben
- Eventuell eigene Zungenbrecher erfinden

## ▶ Seiten 74/75

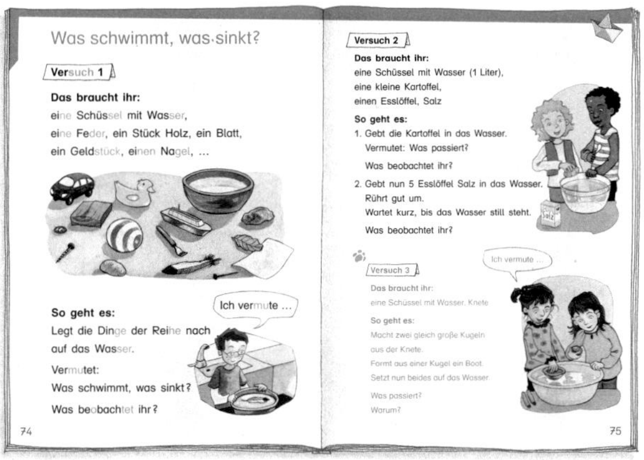

Was schwimmt, was sinkt?

Versuch 1

**Das braucht ihr:**
eine Schüssel mit Wasser,
eine Feder, ein Stück Holz, ein Blatt,
ein Geldstück, einen Nagel, ...

**So geht es:**
Legt die Dinge der Reihe nach auf das Wasser.
Vermutet:
Was schwimmt, was sinkt?
Was beobachtet ihr?

Ich vermute ...

74

Versuch 2

**Das braucht ihr:**
eine Schüssel mit Wasser (1 Liter),
eine kleine Kartoffel,
einen Esslöffel, Salz

**So geht es:**
1. Gebt die Kartoffel in das Wasser.
Vermutet: Was passiert?
Was beobachtet ihr?
2. Gebt nun 5 Esslöffel Salz in das Wasser.
Rührt gut um.
Wartet kurz, bis das Wasser still steht.
Was beobachtet ihr?

Versuch 3

Das braucht ihr:
eine Schüssel mit Wasser, Knete

So geht es:
Macht zwei gleich große Kugeln aus der Knete.
Formt aus einer Kugel ein Boot.
Setzt nun beides auf das Wasser.
Was passiert?
Warum?

Ich vermute ...

75

→ *Arbeitsheft Schreiben/Lesen, Seite 55*

### ▷ Was schwimmt, was sinkt? Versuch 1 — für alle

- Das genaue Lesen fördern
- Schwächere Leser/-innen nutzen die Bilder als Hilfe
- Die Kinder dazu anhalten, zunächst Hypothesen zu bilden („Ich vermute …") und dann erst den Versuch durchzuführen
- Die Versuchsdurchführung und die Begründung der Ergebnisse versprachlichen („Ich beobachte …")
- Sinnvoll ist es, einen Versuch gemeinsam zu besprechen und durchzuführen, um den Ablauf sowie die sprachliche Begleitung zu verdeutlichen
- Die Ergebnisse im Arbeitsheft Schreiben/Lesen auf Seite 55 protokollieren

### ▷ Versuch 2

für viele

Alle verwendeten Buchstaben sind aus dem Buchstabenkurs bekannt.

- Sichere Leser/-innen lesen individuell; ggf. den Text allen vorlesen
- Die Kinder dazu anregen, zunächst Hypothesen zu bilden („Vermutet: Was passiert?") und dann erst den Versuch durchzuführen
- Zur Versprachlichung der Versuchsdurchführung und der Begründung der Ergebnisse anregen („Was beobachtet ihr?")
- Sinnvoll ist es, einen Versuch gemeinsam zu besprechen und durchzuführen, um den Ablauf sowie die sprachliche Begleitung zu verdeutlichen
- Es ist wichtig, dass die Vorgaben eingehalten werden (1 Liter Wasser und mind. 5 Esslöffel Salz), sonst wird der Versuch nicht funktionieren

### ▷ Versuch 3

für manche

Die Kinder sollen dazu angeregt werden, Vermutungen darüber anzustellen, warum die Knetkugel sinkt und das Knetboot schwimmt

**Fördertipps zu den Seiten 74/75**

- Versuche in Partnerarbeit durchführen und die Zusammensetzung der Partner so gestalten, dass ein sicherer Leser dabei ist
- Nur für den Versuch relevante Wörter lesen

**Fordertipps zu den Seiten 74/75**

- Den Versuchsablauf sowie die Ergebnisse verschriften
- Eigene Versuche mit Wasser durchführen und möglicherweise verschriften, um sie den Mitschülerinnen und Mitschülern vorstellen zu können

### ► Seiten 76/77

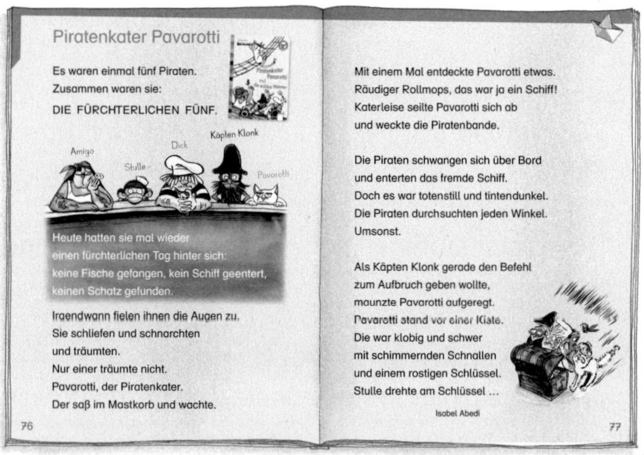

Piratenkater Pavarotti

Es waren einmal fünf Piraten.
Zusammen waren sie:
DIE FÜRCHTERLICHEN FÜNF.



Heute hatten sie mal wieder
einen fürchterlichen Tag hinter sich:
keine Fische gefangen, kein Schiff geentert,
keinen Schatz gefunden.

Irgendwann fielen ihnen die Augen zu.
Sie schliefen und schnarchten
und träumten.
Nur einer träumte nicht.
Pavarotti, der Piratenkater.
Der saß im Mastkorb und wachte.

76

Mit einem Mal entdeckte Pavarotti etwas.
Räudiger Rollmops, das war ja ein Schiff!
Katerleise seilte Pavarotti sich ab
und weckte die Piratenbande.

Die Piraten schwangen sich über Bord
und enterten das fremde Schiff.
Doch es war totenstill und tintendunkel.
Die Piraten durchsuchten jeden Winkel.
Umsonst.

Als Käpten Klonk gerade den Befehl
zum Aufbruch geben wollte,
maunzte Pavarotti aufgeregt.
Pavarotti stand vor einer Kiste.
Die war klobig und schwer
mit schimmernden Schnallen
und einem rostigen Schlüssel.
Stulle drehte am Schlüssel ...

Isabel Abedi

77

→ *Arbeitsheft Schreiben/Lesen, Seite 55*

### ▷ Piratenkater Pavarotti

für manche

Die beiden Seiten enthalten Textausschnitte sowie Bilder aus dem gleichnamigen Kinderbuch. Es kann im Ganzen gut vorgelesen werden. Gute Leserinnen und Leser können den dargestellten Text oder einzelne Abschnitte evtl. schon selbstständig erlesen oder auch vorlesen.

## Arbeitsheft Schreiben/Lesen ▷ Seiten 52–57

### ► Seite 52: Silben schwingen/Wörter verschriften

→ *Erstlesebuch, Seiten 68/69*

### ▷ Aufgabe 1

Alle Wörter enthalten nur Buchstaben des bisher eingeführten Buchstabenplateaus.

- Wiederholung: die aus dem Erstlesebuch bekannten Bilder mit Artikel mehrfach benennen
- Langsam, gedehnt sprechen, klatschen oder schwingen
- Silbenbögen zeichnen
- Mithilfe des Buchstabenhauses die abgebildeten Personen, Tiere und Dinge verschriften
- Denkblasen sollen auf die Besonderheiten im Wort aufmerksam machen: ss – Wasser, ä – Kapitän, ff – Schiff, oo – Boot, Pf – Pfütze

### ▷ Tatzenaufgabe

Drei weitere Wörter zum Thema ebenso bearbeiten

**Differenzierung**

- Nur die Anlaute oder nur einzelne ausgewählte Wörter verschriften
- Randwörter des Wimmelbildes als Hilfe einsetzen

### ► Seite 53: Wörter/Sätze schreiben

→ *Erstlesebuch, Seiten 68/69*

### ▷ Aufgabe 1

- Die Wörter zu den Bildern mehrfach nennen, mit und ohne Artikel
- Akzentuiert sprechen
- Die Selbstlaute besonders akzentuieren

### ▷ Aufgabe 2

Wortgrenzen finden und markieren (hilfreich sind die Großbuchstaben, mit denen die Nomen beginnen; der Finger soll auf die Lücken zwischen den Wörtern hinweisen)

### ▷ Tatzenaufgabe

Dieser Satz ist länger und enthält schwierigere Wörter

**Differenzierung**

- Differenzierung nach unten: in Aufgabe 2 die Wortgrenzen vorgeben
- Differenzierung nach oben: eigene Schlangensätze erfinden und verschriften

## ▶ Seite 54: Wer tut was?

*→ Erstlesebuch, Seiten 68/69*

### ▷ Aufgabe 1

- Begriff *Verb* einführen und mithilfe der Bilder besprechen, was Verben beschreiben
- Die 3. Pers. Sing. soll neben der Grundform eingetragen werden, um auf die Veränderungen in den verschiedenen Personalformen vorzubereiten/hinzuweisen

### ▷ Aufgabe 2

Die oben kennengelernten Verben in der gleichen Personalform in Sätze einsetzen

**Differenzierung**

- Differenzierung nach unten: Sätze aus Aufgabe 2 gemeinsam an der Tafel bearbeiten und mit Bildkarten unterstützen
- Differenzierung nach oben: eigene Sätze zu weiteren Bildern/Szenen des Wimmelbildes schreiben

## ▶ Seite 55: Was schwimmt, was sinkt?

*→ Erstlesebuch, Seite 74*

### ▷ Aufgabe 1

- Ergebnisse des Versuchs 1 (Erstlesebuch, Seite 74) hier eintragen
- Den Versuch mit von den Kindern gesammelten Dingen durchführen (ggf. stellt die Lehrerin Dinge zur Verfügung) und die Wörter sowie die Versuchsergebnisse in die leeren Felder eintragen

**Differenzierung**

- Differenzierung nach unten: Gegenstände malen oder Anlaute der Gegenstände aufschreiben; Wortstreifen ausdrucken, ausschneiden und aufkleben, statt die Wörter zu schreiben
- Differenzierung nach oben: selbstständig neue Gegenstände auswählen, den Versuch damit durchführen und verschriften

## ▶ Seite 56: Piratenkater Pavarotti

*→ Erstlesebuch, Seiten 76/77*

### ▷ Aufgabe 1

- Die Kinder schreiben und malen Ideen zur Geschichte „Piratenkater Pavarotti“
- Sätze können vorgelesen oder von sicheren Leserinnen/Lesern selbstständig erlesen werden

**Differenzierung**

- Differenzierung nach unten: Die Kinder malen, was sie sich in der Kiste vorstellen, und schreiben einzelne ausgewählte Wörter
- Differenzierung nach oben: Ideen sammeln, wie die Geschichte weitergehen könnte, und diese möglicherweise auch verschriften

## ▶ Seite 57: Leseseite

### ▷ Aufgaben 1, 2, 3

- Auf unterschiedlichen Niveaus lesen (in allen Aufgaben werden nur Buchstaben aus dem Buchstabenplateau verwendet)
- Aufgaben 1 und 2: zum Bild passende Wortgruppe, passenden Satz ankreuzen
- Aufgabe 3: Bild entsprechend den Satzaussagen ergänzen und ausmalen

### ▷ Tatzenaufgabe

Wörter aus dem Wortspeicher dem richtigen Satz zuordnen und abschreiben

**Differenzierung**

Differenzierung nach oben: Partnerlesen/Tandemlesen

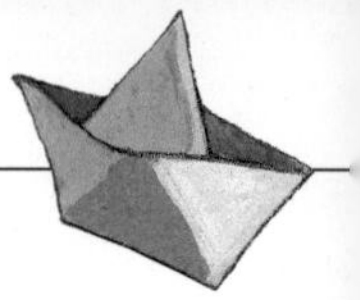

## Fördern und Fordern

### Fördertipps

- Das Wimmelbild aus dem Erstlesebuch immer wieder einbinden, um die Kinder anzuregen, eigene Sätze dazu zu formulieren und aufzuschreiben
- Jeden Morgen einen Schlangensatz als „Satz des Tages" anbieten

### Fordertipps

- Eigene Sätze zu Bildern verschriften
- Kleine Lesespiele anbieten, bei denen auch gutes Zuhören gefragt ist (auch mit Bildern als Hilfestellung möglich), z. B.:
  *Ich fange an und suche das **Segelboot.***
  *Ich habe das **Segelboot** und suche die **Pfütze.***
  *Ich habe die **Pfütze** und suche den **Fisch.***
  ...

## Fächerübergreifende Unterrichtsvorschläge

### Sachunterricht

- Versuche mit Wasser (s. Erstlesebuch Seiten 74/75)
- Das Wasser und seine Eigenschaften
- Ebbe und Flut
- Warum Wasser so wichtig ist
- Der Hafen
- Schiffe und ihre historische Entstehung

### Mathematik

Spielerischer Mengen- sowie Gewichtsvergleich mit Wasser

### Sport

- *Piratenspiel:* Fangspiel, bei dem Matten als Boote dienen und der Boden (das Wasser) nicht berührt werden darf. Zwei Fänger (die Seeungeheuer) versuchen, die anderen Kinder (die Piraten) zu fangen. Alle dürfen nur auf den Matten laufen. Wer gefangen wird oder den Boden betritt, macht eine kurze Pause auf der Bank oder scheidet aus. Die Matten können auch durch weitere Geräte ersetzt bzw. ergänzt werden, um das Spiel noch spannender zu gestalten.
- *Pinguine auf Eisschollen:* Gymnastikreifen werden als Eisschollen in der Sporthalle ausgelegt – zunächst so viele Reifen wie Kinder. Während die Musik läuft, laufen die Kinder. Wenn sie stoppt, müssen sich die Kinder einen Reifen suchen. Jedes Mal, wenn die Musik angeschaltet wird, wird ein Reifen entfernt. Die Kinder müssen versuchen, so lange wie möglich weiterzuspielen. Es soll also gelingen, so viele Kinder wie möglich innerhalb der Gymnastikreifen unterzubringen. (Kooperationsspiel)

### Kunst

- Bastelideen s. Erstlesebuch, Seite 72
- Weitere Bastelideen:
  - Schiffchen aus Nussschalen
  - Schiffe aus leeren Getränkekartons
  - Fische aus Papptellern

### Musik/Lieder

Lieder: „Ein kleiner Matrose" (trad.), „In Paule Puhmanns Paddelboot" (Fredrik Vahle), „Jetzt fahrn wir übern See" (trad.)

### Passende Kinderliteratur

Susanne Orosz, Laura Momo Aufderhaar:
**Wasser ist nass**
Tyrolia

Angela Weinhold:
**Komm mit ans Meer (Wieso, Weshalb, Warum?, Band 17)**
Ravensburger

Susanne Gernhäuser, Peter Nieländer:
**Alles über Schiffe (Wieso, Weshalb, Warum?, Band 56)**
Ravensburger

Ahoiii Entertainment:
**Fiete – Das versunkene Schiff**
Boje

Martin Baltscheit:
**Die Geschichte vom Löwen, der nicht schwimmen konnte**
Beltz & Gelberg

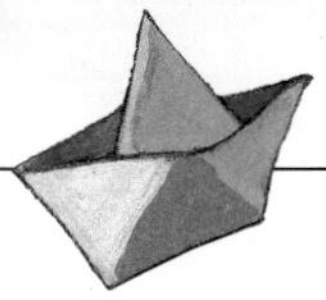



Renate Raecke:
**Von Meerjungfrauen, Kapitänen und fliegenden Fischen: Geschichten und Gedichte rund ums Wasser**
Boje

Ute Krause:
**Minus Drei geht baden**
cbj

Andrea Reitmeyer:
**Emily und das Meer**
JUMBO

Anita van Saan, Carola von Kessel:
**GEOlino Experimente mit Wasser**
moses

Heinz Rudolf Kunze, Carstens Jens:
**Quentin Qualle – Die Muräne hat Migräne**
Loewe

Jens Rassmus:
**Ein Pflaster für den Zackenbarsch. Geschichten vom Doktorfisch**
G & G

Axel Scheffler, Phyllis Root:
**Sam und das Meer**
Beltz & Gelberg

Janosch:
**Oh, wie schön ist Panama**
Beltz & Gelberg

## 4.11 Auf der Baustelle

### Thematische Schwerpunkte

- Ein Haus wird gebaut
- Berufe auf der Baustelle
- Baufahrzeuge und Werkzeug
- Stabile Mauern
- Selber bauen mit unterschiedlichen Werkstoffen
- Häuser aus Holz, Abfall und Eis
- Wohnen an ungewöhnlichen Orten und in ungewöhnlichen Häusern

### Tipps zum Einstieg ins Thema

Das Wimmelbild gemeinsam betrachten (im Erstlesebuch/E-Book, auf dem Poster oder über Beamer/Whiteboard):

- Nach dem Prinzip „think – pair – share" arbeiten
- Lena und Jonas finden, die durch eine Lücke im Bauzaun schauen
- Tinto finden, der in der Schaufel des Baggers ruht
- Berufe und Tätigkeiten sammeln, die beim Hausbau vorkommen
- Die Fahrzeuge benennen
- Von eigenen Erlebnissen beim Hausbau berichten
- Von eigenen Erfahrungen im Umgang mit Werkzeugen berichten

### Wortschatzarbeit/Sprachförderung

Die Wörter der Randleiste enthalten alle nur die aus dem Buchstabenkurs bekannten Buchstaben.

- Die Wörter mit und ohne Artikel mehrfach nennen
- Die entsprechenden Dinge im Wimmelbild suchen (z. B. eine Spielfigur auf die entsprechende Stelle im Buch setzen oder das Gesuchte auf dem Poster/am Whiteboard zeigen)
- Die Begriffe den Kategorien Werkzeug, Baumaterial und Baufahrzeuge zuordnen
- Sätze unterschiedlicher Struktur bilden, je nach sprachlichem Entwicklungsstand:
  *Die Malerin streicht (mit dem Pinsel) die Wände an.*
  *Der Zimmermann schlägt (mit dem Hammer) den Nagel in den Balken.*
  *Der Dachdecker legt die Dachziegel auf das Dach.*
  …

→ *Allgemeine Tipps zur Wortschatzarbeit/Sprachförderung s. Kapitel 4.3*

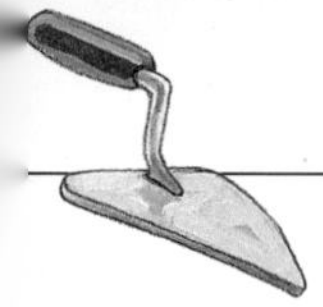



## Buchstabenkurs Teil B * Äu äu, -ß, X x, Qu qu

▷ Seiten 78–87

→ *Allgemeine Tipps für die Erarbeitung aller Buchstaben/Laute s. Kapitel 4.3*

### Vorschläge für die Erarbeitung von Äu äu, -ß, X x, Qu qu

*Äu äu* – Dieser Zwielaut ist nicht im Buchstabenhaus zu finden und wird direkt bei der Einführung als „Ableitungs-äu" vorgestellt. Ausnahmefälle wie z. B. *Säule* gehören nicht hierher, sondern in den Bereich der Merkwörter. Beispiele werden gesammelt: Nomen mit au, die in der Mehrzahl das äu enthalten. In diesem Fall schreiben wir nicht eu wie *Euro*, sondern äu.

*-ß* – Der ß-Laut wird erarbeitet, die Lautgebärde bekannt gemacht. Der Laut /ß/ wird kontrastiv zum /s/ gesetzt. Bei einer Wörtersammlung zum -ß werden auch Wörter mit s im Auslaut genannt werden. Hier kann (schon) deutlich gemacht werden, dass das /ß/ auch in der Verlängerung gehört werden muss. Beispiel: *Fuß – Füße*, aber *Haus – Häuser*

*X x* – X-Wörter sind Merkwörter, denn der X-Laut kann unterschiedliche Schreibweisen haben (ks, chs, x). Eine Wörtersammlung schärft den Blick und das Gehör für den X-Laut. Sie sollte für eine Weile in der Klasse hängen.

*Qu qu* – Bei der Erarbeitung wird deutlich gemacht, dass /kw/ immer als qu geschrieben wird. Eine Wörtersammlung schärft den Blick und das Gehör für den Qu-Laut. Sie sollte für eine Weile in der Klasse hängen.

### Üben

Tägliche phonematische Übungen zum Heraushören der neuen Laute und tägliches Benennen der Buchstaben und der dazugehörigen Lautbilder (Anregungen s. o.)

**▶ Wörter zum täglichen gemeinsamen Lautieren**

Axt, Bagger, Bäume, Farbe, Fenster, Hammer, Häuser, Holz, Kelle, Kran, Nagel, Pinsel, Quadrat, Quast, Säge, Stein, Straße, Zange, arbeiten, bauen, mixen, groß, weiß

**▶ Sätze zum gemeinsamen Verschriften**

Jonas und Lena bauen ein Haus aus Holz.
Das Haus ist zwischen den Bäumen.
Mit weißer Farbe malen sie es fix an.
Das macht Spaß!

**▶ Wörter zum Lesen**

**ab Äu äu:** Bäume, Fäuste, Häuser, Kräuter, Läufer, Läuse, Mäuse, Räuber, Träume, Verkäufer, Zäune, säubern, schäumen, träumen

**ab ß:** Floß, Fuß, Kloß, Soße, Spaß, Straße, Strauß, beißen, heißen, reißen, schmeißen, groß, heiß, süß, weiß

**ab X x:** Axt, Boxer, Hexe, Lexikon, Mixer, Nixe, Taxi, Text, boxen, hexen, mixen, extra, fix

**ab Qu qu:** Aquarium, Kaulquappe, Quadrat, Qualle, Quark, Quartett, Quast, Quatsch, Quelle, quaken, quasseln, quatschen, quengeln, quieken, quietschen, quer

| **Auf der Baustelle** | | **Neue Übungstypen im Buchstabenkurs** (wann sie das erste Mal auftauchen) | **Didaktische Tipps zur Einführung/ Durchführung** |
|---|---|---|---|
| **Äu äu** S. 78–81 | **2** | Pluralformen mit äu unmittelbar schreiben | Tinto erklärt die Umlautung in der Pluralbildung („Aus au wird äu."). Satzmuster zur Vorbereitung: *Das ist ein Haus. Das sind zwei Häuser.* Hinweis: äu gehört zu den „Dach"-Buchstaben des Buchstabenhauses |
| | **6** | Verkleinerungsform mit ch | |

* *alternativ: Buchstabenordner*

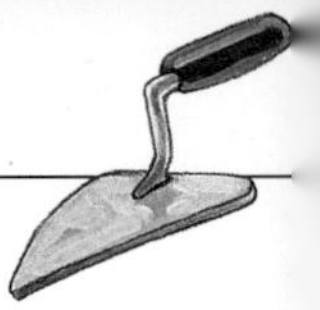

| Auf der Baustelle | | Neue Übungstypen im Buchstabenkurs (wann sie das erste Mal auftauchen) | Didaktische Tipps zur Einführung/ Durchführung |
|---|---|---|---|
| **-ß** S. 82/83 | | – | Die Unterscheidung von stimmhaftem und stimmlosem s-Laut wird einfacher, wenn die Kinder beim Lautieren ihre Hand auf den Kopf legen; Arbeit mit Minimalpaaren: *reisen – reißen;* zur weiteren Verdeutlichung den Kehlkopf anfassen bzw. die Ohren zuhalten |
| | **3** | Überprüfung des Leseverständnisses durch Einsetzen von vorgegebenen Wörtern mit Unterstützung durch ein Bild | Jeweils das letzte Wort des Satzes fehlt. Aus dem Kontext und aufgrund des Bildes kann auf das unter dem Text vorgegebene Wort geschlossen werden. |
| **X x** S. 84/85 | | – | |
| **Qu qu** S. 86/87 | **4** | Überprüfung des Leseverständnisses durch Einsetzen von vorgegebenen Wörtern (Alternativwörtern) ohne Unterstützung durch ein Bild | |

## Lernstand überprüfen: Das kann ich schon

**▶ Seiten 92/93***

Nach Abschluss der Einheit zum Buchstabenplateau dieses und des folgenden Kapitels (Äu äu, -ß, X x, Qu qu – Y y, C c) werden die bereits bekannten Aufgabenformate und Buchstaben zusammenfassend wiederholt:

- Aufgabe 1: Buchstabenkenntnis der neuen Buchstaben überprüfen
- Aufgabe 2: Wörter in die Lineatur schreiben
- Aufgabe 3: passendes Bild ankreuzen
- Aufgabe 4: passendes Wort in den Satz einsetzen

**zusätzlich oder alternativ:*
**„Das kann ich schon"-Heft** (Beileger im Erstlesebuch)
Hier können jetzt am Ende des Schuljahres alle Seiten bearbeitet werden.

## Fördern und Fordern

*→ Allgemeine Förder- und Fordertipps s. Kapitel 4.3*

### Fördertipps

- Bildkarten mit X- und Qu-Wörtern erstellen (z. B. mithilfe der TINTO-Wort-Bild-Karten oder der Bilder auf der CD-ROM zu den Kopiervorlagen), diese sortieren lassen
- Bild- und Wortkarten einander zuordnen
- Mit Bild- und Wortkarten Memory spielen
- Mit au/äu-Wörtern in Einzahl und Mehrzahl Quartett spielen
- Kopiervorlagen **(KV 188–193)**

*→ Kapitel 5 „Lernentwicklung beobachten und fördern"*

### Fordertipps

- Mit Qu-Wörtern Sätze – auch Quatschsätze – bilden
- Schnell lesen bzw. schnell sprechen
- Quartett mit äu-Wörtern für die Klasse erstellen und spielen
- **Buchstabenkurs,** S. 81/Tatzenaufgabe (freies Schreiben zum Bild)

# Erstlesebuch

▷ Seiten 78–87

## ▶ Seiten 78/79

- Das Eingangsbild zeigt eine Baustelle mit drei Häusern, die sich in unterschiedlichem Baufortschritt befinden. Während beim Haus ganz links unten erst das Fundament gegossen wird, ist das rechte Haus nahezu bezugsfertig. Hier werden die Tapeten angebracht und die Maler streichen die Wände. Der mit einem Richtkranz geschmückte Dachstuhl des dritten Hauses macht die Fertigstellung des Rohbaus deutlich.
- Zimmerleute, Dachdecker, Anstreicher, Betonbauer, Bagger- und Kranführer sowie Bauleiter (Polier) sind bei der Arbeit zu sehen
- *Löffelbagger, Kran* und *Betonmischer* sind den Kindern wahrscheinlich bekannt. Neu sind möglicherweise Begriffe wie *Schubkarre, Kreissäge, Baustromkasten, Gerüst, Dachziegel.*
- Wichtig ist auch zu klären, warum die Baustelle durch einen Zaun gesichert ist und viele Arbeiter einen Helm tragen
- Durch kleine Suchaufträge werden die Kinder zum genauen Betrachten angehalten:
  – „Wo befinden sich Jonas und Lena?"
  – „Wo ist Tinto und warum kann er so ruhig schlafen?"
  – „Wer hat das Wasser angedreht, das aus dem Schlauch spritzt?"
  – „Wer tanzt im gelben Haus und warum?"
  – „Wo ist der Stiefel des Betonbauers geblieben?"

→ *Arbeitsheft Schreiben/Lesen, Seiten 58/59*

## ▶ Seiten 80/81

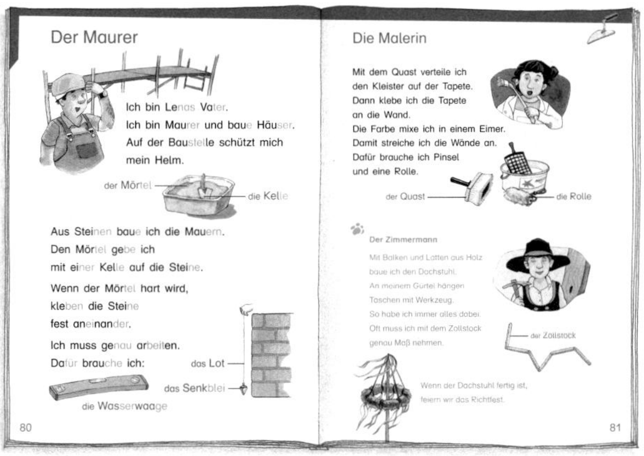

Der Maurer

Ich bin Lenas Vater.
Ich bin Maurer und baue Häuser.
Auf der Baustelle schützt mich
mein Helm.

der Mörtel
die Kelle

Aus Steinen baue ich die Mauern.
Den Mörtel gebe ich
mit einer Kelle auf die Steine.
Wenn der Mörtel hart wird,
kleben die Steine
fest aneinander.
Ich muss genau arbeiten.
Dafür brauche ich:

das Lot
das Senkblei
die Wasserwaage

80

Die Malerin

Mit dem Quast verteile ich
den Kleister auf der Tapete.
Dann klebe ich die Tapete
an die Wand.
Die Farbe mixe ich in einem Eimer.
Damit streiche ich die Wände an.
Dafür brauche ich Pinsel
und eine Rolle.

der Quast
die Rolle

Der Zimmermann

Mit Balken und Latten aus Holz
baue ich den Dachstuhl.
An meinem Gürtel hängen
Taschen mit Werkzeug.
So habe ich immer alles dabei.
Oft muss ich mit dem Zollstock
genau Maß nehmen.

der Zollstock

Wenn der Dachstuhl fertig ist,
feiern wir das Richtfest.

81

→ *Arbeitsheft Schreiben/Lesen, Seiten 60/61*

### ▷ Der Maurer — für alle

- Hier erzählt Lenas Vater von seiner Tätigkeit als Maurer und nennt wichtige Dinge, die er bei seiner Arbeit verwendet
- Schwierige Begriffe wie *Mörtel, Kelle, Wasserwaage, Lot* und *Senkblei* anhand der Bilder klären
- Die Kinder der Klasse überlegen, wie die drei letztgenannten Hilfsmittel eingesetzt werden, um auf der Baustelle genau zu arbeiten

### ▷ Die Malerin — für viele

Der Text enthält nur noch die aus dem Buchstabenkurs bekannten Buchstaben.

- Geübte Leserinnen und Leser erlesen den Text selbstständig; lesen ihn allen vor
- Der Text dient als Anlass, um über verschiedene Berufe zu sprechen. Die Kinder können von der Arbeit ihrer Eltern berichten oder eigene Berufswünsche nennen. Da viele Kinder nur sehr wenig über die Berufe ihrer Eltern wissen, empfiehlt sich eine vorbereitende Hausaufgabe: „Führt mit euren Eltern ein Interview über ihren Beruf: Wo arbeiten sie? Was arbeiten sie? Mit wie vielen Kolleginnen/Kollegen arbeiten sie zusammen?"

### ▷ Der Zimmermann — für manche

Der Text „Der Zimmermann" enthält den neuen Buchstaben -ß.

**Fördertipps zu den Seiten 80/81**

- Einen vereinfachten Text vorlegen:
  *Ich bin Lenas Vater.*
  *Ich bin Maurer.*
  *Ich baue Häuser.*
  *Ich trage einen Helm.*
  *Ich habe eine Kelle.*

**Fordertipps zu den Seiten 80/81**

- Berufe sammeln und in einer Liste notieren
- Zu Berufen eigene Texte schreiben
- Ein Berufe-Quiz durchführen

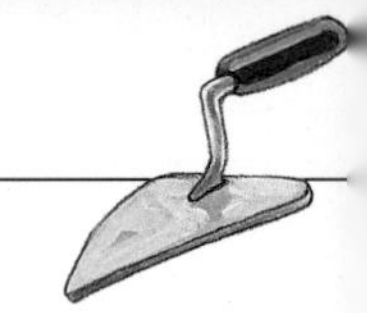

## ► Seiten 82/83

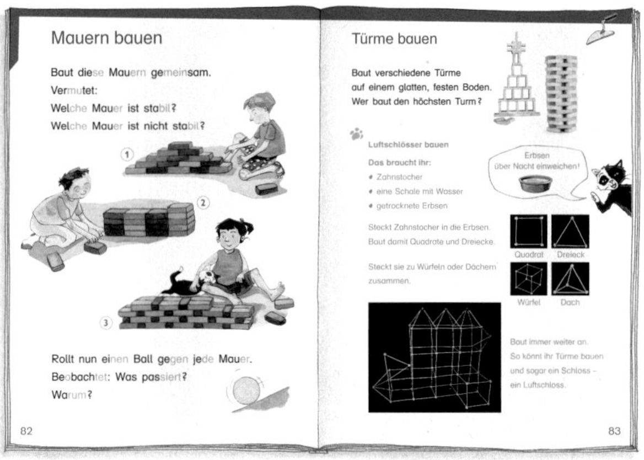
Mauern bauen

Baut diese Mauern gemeinsam.
Vermutet:
Welche Mauer ist stabil?
Welche Mauer ist nicht stabil?

Rollt nun einen Ball gegen jede Mauer.
Beobachtet: Was passiert?
Warum?

82

Türme bauen

Baut verschiedene Türme
auf einem glatten, festen Boden.
Wer baut den höchsten Turm?

Luftschlösser bauen

Das braucht ihr:
- Zahnstocher
- eine Schale mit Wasser
- getrocknete Erbsen

Erbsen über Nacht einweichen!

Steckt Zahnstocher in die Erbsen.
Baut damit Quadrate und Dreiecke.

Quadrat Dreieck

Steckt sie zu Würfeln oder Dächern zusammen.

Würfel Dach

Baut immer weiter an.
So könnt ihr Türme bauen
und sogar ein Schloss –
ein Luftschloss.

83

→ *Arbeitsheft Schreiben/Lesen, Seiten 58/59*

### ▷ Mauern bauen — für alle

- Die Seite dient als Anregung für eigene Bauversuche mit unterschiedlichen Materialien
- Beim Betrachten der verschiedenen Mauern stellen die Kinder fest, dass die Steine jeweils unterschiedlich angeordnet wurden. Es geht um Stabilität. Der Begriff *Fuge* kann hier eingeführt werden. Ergebnis der Untersuchung: Die Wand im *Läuferverband* hält sicher, die Wand im *Kreuzverband* bietet durch ihre doppelte Breite extrastarken Halt.
- Es bietet sich an, eigene Bauversuche der Kinder als Wochenplanaufgabe zu stellen. So benötigt man nur eine überschaubare Menge an Bauklötzen.
- Es kann auch eigens eine Bauecke eingerichtet werden (wenn sie bisher noch nicht besteht), in der die Kinder wichtige Grunderfahrungen beim Bauen und Konstruieren sammeln können. Das Bauen schult Ausdauer und Konzentration. Stabilität, Gleichgewicht und Schwerpunkt können hier erfahren werden.

### ▷ Türme bauen — für viele

Der Text enthält nur noch bekannte Buchstaben.

- Wer baut den höchsten Turm?
- Wie muss ich den Turm bauen, um ihn möglichst hoch bauen zu können?
- Unterschiedliche Bauweisen ausprobieren
- Den eigenen Turm vorstellen und ggf. fotografieren

### ▷ Luftschlösser bauen — für manche

(als gemeinsames Projekt auch für alle möglich)

- Das Bauen von „Luftschlössern" ist für eine Gruppenaufgabe gut geeignet. Das „Baumaterial" wird von der Lehrerin vorbereitet. 500–750 g ungeschälte Erbsen reichen für den Anfang. Zahnstocher sollten reichlich vorhanden sein. Stabil werden die Gebilde nach einem Tag sein, weil dann die Erbsen getrocknet sind.
- Nach der Bauphase bietet es sich an, die entstandenen Objekte auszustellen. Die Kunstwerke können mit Informationen versehen werden (Name des Objekts, Aussagen zur Funktion, Namen der Erbauer/-innen).

### Fördertipps zu den Seiten 82/83

- In Kleingruppen bauen mit Hilfestellung durch eine Sozialpädagogin/einen Sozialpädagogen
- Die Handlungen verbalisieren, gemeinsam über Ergebnisse sprechen

### Fordertipps zu den Seiten 82/83

- Türme messen, Höhe feststellen
- Anzahl der verbauten Bauklötze ermitteln
- Eine Ausstellung machen und Hinweisschilder zu den „Luftschlössern" schreiben (Was ist hier gebaut? Wer wohnt in den Schlössern? Was kann man damit machen?)

## ► Seiten 84/85

Häuser aus Holz

Dieses Baumhaus ist ganz aus Holz gebaut.
Hoch über der Erde hängt es in den Bäumen.
Wenn du darin wohnst,
bist du ein Teil des Waldes.
Du kannst den Himmel über dir sehen.

84

Häuser aus Müll

In Nigeria gibt es Häuser
aus alten Plastikflaschen.
Die Flaschen werden
mit Erde oder Sand gefüllt.
Wenn das Haus verputzt ist,
kann man die Flaschen
gar nicht mehr sehen.
Solche Häuser aus Müll
sind billig und stabil.

Häuser aus Eis

In Jukkasjärvi in Schweden gibt es ein besonderes Hotel.
Jedes Jahr im Herbst wird es neu gebaut.
Man kann nur im Winter darin wohnen, denn in dem Hotel
ist alles ist aus Eis: Wände, Tische, Sessel, Betten.
Nur zum Schlafen schlüpfen die Gäste in Rentierfelle.

85

→ *Arbeitsheft Schreiben/Lesen, Seiten 62/63*

### ▷ Häuser aus Holz — für alle

- Die Kinder erzählen zu den Bildern: Wie kommt man zu dem Baumhaus hinauf? Wie ist es eingerichtet? Wie viele Menschen können darin wohnen?
- Den Text still lesen
- Den Text in der Klasse vorlesen
- Über das Bild sprechen, erzählen, eigene Gefühle ausdrücken
- Überlegen: Würdest du gerne in solch einem Haus schlafen? Welche Vorteile/Nachteile hat ein Baumhaus? Was würdest du in einem Baumhaus machen?

### ▷ Häuser aus Müll
für viele

Der Text enthält nur noch bekannte Buchstaben.
- Die Kinder darüber informieren, dass es in vielen Ländern Afrikas, Lateinamerikas und Asiens Initiativen gibt, die den Bau von Häusern aus Plastikmüll fördern und unterstützen. Zum einen wird dadurch preiswerter Wohnraum geschaffen, der auch klimatischen Einflüssen oder Erdbeben standhält, zum anderen wird der allgegenwärtige Plastikmüll sinnvoll verwendet. (Weitere Informationen dazu sind im Internet zu finden.)
- Zur Vorbereitung des Lesetextes schwere Wörter erlesen: *Nigeria, Plastikflaschen, verputzt*

### ▷ Häuser aus Eis
für manche

Weitere Informationen zum Eishotel: Jeder Raum wird von einem anderen Künstler geschaffen. Das Hotel ist den ganzen Winter bis zum Frühjahr geöffnet. Kinder dürfen erst ab einem Alter von zwölf Jahren dort übernachten. Im Hotel herrscht eine Innentemperatur von –5 Grad.

**Fördertipps zu den Seiten 84**
Partnerlesen: Reihe für Reihe abwechselnd

**Fordertipps zu den Seiten 84/85**
- Gruppenarbeit: Texte lesen, weitere Informationen dazu einholen, z. B. über die Suchmaschine fragfinn.de
- Der Klasse die verschiedenen Häuser vorstellen

### ▶ Seiten 86/87

Emil auf der Baustelle

Heute ist Emils erster Arbeitstag.
Er ist Lehrling auf einer Baustelle
und er lernt dort,
wie man ein Haus baut.

Die Bauarbeiter bauen ein Haus
für Familie Pinguin.
Es soll ihr Traumhaus werden.

Ein Architekt hat es entworfen.
Er schlägt vor,
wie das Haus aussehen soll
und wo die Türen und Fenster
hinkommen.

Die Pinguine haben sich unbedingt
folgende Dinge gewünscht:

ein Schlafzimmer mit Stockbetten, einen Sandkasten,
einen riesengroßen Kühlschrank, eine Eislaufbahn,
ein Schwimmbad auf dem Dach und eine Riesenrutsche.

Dies alles in einem einzigen Haus unterzubringen,
bereitet dem Architekten großes Kopfzerbrechen.

Doch endlich ist das Haus fertig.
Die Pinguine feiern ein Fest
in ihrem nagelneuen Schwimmbad
und laden die Bauarbeiter dazu ein.

Sharon Rentta



→ *Arbeitsheft Schreiben/Lesen, Seiten 62/63*

### ▷ Emil auf der Baustelle
für manche

Diese Seiten geben wie auch die beiden vorangegangenen Seiten viele Anregungen für die Bearbeitung der Seite 62 im Arbeitsheft Schreiben/Lesen.

**Fördertipps zu den Seiten 86/87**
- Lange Wörter in Silben zerlegen und üben, z. B.: *Ar-beits-tag, Lehr-ling, Bau-stel-le, Bau-ar-bei-ter, Traum-haus, Ar-chi-tekt*
- Den Kindern nur die beiden ersten Abschnitte zum Lesen vorlegen

**Fordertipps zu den Seiten 86/87**
Den Text gut üben, um ihn der Klasse vorzulesen (auch als Partneraufgabe geeignet)

## Arbeitsheft Schreiben/Lesen ▷ Seiten 58–63

### ▶ Seite 58: Silben schwingen/Wörter verschriften

→ *Erstlesebuch, Seiten 78/79*

### ▷ Aufgabe 1

- Hier geht es um die Namen von Werkzeugen, Werkstoffen und Baufahrzeugen. Da sicherlich nicht alle Kinder alle gesuchten Dinge kennen, sollten diese in der Klasse vorgestellt und ihre Funktion erläutert werden.
- Zur Unterstützung der Schreibentwicklung können Hinweise auf die Konsonantenverdopplung nach kurzem betontem Selbstlaut gegeben werden (s. Denkblasen)

### ▷ Tatzenaufgabe

Drei weitere Wörter zum Thema ebenso bearbeiten und dabei die Hinweise in den Denkblasen nutzen

**Differenzierung**
Die eigene Schreibung mithilfe des Erstlesebuches (Seiten 78/79) prüfen und korrigieren

### ▶ Seite 59: Wörter schreiben (-el, -er, -en) – Einzahl/Mehrzahl (au – äu)

→ *Erstlesebuch, Seiten 78/79, 80, 84/85*

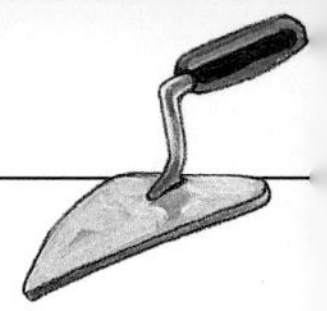

▷ **Aufgabe 1**

Hier sollen die Selbstlaute („Dach"-Buchstaben) eingetragen und die Silbenbögen ergänzt werden. Zudem werden die Wortendungen -el, -er, -en ins Blickfeld gerückt.

▷ **Aufgabe 2**

Hier wird der Blick auf den Zwielaut äu gelegt, z. B. *Haus – Häuser.* Dieser Zwielaut ist nicht im Buchstabenhaus zu finden und wird als „Ableitungs-äu" vorgestellt. Anschließend werden weitere Nomen mit au gesammelt, die in der Mehrzahl äu enthalten. Nachdem dies gemeinsam erarbeitet wurde, verschriften die Kinder die gesuchten Wörter selbstständig.

**Differenzierung**
- Quartett mit äu-Wörtern spielen
- Wortkarten mit au/äu-Wörtern sortieren, danach die Wörter aufschreiben

## ▶ Seite 60: Was Handwerker tun

→ *Erstlesebuch, Seiten 80/81*

▷ **Aufgabe 1**

- Die Kinder ordnen die Verben im Wortspeicher unter der Tabelle den Bildern zu und markieren die en-Endung der Grundform. Die Lehrerin kann darauf hinweisen, dass Verben in der Grundform fast immer (Ausnahme: z. B. *scheppern*) die Endung -en haben.
- In die zweite Spalte der Tabelle tragen die Kinder die Ich-Form des Verbs ein und markieren die e-Endung

▷ **Aufgabe 2**

Hier erklären die Handwerker in der Ich-Form, was sie tun. Die Kinder lesen die Sätze und ergänzen sie sinnvoll mithilfe der Verben und der Bilder aus Aufgabe 1.

**Differenzierung**
Leistungsstärkere Kinder schreiben eigene Sätze ins Heft und nutzen dazu die Einstiegsseite des Kapitels

## ▶ Seite 61: Berufe auf der Baustelle

→ *Erstlesebuch, Seiten 80/81*

▷ **Aufgabe 1**

- Die Kinder lesen die kurzen Texte und markieren die Berufsbezeichnung
- In einem zweiten Schritt wird der Text nochmals gelesen und mit dem entsprechenden Bild verbunden

▷ **Aufgabe 2**

Hier sind drei Blöcke von Satzteilen vorgegeben. Die Kinder verbinden sie zu sinnvollen Sätzen und schreiben die Sätze auf. Dabei muss die Lineatur beachtet werden.

**Differenzierung**
Weitere Sätze schreiben

## ▶ Seite 62: Mein Traumhaus

→ *Erstlesebuch, Seiten 84–87*

▷ **Aufgabe 1**

Die Kinder haben viele unterschiedliche Häuser kennengelernt und können jetzt die Anregungen und ihre Fantasie nutzen, um ein eigenen Traumhaus zu zeichnen. Die Fragen „Wie sieht es aus?", „Woraus ist es gebaut?" und „Was kannst du darin machen?" helfen bei den Überlegungen.

▷ **Aufgabe 2**

Unter das Bild schreiben die Kinder Sätze zu ihrem Traumhaus oder sogar eine Geschichte. Die Satzanfänge unten bieten Hilfestellung und können verwendet werden.

**Differenzierung**
Die Differenzierung ergibt sich aus dem Umfang des Textes, den die Kinder schreiben – kurze Sätze, umfangreiche Sätze oder eine Geschichte

## ▶ Seite 63: Leseseite

▷ **Aufgabe 1**

Zum Bild passende Wortgruppe ankreuzen (die Wortgruppen enthalten Wörter mit Qu und äu)

▷ **Aufgabe 2**

Zum Bild passenden Satz ankreuzen (die Sätze enthalten ein Wort mit x sowie Wörter mit der Endung -el)

▷ **Aufgabe 3**

Das Bild entsprechend den Satzaussagen anmalen und ergänzen

▷ **Tatzenaufgabe**

Zum Bild passende Sätze ankreuzen

**Differenzierung**

Partnerlesen/Tandemlesen

## Fördern und Fordern

### Fördertipps

- Bild- und Wortkarten mit Qu und X als Memory- oder Legespiel, Karten mit au/äu-Wörtern als Quartettspiel (s. o.)
- Den Kindern Gelegenheit zum Bauen und Experimentieren geben

### Fordertipps

Den Kindern Bücher aus der Bücherei zu den Themen Bauen und Traumhäuser zur Verfügung stellen und ihnen Zeit geben, um zu lesen und Informationen zu den vielen im Kapitel angesprochenen Bereichen zu suchen

## Fächerübergreifende Unterrichtsvorschläge

### Sachunterricht

- Eine Bauecke einrichten, wo die Kinder mit Bauklötzen etc. arbeiten können
- Im Wald oder auf dem Bauspielplatz Hütten bauen (mit Unterstützung der Eltern)
- Berufe auf der Baustelle
- Berufe der Eltern
- Berufe in der Schule, im Lebensumfeld der Kinder

### Mathematik

- Zahlenmauern
- Ebene Figuren und Körper
- Mit dem Zollstock oder Maßband messen

### Sport

Eine Bewegungsbaustelle einrichten und von Kindern ergänzen lassen

### Kunst

- Das eigene Traumhaus malen oder aus Kartons basteln
- Mit Erbsen und Zahnstochern weiterbasteln

### Musik/Lieder

Lieder: „Wer will fleißige Handwerker seh'n" (trad.; auch auf der TINTO-Lieder-CD, Track 16), „Grün, grün, grün sind alle meine Kleider" (trad.), „Der Baggerführer Willibald" (Dieter Süverkrüpp)

### Passende Kinderliteratur

Sharon Rentta:
**Emil auf der Baustelle**
Gerstenberg

Anke M. Leitzgen, Gesine Grotrian:
**Bauen: Forschen, Bauen, Staunen von A bis Z**
Beltz & Gelberg

Einar Turkowski:
**Als die Häuser heimwärts schwebten**
Mixtvision

Stefan Köhler-Holle:
**Bauklotz-Turm & Zollstock-Schiff**
Ökotopia

Daniel Moignot:
**Licht an! Nachts auf der Baustelle**
FISCHER Meyers

Lars Klinting:
**Kasimir tischlert**
Oetinger

Patricia Mennen, Wolfgang Metzger:
**Auf der Baustelle (Wieso? Weshalb? Warum?, Band 4)**
Ravensburger

Aleksandra Machowiak, Daniel Mizielinski:
**Treppe, Fenster, Klo: Die ungewöhnlichsten Häuser der Welt**
Moritz

Rolf Toyka, Ferenc B. Regös, Heike Ossenkop:
**Achtung, fertig, Baustelle!**
Gerstenberg

## 4.12 Unterwegs

### Thematische Schwerpunkte

- Freizeit, Ferien und Verreisen
- Sehenswürdigkeiten in anderen Ländern
- Urlaubspost schreiben
- Begegnung mit fremden Kulturen
- Umgang mit fremden Kulturen in der eigenen Lebenswelt

### Tipps zum Einstieg ins Thema

Das Wimmelbild gemeinsam betrachten (im Erstlesebuch/E-Book, auf dem Poster oder über Beamer/Whiteboard):

- Die Leitfiguren finden
- Zum Bild erzählen
- Erzählen, welchen Hobbys die Kinder der Klasse in ihrer Freizeit nachgehen und wie sie verreisen
- Über Reisemöglichkeiten nachdenken (mit dem Auto, Zug, Flugzeug, Schiff ...) und die Ergebnisse in einer Mindmap sammeln
- Über Möglichkeiten der Erholung sprechen

### Wortschatzarbeit/Sprachförderung

Die Wörter der Randleiste enthalten nur noch die aus dem Buchstabenkurs bekannten Buchstaben.

- Um die Kinder mit dem Wortmaterial vertraut zu machen, können nach dem Einstieg ins Thema kurze Sprachspiele gespielt werden. Folgende Spiele sind geeignet:
  - „Ich sehe was, was du nicht siehst“
  - „Was fehlt?“
- Die Wörter in der Randleiste mehrfach mit Artikel nennen
- Sätze von unterschiedlicher Struktur bilden je nach sprachlichem Entwicklungsstand:
  *Lena/Fatma/Tim/Jonas ist ...*
  *Im Zoo gibt es ...*

→ *Allgemeine Tipps zur Wortschatzarbeit/Sprachförderung s. Kapitel 4.3*

## Buchstabenkurs Teil B * Y y, C c

▷ Seiten 88–93

→ *Allgemeine Tipps für die Erarbeitung aller Buchstaben/Laute s. Kapitel 4.3*

### Vorschläge für die Erarbeitung von Y y, C c

Großdemonstration an der Tafel/am Whiteboard, evtl. mitsprechen:

*Y y – zick, zack, gerade runter; schräg runter nach rechts, schräg runter nach links bis in den Keller*

- Hinweis: Das kleine y geht bis in den Keller
- Wörter mit Y y sind Merkwörter, denn y wird unterschiedlich lautiert (wie /i/, /ü/ oder /j/). Allerdings gibt es nur wenige Wörter mit Y y. Eine Wörtersammlung schärft dennoch den Blick und das Gehör für den y-Laut. Sie sollte für eine Weile in der Klasse hängen.

*C c* – Das c ist bereits bekannt aus den Buchstabenverbindungen ch und ck. Wörter mit C c sind ebenfalls Merkwörter.
Hinweis auf den unterschiedlichen Klang: C wie *Cent* und C wie *Computer*

### Üben

- Tägliche phonematische Übungen zum Heraushören der Laute (komplettes Buchstabenhaus)
- Die Buchstaben und die dazugehörigen Lautbilder täglich benennen
- Den TINTO-Rap regelmäßig wiederholen
- Die neu erlernten Wörter zu Y y und C c spielerisch wiederholen (s. o. „Wortschatzarbeit/Sprachförderung“)

**▶ Wörter zum täglichen gemeinsamen Lautieren**

Bauernhof, Berg, Fahrrad, Flugzeug, Insel, Koffer, Meer, See, Strand, Zelt, Zoo, Zug, baden, packen, reisen, wandern, heiß

**▶ Sätze zum gemeinsamen Verschriften**

Was machen die Kinder in den Ferien?
Lena zeltet auf dem Campingplatz.
Emil macht Ferien auf dem Ponyhof.
Nele will nach Ägypten zu den Pyramiden.

**▶ Wörter zum Lesen**

**ab Y y:** Ägypten, Antalya, Baby, Handy, Olympia, Olympiade, Pony, Pyramide, Teddy, Xylofon, Yacht, Yak, Yoga, Yoruba

**ab C c:** Campingplatz, Cent, Clown, Cola, Comic, Computer, Cowboy, Creme, Popcorn, eincremen, cool

| **Unterwegs** | | **Neue Übungstypen im Buchstabenkurs** (wann sie das erste Mal auftauchen) | **Didaktische Tipps zur Einführung/Durchführung** |
|---|---|---|---|
| **Y y** S. 88/89 | **3** | Wörter nach Lautqualität des Y-Lautes ordnen | Tinto erklärt die Aussprachevarianten |
| | **4** | Überprüfung des Leseverständnisses durch Einsetzen von vorgegebenen Wörtern | |
| **C c** S. 90/91 | | – | auf Tintos Hinweis eingehen |
| S. 94/95 | | *Das habe ich gelernt* | auf abschließende Wiederholung hinweisen |
| S. 96 | | *Blitzlesen* | Veränderung zu Heft A ansprechen |

* *alternativ: Buchstabenordner*

## Lernstand überprüfen: Das kann ich schon

**▶ Seiten 92/93***

Nach Abschluss der Einheit zum Buchstabenplateau dieses Kapitels (Y y und C c) werden die bereits bekannten Aufgabenformate und Buchstaben zusammenfassend wiederholt:

- Aufgabe 1: fehlende Buchstaben (aus dem gesamten erlernten Buchstabenplateau) ergänzen
- Aufgabe 2: Wörter zuordnen und richtig in die Lineatur abschreiben
- Aufgabe 3: ein- oder zweisilbige Wörter erlesen und das zum Bild passende ankreuzen
- Aufgabe 4: den Text lesen und passende Wörter ergänzen

**zusätzlich oder alternativ:*
**„Das kann ich schon"-Heft** (Beileger im Erstlesebuch)
Das gesamte Buchstabenplateau ist bekannt und das Heft sollte nun von jedem Kind bearbeitet werden können.

## Fördern und Fordern

*→ Allgemeine Förder- und Fordertipps s. Kapitel 4.3*

### Fördertipps

- Regelmäßige Hörübungen zur akustischen Unterscheidung des Y-Lautes (als /J j/, /Ü ü/ oder /I i/) sowie des C-Lautes (als /K k/)
- Kopiervorlagen **(KV 194–196)**

*→ Kapitel 5 „Lernentwicklung beobachten und fördern"*

### Fordertipps

Wörter mit Y y/C c sammeln und aufschreiben

## Erstlesebuch ▷ Seiten 88–97

**▶ Seiten 88/89**

Vorschläge zum Einsatz des Wimmelbildes: s. o.

*→ Arbeitsheft Schreiben/Lesen, Seite 64/65, 67*

**▶ Seiten 90/91**

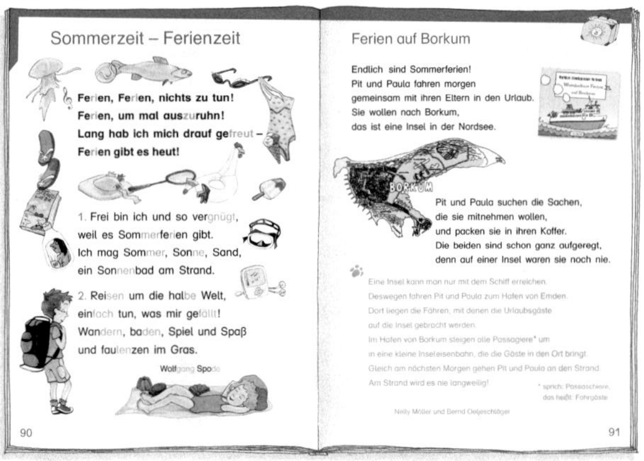

Sommerzeit – Ferienzeit

**Ferien, Ferien, nichts zu tun!**
**Ferien, um mal auszuruhn!**
**Lang hab ich mich drauf gefreut –**
**Ferien gibt es heut!**

1. Frei bin ich und so vergnügt,
weil es Sommerferien gibt.
Ich mag Sommer, Sonne, Sand,
ein Sonnenbad am Strand.

2. Reisen um die halbe Welt,
einfach tun, was mir gefällt!
Wandern, baden, Spiel und Spaß
und faulenzen im Gras.

Wolfgang Spode

90

Ferien auf Borkum

**Endlich sind Sommerferien!**
**Pit und Paula fahren morgen**
**gemeinsam mit ihren Eltern in den Urlaub.**
**Sie wollen nach Borkum,**
**das ist eine Insel in der Nordsee.**

BORKUM

**Pit und Paula suchen die Sachen,**
**die sie mitnehmen wollen,**
**und packen sie in ihren Koffer.**
**Die beiden sind schon ganz aufgeregt,**
**denn auf einer Insel waren sie noch nie.**

Eine Insel kann man nur mit dem Schiff erreichen.
Deswegen fahren Pit und Paula zum Hafen von Emden.
Dort liegen die Fähren, mit denen die Urlaubsgäste
auf die Insel gebracht werden.
Im Hafen von Borkum steigen alle Passagiere* um
in eine kleine Inseleisenbahn, die die Gäste in den Ort bringt.
Gleich am nächsten Morgen gehen Pit und Paula an den Strand.
Am Strand wird es nie langweilig!

* sprich: Passaschiere, das heißt: Fahrgäste

Nelly Möller und Bernd Oeljeschläger

91

*→ Arbeitsheft Schreiben/Lesen, Seite 66*

**▷ Sommerzeit – Ferienzeit** für alle

- Die Bilder am Rand betrachten und benennen
- Den Refrain des Liedes erlesen
- Weitere Ideen für Freizeitangebote und Ferienaktivitäten sammeln
- Das Lied gemeinsam singen (s. auch TINTO-Lieder-CD blau, Track 17)

**▷ Ferien auf Borkum** für viele

- Je nach Lesekompetenz des Kindes den ersten und ggf. auch zweiten Absatz leise vorlesen
- Lesestarke Kinder oder die Lehrerin lesen die Texte allen vor (alle Buchstaben sind eingeführt)
- Das Gelesene besprechen:
  - „Wer macht Urlaub?"
  - „Wo machen Pit und Paula Urlaub?"
  - „Wo liegt Borkum?"
- Auf einer Karte zeigen, wo Borkum liegt
- Die Kinder der Klasse berichten, ob sie ähnliche Urlaubserfahrungen gemacht haben

### ▷ Ferien auf Borkum — für manche

Leistungsstärkere Kinder erlesen den Tatzentext selbstständig, lesen ihn ggf. allen vor

**Fördertipps zu den Seiten 90/91**

- Einen Thementisch/eine Themendecke zum Thema Ferien und Freizeit erstellen: Die Kinder bringen eigene Gegenstände mit, bezeichnen und verschriften sie gemeinsam
- Sprachmuster einüben: „In meiner Freizeit mag ich …“, „Am liebsten mache ich …“, „In den Ferien …“

**Fordertipps zu den Seiten 90/91**

Sätze oder eine Geschichte zu den persönlichen Ferienplanungen/Reiseerlebnissen schreiben

## ▶ Seiten 92/93

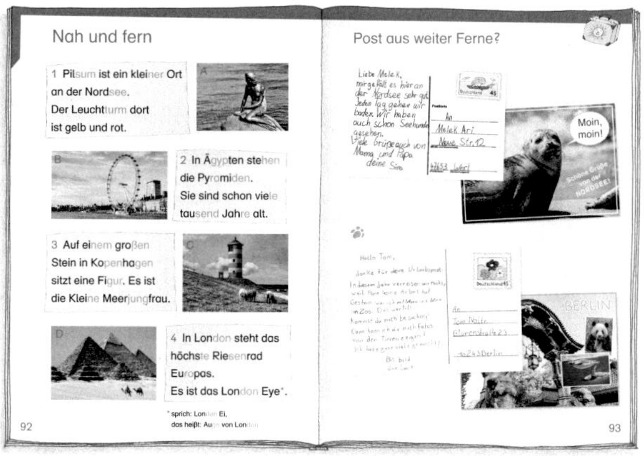

Nah und fern

1 Pilsum ist ein kleiner Ort an der Nordsee. Der Leuchtturm dort ist gelb und rot.

2 In Ägypten stehen die Pyramiden. Sie sind schon viele tausend Jahre alt.

3 Auf einem großen Stein in Kopenhagen sitzt eine Figur. Es ist die Kleine Meerjungfrau.

4 In London steht das höchste Riesenrad Europas. Es ist das London Eye*.

* sprich: Londen Ei, das heißt: Auge von London

92

Post aus weiter Ferne?

Liebe Melek,
mir gefällt es hier an der Nordsee sehr gut. Jeden Tag gehen wir baden. Wir haben auch schon Seehunde gesehen.
Viele Grüße auch von Mama und Papa
deine Sina

An
Melek Ari
Neue Str. 12
47653 Werl

Moin, moin!

Schöne Grüße von der NORDSEE!

Hallo Tom,

An
Tom Nolte
Blumenstraße 23
10243 Berlin

BERLIN

93

*→ Arbeitsheft Schreiben/Lesen, Seite 66*

### ▷ Nah und fern — für alle

- Die Fotos betrachten und dazu erzählen
- Die nummerierten Texte halblaut erlesen
- Die Texte den Bildern zuordnen

### ▷ Post aus weiter Ferne? Liebe Melek — für viele

- Die Postkarte betrachten und dazu erzählen
- Den Text auf der Ansichtsseite der Postkarte leise erlesen (alle Buchstaben sind eingeführt)
- Den handschriftlichen Postkartentext halblaut erlesen
- Die Erlebnisse des Kindes wiedergeben
- Verständnisfragen zum Text der Postkarte klären
- Über den Aufbau einer Postkarte sprechen (Adressat/Adresse, Anrede/Text/Grußformel, Briefmarke)

### ▷ Hallo Tom — für manche

- Fortgeschrittene Leserinnen und Leser lesen die untere Karte vor, ggf. auch die Lehrerin
- Zum Gelesenen erzählen

**Fördertipps zu den Seiten 92/93**

- Markante Informationen verschriften (z. B. *Leuchtturm, rot und gelb*)
- Eine Blankopostkarte zur Verfügung stellen (Position der Adresse, Briefmarke, Anrede etc. vorgeben)

**Fordertipps zu den Seiten 92/93**

- Schriftlich von eigenen Urlaubserlebnissen berichten
- Eine Postkarte verfassen

## ▶ Seiten 94/95

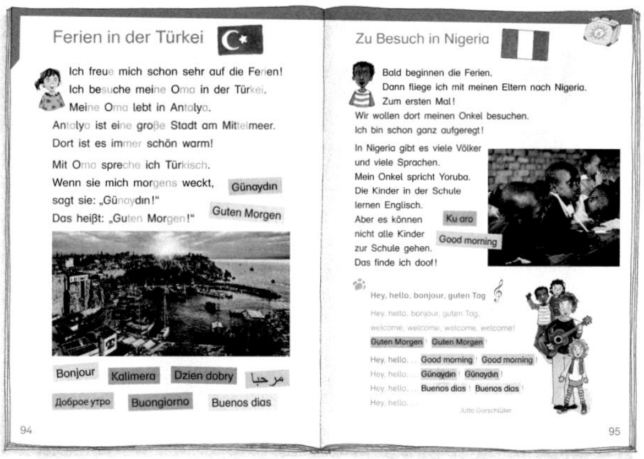

Ferien in der Türkei

Ich freue mich schon sehr auf die Ferien!
Ich besuche meine Oma in der Türkei.
Meine Oma lebt in Antalya.
Antalya ist eine große Stadt am Mittelmeer.
Dort ist es immer schön warm!
Mit Oma spreche ich Türkisch.
Wenn sie mich morgens weckt, sagt sie: „Günaydın!“
Das heißt: „Guten Morgen!“

Günaydın | Guten Morgen

Bonjour | Kalimera | Dzien dobry | مرحبا | Доброе утро | Buongiorno | Buenos dias

94

Zu Besuch in Nigeria

Bald beginnen die Ferien.
Dann fliege ich mit meinen Eltern nach Nigeria.
Zum ersten Mal!
Wir wollen dort meinen Onkel besuchen.
Ich bin schon ganz aufgeregt!
In Nigeria gibt es viele Völker und viele Sprachen.
Mein Onkel spricht Yoruba.
Die Kinder in der Schule lernen Englisch.
Aber es können nicht alle Kinder zur Schule gehen.
Das finde ich doof!

Ku aro | Good morning

Hey, hello, bonjour, guten Tag

Hey, hello, bonjour, guten Tag,
welcome, welcome, welcome, welcome!
Guten Morgen! Guten Morgen!
Hey, hello, … Good morning! Good morning!
Hey, hello, … Günaydın! Günaydın!
Hey, hello, … Buenos dias! Buenos dias!
Hey, hello, …

Jutta Gorschlüter

95

*→ Arbeitsheft Schreiben/Lesen, Seite 68*

### ▷ Ferien in der Türkei — für alle

- Die Bilder betrachten und dazu erzählen
- Die farbig unterlegten Begrüßungsworte halblaut erlesen; Kinder mit Migrationshintergrund bzw. anderen/weiteren Muttersprachen fungieren als Experten
- Den Text halblaut erlesen
- Die wörtliche Rede betonend vorlesen
- Den Text besprechen:
  - „Wer freut sich auf die Ferien?“
  - „Was macht Fatma in den Ferien?“
  - „Wer wohnt in Antalya?“
  - „Welche Sprache spricht Fatma mit ihrer Oma?“
- Die Kinder tauschen sich über eigene Spracherfahrungen in anderen Ländern oder über Sprachkenntnisse aus

### ▷ Zu Besuch in Nigeria — für viele

- Die Fotos betrachten und von ersten Eindrücken erzählen
- Den Text leise erlesen, ggf. lesen ihn leistungsstärkere Kinder oder die Lehrerin vor (alle Buchstaben sind eingeführt)
- Verständnis des Textes klären:
  - „Was macht Jonas in den Ferien?"
  - „Welche Sprachen werden in Nigeria gesprochen?"
  - „Was machen die Kinder in Nigeria?"
- Meinungen zum Thema Schulbesuch austauschen
- Die Lehrerin stellt heraus, dass Bildung ein wichtiges Gut und nicht selbstverständlich ist

### ▷ Hey, hello, bonjour, guten Tag — für manche

(Singen für alle)
- Das Lied selbstständig erlesen, ggf. vorlesen
- Das Lied gemeinsam singen

**Fördertipps zu den Seiten 94/95**
- Über Erfahrungen in anderen Ländern berichten

**Fordertipps zu den Seiten 94/95**
- Begrüßungen in anderen Sprachen aufschreiben
- Das Lied durch Begrüßungen in anderer Sprachen ergänzen (evtl. auch dazu recherchieren) und singen

### ► Seiten 96/97

Zuhause kann überall sein

Meine Tante nannte mich Wildfang.
Dann kam der Krieg
und meine Tante nannte mich
nicht mehr Wildfang.

Um in Sicherheit zu sein, kamen wir in dieses Land.
Alles war fremd. Niemand sprach so wie ich.
Ich fühlte mich allein.

Zu Hause kuschelte ich mich
in eine Decke aus meinen
eigenen Worten und Geräuschen.
Ich nannte sie meine alte Decke.
In ihr fühlte ich mich sicher.

96

Eines Tages lächelte mich im Park
ein Mädchen an.
Sie winkte und lächelte
und mir wurde warm ums Herz.

Das Mädchen kam zu uns
und sagte etwas.
Seine Worte waren fremd.
Es nahm mich mit zur Schaukel.
Ich wollte ihr sagen, wie glücklich ich war.
Doch ich wusste nicht, wie.

Beim nächsten Mal brachte mir
das Mädchen ein paar Worte mit.
Sie ließ sie mich ganz oft wiederholen.

Ich webte mir eine neue Decke.
Heute ist meine neue Decke genauso warm,
weich und gemütlich
wie meine alte!

Irena Kobald

97

→ *Arbeitsheft Schreiben/Lesen, Seiten 64–69*

### ▷ Zuhause kann überall sein — für manche

- Die Überschrift lesen, die Bilder betrachten und Vermutungen anstellen, worum es geht
- Die Geschichte vorlesen
- Die Kinder der Klasse berichten, ob sie ähnliche Erfahrungen gemacht haben
- Den Inhalt besprechen:
  - „Wie wird das Mädchen genannt?"
  - „Wieso hat das Mädchen mit der Tante das Land verlassen?"
  - „Wie fühlt sich das Mädchen in dem neuen Land?"
  - „Was mag das Mädchen an ihrer alten Decke?"
  - „Wobei hilft ihr das Mädchen im Park?"
  - „Wieso webt sie sich eine neue Decke?"
- Die Kinder lesen den Text vor

## Arbeitsheft Schreiben/Lesen ▷ Seiten 64–69

### ► Seite 64: Silben schwingen/Wörter verschriften

→ *Erstlesebuch, Seiten 88/89*

### ▷ Aufgabe 1

- Wiederholung: die aus dem Erstlesebuch bekannten Wörter zu den Bildern mehrfach nennen und verschriften
- Alle Namen der auf der Seite abgebildeten Dinge langsam und gedehnt sprechen, klatschen oder schwingen
- Silbenbögen zeichnen
- Die Schreibtipps in den Denkblasen beachten

### ▷ Tatzenaufgabe

Drei weitere Wörter zum Thema ebenso bearbeiten, jetzt jeweils zwei Rechtschreibbesonderheiten beachten

**Differenzierung**
- „Dach"-Buchstaben markieren

### ► Seite 65: Wörter/Sätze schreiben

→ *Erstlesebuch, Seite 90*

### ▷ Aufgabe 1

- Die Namen der abgebildeten Dinge nennen

- Die Wörter mithilfe des Buchstabenhauses verschriften (pro Strich/Kasten einen Laut notieren), die Silbenbögen daruntersetzen

### ▷ Aufgabe 2

Die Wortgrenzen markieren und die Sätze aufschreiben

### ▷ Tatzenaufgabe

Hier ebenfalls die Wortgrenzen markieren und den Satz aufschreiben

## ▶ Seite 66: Was ich in den Ferien mache

*→ Erstlesebuch, Seiten 92/93*

### ▷ Aufgabe 1

- Die Kinderzeichnungen betrachten und dazu erzählen
- Die Satzteile unter den Bildern halblaut erlesen und Vermutungen anstellen
- Die Verben in der richtigen Personalform in die Tabelle eintragen und die Endungen markieren

### ▷ Aufgabe 2

- Die Sätze mithilfe der Bilder und Verben sinnvoll ergänzen

### ▷ Tatzenaufgabe

Ein Bild zu den eigenen Ferienaktivitäten malen und einen Satz dazu schreiben

**Differenzierung**
Leistungsschwächere Kinder bearbeiten nur die Aufgabe 1

## ▶ Seite 67: Tiere im Zoo und anderswo

*→ Erstlesebuch, Seiten 88/89*

### ▷ Aufgabe 1

- Die Wörter in den Kästen erlesen
- Die Eigenschaft von Reimen wiederholen
- Reimpaare finden und verbinden

### ▷ Aufgabe 2

Mithilfe des Wortspeichers die fehlenden Reimwörter finden und ergänzen

### ▷ Tatzenaufgabe

Den Satz erlesen, mithilfe des Bildes das fehlende Reimwort finden und selbstständig ergänzen

**Differenzierung**
- Je nach Lernsituation sowie Lese- bzw. Schreibfortschritt bearbeiten die Kinder ggf. nur die Aufgabe 1 (bzw. die Aufgaben 1 und 2)
- Die Endungen der Reimwörter in den Sätzen markieren, damit die Aufmerksamkeit der Kinder besonders darauf gelenkt wird

## ▶ Seite 68: Ferienspaß

*→ Erstlesebuch, Seite 93*

### ▷ Aufgabe 1

- Die am Rand abgebildeten Dinge benennen
- Überlegen: Was könnte man mit den Dingen in den Ferien/in der Freizeit tun?
- Überlegungen austauschen
- Eine kleine Geschichte über die eigenen Ferien (-planungen) schreiben

**Differenzierung**
- Wörter und Sätze zu den Bildern schreiben
- Den Satzanfang vorgeben: „Ich möchte in den Ferien ..."

## ▶ Seite 69: Leseseite

### ▷ Aufgaben 1, 2, 3

Die zum Bild passenden Wortgruppen bzw. Sätze ankreuzen

### ▷ Tatzenaufgabe

- Den Text sinnentnehmend lesen, das Bild passend anmalen und ergänzen

**Differenzierung**
- Je nach Lesekompetenz des Kindes die Aufgaben nach Anforderungsbereich bearbeiten lassen (1, 2, 3)
- Fortgeschrittene Leserinnen und Leser können den Text der Tatzenaufgabe auch gemeinsam mit einer Partnerin/einem Partner erlesen, sich besprechen und das Bild entsprechend kolorieren

## Fördern und Fordern

### Fördertipps

Tägliche Kurzübungen zur Festigung des erarbeiteten Wortschatzes

### Fordertipps

Eigene Sätze zu Bildern verschriften

## Fächerübergreifende Unterrichtsvorschläge

### Sachunterricht

- Fremde Länder (z. B. beliebte Reiseziele oder Herkunftsländer der Kinder auf Karten zeigen, den Ländern ihre Flagge zuordnen)
- Schule in anderen Ländern

### Kunst

Flaggen malen von allen Nationen, die in der Klasse vertreten sind, bzw. von Ländern, in denen die Kinder Urlaub machen

### Musik/Lieder

Lied: „Ferien, Ferien, nichts zu tun!“ (Wolfgang Spode)

### Passende Kinderliteratur

Labor Ateliergemeinschaft:
**Kinder Künstler Reisebuch**
Beltz & Gelberg

Andrea Erne, Wolfgang Metzger:
**Alles über Flugzeuge (Wieso? Weshalb? Warum?, Band 20)**
Ravensburger

Kirsten Boie:
**Bestimmt wird alles gut**
Klett Kinderbuch

Hans de Beer:
**Kleiner Eisbär: Wohin fährst du, Lars?**
NordSüd

## 4.13 Feste im Jahr

### Thematische Schwerpunkte

- Die vier Jahreszeiten
- Sankt Martin
- Nikolaus
- Advent
- Weihnachten
- Ostern
- Zuckerfest

### Tipps zum Einstieg ins Thema

- Die Seiten dieses Kapitels werden nicht als Einheit bearbeitet. Zu den oben aufgeführten Festen werden verschiedene Textformen angeboten.
- Die Seiten können bei Bedarf zu den genannten Anlässen genutzt werden. Sie lassen sich nicht in drei Leistungsanforderungen (Kompetenzstufen) untergliedern. Eine Differenzierung kann aber zum Teil durch unterschiedliche Aufgabenstellungen erfolgen (s. Hinweise zu den jeweiligen Seiten).

### Wortschatzarbeit/Sprachförderung

- Der Wortschatz auf den einzelnen Seiten ist, soweit möglich, dem erarbeiteten Wortschatz zum jeweiligen Zeitpunkt angepasst
- Dort, wo es sinnvoll erscheint, werden im Folgenden konkrete Tipps zu einzelnen Seiten gegeben

→ *Allgemeine Tipps zur Wortschatzarbeit/Sprachförderung s. Kapitel 4.3*

## Erstlesebuch ▷ Seiten 98–107

### ▶ Seiten 98/99

- Das Wimmelbild gemeinsam betrachten (im Erstlesebuch/E-Book, auf dem Poster oder über Beamer/Whiteboard)
- Die Bilder zu den Festen neben den Gleisen des Tinto-Wagens entschlüsseln (Lenas Geburtstag, Erntedank, Halloween, Sankt Martin, Advent, Nikolaus, Weihnachten, Silvester, Dreikönigsfest, Karneval, Ostern, Aufstellen des Maibaums, Muttertag, Vatertag/Christi Himmelfahrt)
- Die Protagonisten (Heilige Drei Könige, Osterhase, Nikolaus etc.) entdecken, die in der Mitte des Bildes tanzen
- Die Wörter in der Randleiste erlesen und mehrfach mit Artikel nennen
- Die Monatsnamen auf den Schienen des Tinto-Wagens entdecken und erlesen
- Auf dem kleineren Wagen, der sich rund ums Jahr bewegt, das Zuckerfest erkennen
- Informationen zu einzelnen Festen recherchieren, z. B. Halloween und Zuckerfest. (Halloween kommt ursprünglich aus Irland. Irische Einwanderer brachten es in die USA. Von dort fand es in den letzten Jahren den Weg zurück nach Europa. Ausgehöhlte Kürbisse und Gespenster-Verkleidungen gehören dazu. Das Zuckerfest ist ein bewegliches Fest, das nach dem Mondkalender festgelegt wird und das Ende des Fastenmonats Ramadan darstellt. Sein Name erklärt sich aus der Tradition, dass die Kinder mit Süßigkeiten beschenkt werden.)

→ *Arbeitsheft Schreiben/Lesen, Seite 75*

### ▶ Seiten 100/101

### ▷ Die vier Jahreszeiten

- Die vier Jahreszeiten am Baum in der Mitte ausmachen; sie werden zum Gegenstand des Unterrichtsgesprächs
- Die vier Rap- oder Sprechkanons durch zeilenweises Wiederholen erlernen und Bewegungen (s. Randleiste) zum Text ausführen. Es bietet sich an, jeweils zum Wechsel der Jahreszeiten einen neuen Kanon zu erlernen.

**Fördertipps zu den Seiten 100/101**
Wiederholtes chorisches Sprechen

**Fordertipps zu den Seiten 100/101**
Das Bild bietet einen Schreibanlass für kleine Geschichten

**Passende Kinderliteratur**

Blexbolex:
**Jahreszeiten**
Jacoby & Stuart

Marianne Hofmann, Reinhard Michl:
**Die kleine Birke: Eine Jahreszeitengeschichte**
Hanser

Britta Teckentrup:
**Alle Wetter**
Jacoby & Stuart

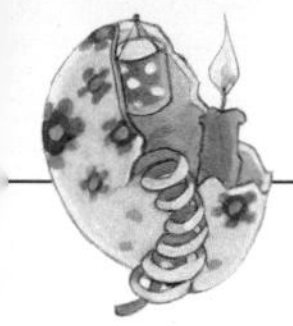

## ► Seiten 102/103

Sankt Martin

Es ist kalt.
Ein armer Mann
hat keinen Mantel.
Martin teilt
seinen Mantel.

Durch die [Bild], auf und nieder,
leuchten die [Bild] wieder:
rote, gelbe, grüne, blaue,
lieber [Bild], komm und schaue.

Lieselotte Holzmeister

102

Nikolaus

Am Abend in der Winterzeit
geh ich von Haus zu Haus
und teile allen Kindern dann
die schönsten Sachen aus.

Ich habe einen schweren Sack
voll Plätzchen, süß und fein.
Ich klopfe laut an deine Tür
und komm zu dir herein.

Rolf Krenzer

Advent

Wieder kommen wir zusammen,
singen Lieder im Advent.
Und ein jeder kann es sehen,
dass die erste Kerze brennt.

Kleines Licht, bist du auch winzig,
leuchte in die Welt hinein.
Schenke Frieden, Wärme, Hoffnung.
Niemand soll alleine sein!

Rita Mölders

103

Diese Seiten finden zu den jeweiligen Festen Verwendung und sind dem zu erwartenden Lernstand zu diesem Zeitpunkt so weit wie möglich angepasst.

→ *Arbeitsheft Schreiben/Lesen, Seiten 70/71*

### ▷ Sankt Martin

- Den Text bildgestützt erlesen
- Die Martinsgeschichte kennenlernen (die Kurzfassung erlesen)
- Das Brauchtum über die Illustration kennenlernen

### ▷ Durch die Straßen

- Den Liedtext mit Bildern unterstützt erlesen
- Die Bilder in Text „übersetzen"
- Das Lied singen
- Die drei Grundfarben/Primärfarben und die Mischfarbe Grün kennenlernen (Wortbilder)

## ► Wörter zum täglichen gemeinsamen Lautieren

Laterne, Mantel, Martin, geben, teilen, arm, kalt

**Fördertipps zur Seite 102**
- Den Text kopieren und sinntragende Wörter („kalt", „armer Mann", „Mantel", „Martin", „teilt") farbig kennzeichnen
- Gemeinsam die Wörter den Bildern zuordnen
- Die (ausführliche) Martinslegende erzählen und so das Textverständnis fördern
- Laternen für den Martinszug basteln

**Fordertipps zur Seite 102**
- Bilderbücher zur Martinslegende zur Verfügung stellen
- Das Lied ohne Reimwörter anbieten und diese finden lassen

**Passende Kinderliteratur**

Antonie Schneider, Wsyl Bagdaschwili:
**Die Geschichte von Sankt Martin**
Coppenrath

Karina Luzán:
**St. Martin ritt durch Schnee und Wind – Ein Spiellied (Kamishibai-Bildkartenset)**
Don Bosco

Erich Jooß, Renate Seelig:
**Martins Mantel**
Thienemann-Esslinger

### ▷ Nikolaus/Advent

- Fortgeschrittene Kinder erlesen die Gedichte/Liedtexte selbstständig
- Bewegungen zum Text erarbeiten zur Unterstützung eines Vortrags
- Den Vortrag allein oder im Lesetandem erarbeiten und den Text anschließend allein, im Tandem oder in der Gruppe vor unterschiedlichem Publikum (Klasse, Partnerklasse ...) vortragen
- Ein szenisches Spiel zum Text entwickeln
- Die Lieder singen

## ► Wörter zum täglichen gemeinsamen Lautieren

Bart, Haus, Kerze, Kinder, Nikolaus, Winter

**Fordertipps zur Seite 103**
- Bilderbücher zum Nikolaus und zum Advent zur Verfügung stellen
- Ein Gedicht/Lied abschreiben und ein Schmuckblatt gestalten

**Passende Kinderliteratur**

Mira Lobe, Christine Sormann:
**Eine Geschichte vom Nikolaus**
Jungbrunnen

Anselm Grün, Giuliano Ferri:
**Die Legende vom heiligen Nikolaus**
Herder

## ▶ Seiten 104/105

An der Krippe

Maria und Josef klopfen an viele Türen.
Keiner öffnet.
Josef, ich bin so müde!
Ich suche uns ein Zimmer.
Ich kann nicht mehr gehen.
Ich klopfe ja schon überall.
Das Kind wird bald geboren!

Maria und Josef kommen zu einem Stall.
Kommt herein.
Das ist nur ein Stall.
Aber hier ist es warm.

Ich lege mich hin.
Hier gibt es Stroh.

Mir ist so kalt.
Ich wärme dich.

104

Ich habe Durst.
Ich schenke dir Milch.
Ich auch.

Ich habe Hunger.
Hier sind Nüsse.

In der Nacht wird das Kind geboren.
Jesus ist geboren!
Ich wärme das Kind.
Ich singe ein Schlaf-Lied.
Ich auch!
Und ich wache über euch –
(knipst das Licht aus).

105

→ *Arbeitsheft Schreiben/Lesen, Seite 72*

### ▷ An der Krippe

- Das Krippenspiel kann von Kindern im ersten Schuljahr aufgeführt werden. Die handelnden Figuren haben nur kurze Textabschnitte zu sprechen. So können leicht alle Kinder eingebunden werden. (Maria, Josef und der Erzähler haben etwas mehr Text, die Tiere jeweils nur einen kurzen Satz. Hier gibt es gute Differenzierungsmöglichkeiten.)
- Den Text zunächst gemeinsam szenisch erlesen: Die Kinder stehen dazu in einer Reihe und lesen einzeln oder chorisch zu mehreren die Texte der einzelnen Figuren. Vor allem beim chorischen Lesen können auch schwache Leser sehr gut beteiligt werden.
- Weitere Möglichkeiten der Textdarbietung sind z.B.:
  - Lesestarke Kinder üben den Textvortrag anhand einiger vorbereitender Aufgaben und präsentieren ihn anschließend allein oder zu mehreren
  - Das Stück mit Handpuppen vorspielen oder frei erzählen
- Eventuell eine Lese- und eine Spielgruppe bilden, sodass die Kinder sich leichter auf nur eine Aufgabe konzentrieren können
- Mit entsprechender Vorbereitung wird es sicher gelingen, die Kinder zum Theaterspiel zu führen. Dazu können im Kunstunterricht Tiermasken hergestellt werden (s. Illustration).

## ▶ Wörter zum täglichen gemeinsamen Lautieren

Esel, Josef, Maria, Maske, Schaf, finden, helfen, suchen

## Passende Kinderliteratur

Astrid Lindgren, Anne-Kristin zur Brügge, Katrin Engelking:
**Weihnachten mit Astrid Lindgren**
Oetinger

Luise Holthausen, Cornelia Haas:
**Benni und Clara retten Weihnachten**
FISCHER Duden Leseprofi

Anna Herzog, Joëlle Tourlonias:
**Der Tag, an dem Weihnachten verschwand**
Ravensburger

Frida Nilsson, Anke Kuhl:
**Frohe Weihnachten, Zwiebelchen!**
Gerstenberg

Lorenz Pauli, Kathrin Schärer:
**Wie weihnachtelt man?**
FISCHER Sauerländer

## ▶ Seiten 106/107

Ostern

Der Osterhase hat über Nacht
zwölf Eier in unseren Garten gebracht.
Eins legte er unter die Gartenbank,
drei in das grüne Efeugerank,
vier in das gelbe Tulpenbeet,
drei, wo die weiße Narzisse steht.
Eins legte er auf den Apfelbaumast,
da hat sicher die Katze mit angefasst.

Carl Ferdinands

106

Zuckerfest – Şeker Bayramı

Das Zuckerfest ist jedes Jahr
an einem anderen Tag.
Es ist das Ende vom Fastenmonat Ramadan.

Einmal im Jahr haben wir
den Fastenmonat Ramadan.
Da essen meine Eltern nur,
wenn es draußen dunkel ist.
Wenn der Ramadan vorbei ist,
feiern wir das Zuckerfest.
Am Zuckerfest stehen wir ganz
frah auf. Wir gehen zur Moschee.
Fatma

Am Zuckerfest gehen wir
zu Verwandten und Freunden.
Wir begrüßen uns mit
„Bayramın kutlu olsun!".
Das bedeutet: „Frohes Fest!"
Die Kinder bekommen
Süßigkeiten geschenkt.
Muhammad

107

→ *Arbeitsheft Schreiben/Lesen, Seite 73*

### ▷ Ostern

- Den Text bildgestützt erlesen
- Den Gebrauch der Präpositionen erlernen und üben
- Sinnentnehmend lesen: die Verstecke in der Illustration suchen
- Den Gedichtvortrag allein oder im Lesetandem erarbeiten und das Gedicht allein, im Tandem oder in der Gruppe vor unterschiedlichem Publikum (Klasse, Partnerklasse ...) vortragen

## ▶ Wörter zum täglichen gemeinsamen Lautieren

Eier, Garten, Hase, Ostern, Tulpe, malen, bunt

**Fördertipps zur Seite 106**
- Den Text kopieren und sinntragende Wörter (Fundorte) von den Kindern unterstreichen lassen
- Übungen zu Präpositionen anhand von Sachsituationen, Bildern/Fotos etc.

**Fordertipps zur Seite 106**
Ein Gedicht/Lied abschreiben und ein Schmuckblatt gestalten

**Passende Kinderliteratur**

Cornelia Möres, Eva Czerwenka:
**Mein erstes Buch von Ostern**
Herder

Marcus Pfister:
**Henri der Künstler: Eine Reise durch das Land der Bilder**
cbj

Helme Heine:
**Das schönste Ei der Welt**
Beltz & Gelberg

### ▷ Zuckerfest – Şeker Bayramı

- Den kurzen Einführungstext lesen
- Die handschriftlichen Texte lesen
- Das Fest und die zugehörigen Bräuche kennenlernen
- Über verschiedene Kulturen kommunizieren

### ▶ Wörter zum täglichen gemeinsamen Lautieren

Ende, Fest, Freunde, Monat, Tage, haben, schenken

**Fördertipps zur Seite 107**
- Muslimische Kinder berichten im Vorfeld über das Zuckerfest
- Auf einer Kopie der Kindertexte sinntragende Wörter finden und unterstreichen

**Fordertipps zur Seite 107**
- Kindertexte als Schreibanlass nutzen: „Beschreibe ein Fest deiner Wahl."
- Eine Wandzeitung aus Kindertexten erstellen

**Passende Kinderliteratur**

Angela Weinhold:
**Religionen der Welt (Wieso? Weshalb? Warum?, Band 23)**
Ravensburger

## Arbeitsheft Schreiben/Lesen ▷ Seiten 70–75

### ▶ Seite 70: Sankt Martin

→ *Erstlesebuch, Seite 102*

### ▷ Aufgabe 1

- Text im Erstlesebuch und Bild vergleichen
- Signalwörter wiedererkennen und übertragen

### ▷ Tatzenaufgabe

Einen Satz oder eine kleine Geschichte zum Bild formulieren und verschriften

**Differenzierung**
Die gesamte Martinsgeschichte selbstständig verschriften

### ▶ Seite 71: Nikolaus

→ *Erstlesebuch, Seite 103*

### ▷ Aufgabe 1

- Wörter (Bilder rund um den Sack) verschriften
- Eigene Wörter verschriften („Was hat der Nikolaus dir gebracht?")

### ▷ Tatzenaufgabe

Einen Satz oder eine kleine Geschichte zum Bild formulieren und verschriften

**Differenzierung**
- Eigene Geschenke/Wünsche malen
- Eine Nikolausgeschichte aufschreiben

### ▶ Seite 72: Weihnachten

→ *Erstlesebuch, Seiten 104/105*

### ▷ Aufgabe 1

Einen Lesetext verstehen und handelnd umsetzen

### ▷ Tatzenaufgabe

Weitere Geschenke dazumalen und die Wörter aufschreiben

**Differenzierung**
- Den Text vorlesen und von den Kindern malend umsetzen lassen
- Sinntragende Wörter (Nomen und Farbwörter) unterstreichen zur Erleichterung der Sinnentnahme

## ▶ Seite 73: Ostern

→ *Erstlesebuch, Seite 106*

### ▷ Aufgabe 1

- Gebrauch von Präpositionen üben
- Die korrekte grammatische Form (den Dativ) erlernen
- Satzmuster trainieren

### ▷ Tatzenaufgabe

Die gleiche Übung mit erhöhtem Schwierigkeitsgrad (längere Wörter, keine Lösungsvorgaben) durchführen

**Differenzierung**
- Gegenstände verstecken und ihre Lage benennen
- Mündliches Satzmustertraining, z. B.:
  - *Lege den Hasen …*
  - *Ich lege den Hasen …*
  - *Tom legt den Hasen …*

## ▶ Seite 74: Geburtstag

→ *Erstlesebuch, Seiten 98/99*

### ▷ Aufgabe 1

- Einen Lesetext verstehen und handelnd umsetzen
- Eine Frage erlesen und schriftlich beantworten

### ▷ Aufgabe 2

Einen Text (Einladung) mit passenden Angaben ergänzen

**Differenzierung**
Eine eigene Einladung entsprechend den Vorgaben generativ verfassen

## ▶ Seite 75: Kennst du die Feste?

→ *Erstlesebuch, Seiten 98–105*

### ▷ Aufgabe 1

Sätze lesen und mit passenden Festen verbinden

**Differenzierung**
- Zunächst die Signalwörter unterstreichen
- Eigene kleine Texte zu verschiedenen Festen des Jahres verfassen, als Anregung evtl. das Wimmelbild nutzen

# Fächerübergreifende Unterrichtsvorschläge

## Mathematik

- Zahlen als Ziffern und als Zahlwort schreiben
- Zahlen gestalten (evtl. im Stil von Otmar Alt)

## Kunst

- Einen Jahreszeitenbaum für die Klasse erstellen
- Einen Jahreskreis erstellen
- Martinslaternen basteln aus: Saftkartons, Papiertüten, Luftballons und Kleister …
- Tischlaternen aus alten Gläsern basteln
- Nikolausstiefel aus Filz nähen (als Adventskalender)
- Masken aus Papptellern herstellen
- Kulissen bauen
- Ausgeblasene Eier bemalen
- Filzküken nähen

## Musik/Lieder

Lieder: „Die Jahresuhr" (Rolf Zuckowski), „Sankt Martin" (trad.; auch auf der TINTO-Lieder-CD blau, Track 19), „Laterne, Laterne, Sonne, Mond und Sterne" (trad.), „Ich geh mit meiner Laterne" (trad.), „Kommet, ihr Hirten" (Carl Riedel, trad.) u. v. m.

## Sonstiges

- Teepunsch zubereiten
- Stutenkerle oder Plätzchen backen
- Bratäpfel zubereiten
- Ein Osterfrühstück vorbereiten

# Lernentwicklung beobachten und fördern 5

## 5.1 Lernausgangslage erfassen

Der erfolgreiche Einstieg in den Schriftspracherwerb setzt ein Mindestmaß an Fähigkeiten voraus, Wörter auf ihre Laute hin abzuhören. Deswegen wird dem Erwerb dieser Fähigkeit sowohl in den TINTO-Materialien als auch in diesem Teil des Lehrerkommentars besonders viel Aufmerksamkeit zuteil. Andererseits wird diese Fähigkeit im Laufe des Schrifterwerbs auch immer weiter gesteigert und vervollkommnet. Für die Fähigkeit, die für das Schreiben und Lesen bedeutsamen Laute in Wörtern als Einzellaut zu erkennen und näher zu bestimmen, hat sich in den letzten Jahren der Begriff **phonemische Bewusstheit** oder auch **phonologische Bewusstheit** eingebürgert.

Um zu verstehen, warum die Fähigkeit zur bewussten Lautdiskrimination bei vielen Schulanfängern noch nicht weit ausgebildet ist, muss man sich vergegenwärtigen, dass Kinder, bevor sie zur Schule kommen, die Fähigkeit, einzelne Laute aus einem Wort herauszuhören, nicht brauchen. Sie haben Sprache fast ausschließlich unter dem kommunikativen Aspekt benutzt, d. h., in dem Satz „Heute kommt Oma" war wichtig, dass diese (meist) geliebte Person kommen würde, und nicht, dass man in *Oma* ein /O/, ein /m/ und ein /a/ hören kann. Diese ungeheuer abstrakte Dimension von Sprache wird erst für das Lesen- und Schreibenlernen von Bedeutung und es stellt für die Kinder einen gewaltigen geistigen Sprung dar, sich von dem konkret Gemeinten zu lösen und auf Laute zu achten.

Durch handelnden Umgang mit Wörtern und durch gezieltes Üben kann diese Fähigkeit schrittweise aufgebaut werden.
Das Kind kann erkennen:

1. *Haustürschlüssel* hat vier Silben (dazu kann ich viermal klatschen/schwingen).
2. *Streichholzschachtel* ist ein langes Wort, *Zug* ist ein kurzes Wort.
3. Am Anfang von *Mond* höre ich ein /M/.
4. Am Ende von *Ball* höre ich ein /l/.
5. Ich höre im Wort *Kind* ein /K/, ein /i/, ein /n/ und ein /t/.
6. Das /o/ in *Kartoffel* klingt zwischen dem /t/ und dem /f/.
7. Das /a/ in *Tafel* klingt lang, das /a/ in *Schwamm* klingt kurz.
8. Das /s/ in *Häuser* klingt stimmhaft, das /s/ in *Haus* klingt stimmlos.

Die Fähigkeiten unter 6.–8. werden von vielen Kindern in der ersten Klasse nicht erreicht, aber durch didaktisch korrektes Verhalten der Lehrkraft und durch richtige Hilfsmittel bereits vorbereitet (s. Lauttabelle/Buchstabenhaus). Um sicherzustellen, dass alle Kinder Ihrer Klasse über das Abhören von Wörtern und deren Verschriftung zur alphabetischen Strategie gelangen werden (Ihnen also *keines* „durch die Lappen geht"), schlagen wir für die ersten drei Wochen das folgende, in vier Schritte gestufte Beobachtungsverfahren vor, das in eine gezielten Förderung mündet:

### Schritt 1: Erster (grober) Überblick über die Fähigkeiten der Kinder

Um sich einen ersten groben Überblick über bereits vorhandene Fähigkeiten der Kinder zu verschaffen, lässt man sie auf einem leeren Blatt (alle) Buchstaben, die sie schon kennen, und ihren Namen aufschreiben (s. a. Lernentwicklungsheft „Das kann ich schon", Aufgabe 1). Darüber hinaus animiert man die Kinder, eine Mitteilung zu verschriften, z. B. was sie am liebsten essen. Letzteres werden natürlich die wenigsten Kinder leisten können. Gelingt es einzelnen aber, so wissen wir, dass diese Kinder „Selbstläufer" sind, d. h., wir müssen ihnen zunächst weniger etwas vermitteln als vor allem ihre Schreibentwicklung im Auge behalten.

### Schritt 2: Erlernen des TINTO-Rap

Alle Kinder lernen nun, bevor im Schritt 3 ein auditiver Gruppentest durchgeführt wird, den TINTO-Rap (s. a. Abschnitt 5.2). Dies ist die Voraussetzung, damit Kinder entscheiden können, ob z. B. die Wörter *Fisch*, *Fahne* und *Feder* mit demselben Laut anfangen. Erst durch das Erlernen des Rap wird ihnen deutlich, was gemeint ist, wenn sie den Anfang von Wörtern vergleichen sollen. Ohne die durch den Rap vermittelten Lautvorstellungen kann ein Kind nämlich durchaus differenziert hörend zu dem Schluss kommen: *Fahne* fängt mit /Fa/ an, *Feder* mit /Fe/ und *Fisch* mit /Fi/. Also fängt nichts gleich an.

## Schritt 3: Durchführung eines Gruppentests zum vergleichenden Hören von Anlauten

Mit einem Test zur Anlautdiskriminierung (s. übernächste Seite) verschaffen Sie sich einen Überblick darüber, wie weit die Kinder Ihrer Klasse schon in der Lage sind, Anlaute in Wörtern als gleich zu erkennen. Damit die Kinder wissen, wie sie mit diesem Testbogen umgehen sollen, werden sie mithilfe einer Folie, die Sie von der folgenden Seite herstellen können, in das Verfahren eingeführt.

### Auditive Analyse TEST

Sowohl bei der Testvorbereitung als auch beim eigentlichen Test ist darauf zu achten, dass den Kindern alle Begriffe bekannt sind. Gegebenenfalls müssen sie mehrfach gezeigt und genannt werden. Aus diesem Grund kann es notwendig sein, auch den Test selbst auf Folie bereitzuhalten.
Kann nicht projiziert werden, so können zur Vorbereitung die Bilder der Lautbilder-Kartei (ISBN 978-3-464-80271-7) oder die Wort-Bild-Karten mit TING-Hörfunktion (ISBN 978-3-06-084226-1) herangezogen werden.

Während des Testens sollten den Kindern, die einzelne Wörter vergessen haben, diese wieder vorgeflüstert werden (dies verfälscht die Ergebnisse nicht, denn es soll ja nicht das Begriffswissen gemessen werden).

Bei der Auswertung werden Sie vielleicht überrascht sein, wie viele Fehler die Kinder hier noch machen. Dies ist durchaus verständlich, denn Laute in Wörtern wahrzunehmen, ist schwierig, weil

- Laute flüchtig sind (man kann sie im Gegensatz zu Buchstaben nicht anfassen, nicht mit dem Finger darauf zeigen),
- Laute im Wort nicht einzeln auftreten, im Gegensatz zu Buchstaben, die (zumindest bei der Druckschrift) deutlich voneinander abgegrenzt sind,
- der gleiche Laut, je nach Stellung im Wort, unterschiedlich klingt (das /sch/ in *schieben* klingt anders als das /Sch/ in *Schule,* weil die Lippenstellung des folgenden Vokals bereits die Aussprache des /sch/ beeinflusst),
- die Laute unterschiedlich leicht abzuhören sind (so können z. B. die Verschlusslaute/Plosive b/p, d/t, g/k nicht gedehnt gesprochen werden, andererseits sind Lautbildungsstellen deutlich spürbar, was wiederum für Vokale nicht gilt),
- das Gehör von uns Erwachsenen in gewisser Weise durch unsere Buchstabenkenntnis verbildet ist. Wir glauben zu hören, was wir geschrieben sehen. Das /O/ in *Ofen* und *offen* ist unterschiedlich, nicht etwa der F-Laut. Das /ch/ in *nach* ist dem R-Laut viel ähnlicher als dem /ch/ in *ich.* Wir Erwachsenen empfinden das aber anders.

## Schritt 4: Genaue Einsicht in die Fähigkeiten des einzelnen Kindes

Hat sich nun bei diesem Test herausgestellt, dass einzelne Kinder vieles oder alles falsch zugeordnet haben, ist es hilfreich, sich diese Kinder genau „anzusehen". Dazu überprüfen Sie mit einem einfachen Verfahren, das pro Kind nur 30 Sekunden dauert, seine auditive Wahrnehmung.
Sprechen Sie ihm die folgenden Kunstwörter vor:

Fuliwusi
Teschodeggo
Zeimablauchä
Kneuchiprässü

Sie können diesem „Minitest" einen ansprechenden Rahmen geben, wenn sie vier Figürchen vor dem Kind aufbauen und etwa Folgendes sagen: „Schau mal, hier stehen vier kleine Figuren (Tiere o. Ä.). Die haben ganz komische Namen. Ich spreche dir die Namen jetzt vor und du versuchst, sie nachzusprechen, ja?"
(Alle Wörter werden auf der ersten und dritten Silbe betont, die unterstrichenen Vokale werden lang gesprochen. Das erste Wort ist am leichtesten, das letzte am schwersten nachzusprechen. Die beiden mittleren sind etwa gleich schwierig.)

Kann das Kind die Wörter nicht sofort nachsprechen, so wiederholen Sie diese und, falls das nicht ausreicht, sprechen jeweils nur zwei Silben vor und bauen das Wort so aus Teilen auf. Meist bewältigen spätestens dann alle Kinder einer Klasse diese Aufgabe. Ist das Kind auch dazu nicht in der Lage oder treten deutliche Lautabweichungen auf, so sollte das Kind einem Logopäden, vielleicht auch einem Hals-Nasen-Ohren-Arzt vorgestellt werden. Bewältigt das Kind hingegen diese Übung, so sind die Voraussetzungen gegeben, das Abhören von Wörtern auf ihre Laute hin zu erlernen, und die unter „Gezielte Förderung" beschriebenen Übungen können mit Erfolg eingesetzt werden.

Name: Datum:

# Auditive Analyse (Folie zur Einführung)

**1** 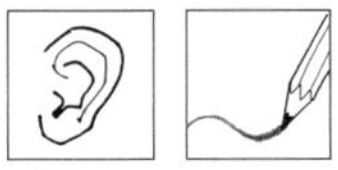

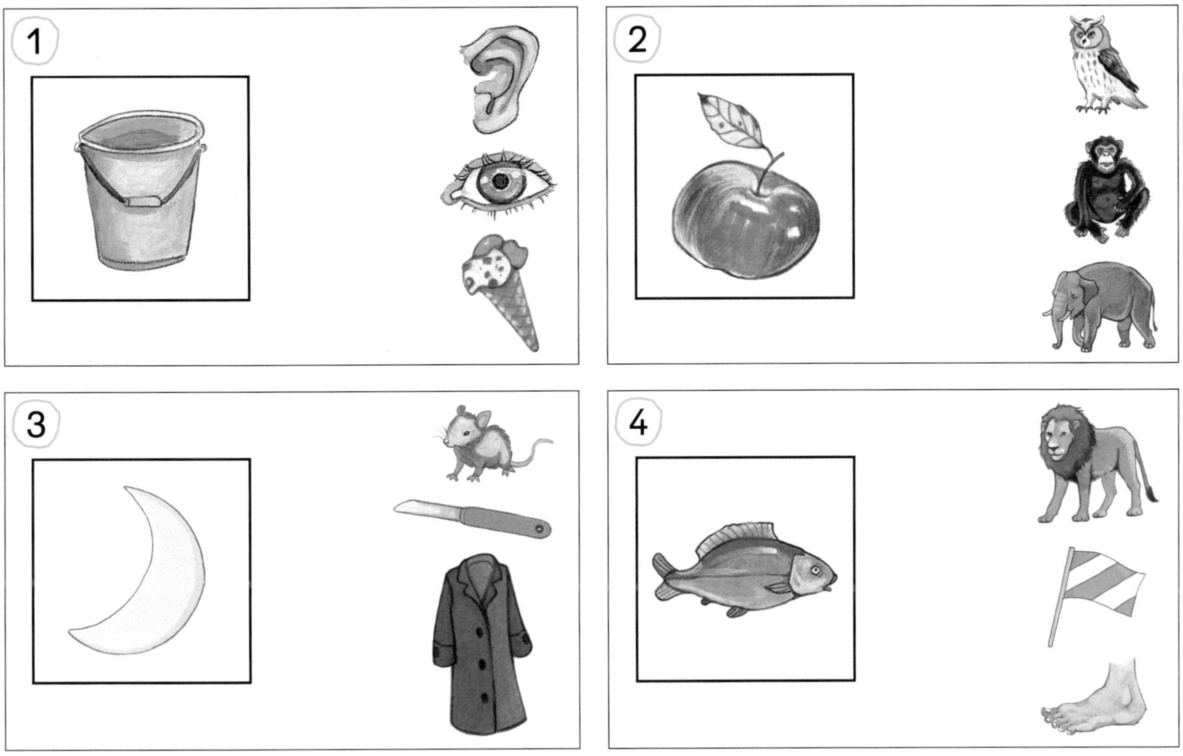


## Bilder mit gleichem Anlaut wie das eingerahmte Bild verbinden.

---

### Anweisung

„Gleich bekommt ihr ein Blatt, das so ähnliche Aufgaben enthält wie die, die wir jetzt erst einmal üben. Auf die Linie oben dürft ihr euren Namen schreiben, wenn ihr das schon könnt. Sonst schreibe ich ihn für euch. Jetzt sage ich euch, was ihr versuchen sollt:

Hier oben in dem dicken, schwarzen Rahmen seht ihr ein Bild. Was ist das?“ *(Ein Eimer.)* „Richtig, ein Eimer. Hier in dem Rahmen sind aber noch drei andere Bilder.“ *(Ein Ohr, ein Auge, ein Eis.)* „Ja, richtig, ein Ohr, ein Auge, ein Eis. Welches Wort klingt am Anfang genauso wie Eimer?“ *(Eis.)* „Ja, toll! Komm mal bitte nach vorne und verbinde Eimer und Eis mit einer Linie. Eis fängt so an wie Eimer, mit /Ei/. Klingt noch ein anderes Wort aus diesem Kasten am Anfang wie Eimer?“ *(Ohr.)* „Nein, das ist nicht richtig. Ohr klingt am Anfang /O/ und nicht /Ei/ wie der Eimer. Deshalb streichen wir das Ohr mit einem Kreuz durch. Und klingt Auge am Anfang wie Eimer?“ *(Nein, das ist auch falsch.)* „Richtig. Auge klingt am Anfang /Au/ und nicht /Ei/ wie Eimer. Deshalb streichen wir das Auge auch mit einem Kreuz durch.“

*Analog dazu werden auch die Rahmen 2–4 besprochen und auf der Folie entsprechend markiert. (Eigentlich sollte eine Lehrerin die Schülerantworten nicht wiederholen. Hier tut sie es aber dennoch, um den gesuchten Laut mehrfach deutlich hervorzuheben.)*

„Ich glaube, jetzt könnt ihr solche Aufgaben auch schon alleine lösen. Ihr müsst immer die Dinge, die am Anfang gleich klingen, miteinander verbinden. Die Dinge, die anders klingen, streicht ihr mit einem Kreuz durch.“

Name: Datum:

# Auditive Analyse (TEST)

**1**

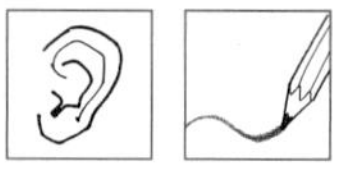

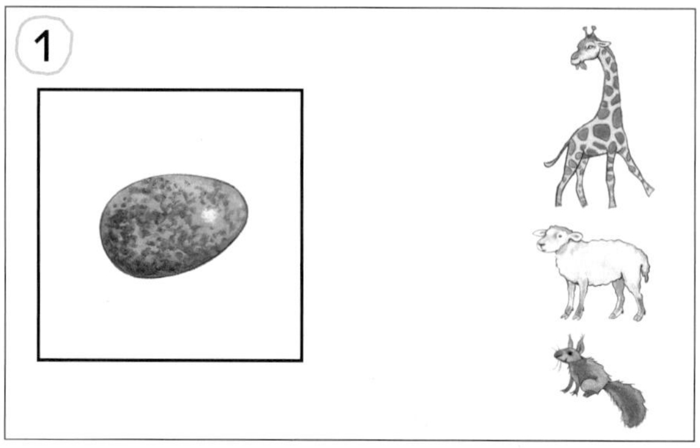

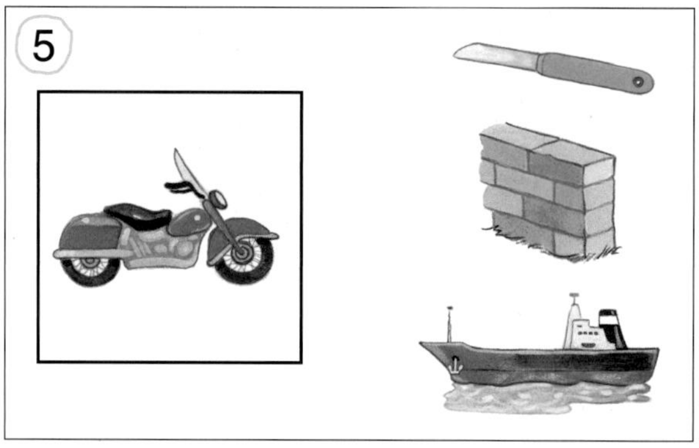

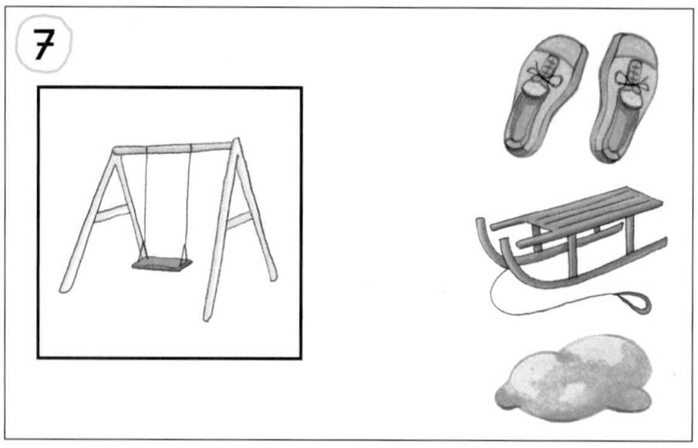


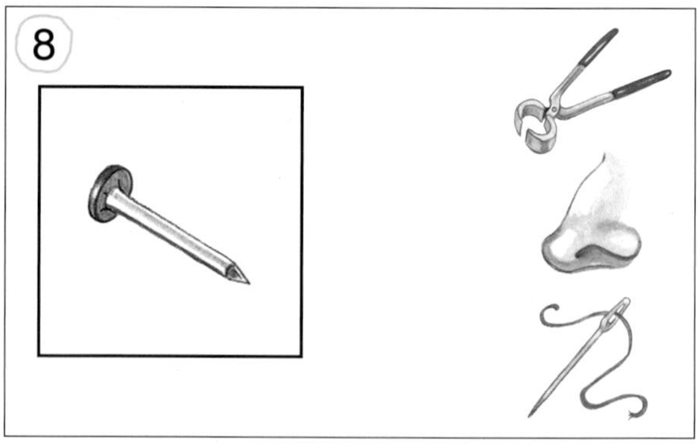


Bilder mit gleichem Anlaut wie das eingerahmte Bild verbinden.



Cornelsen
Autor: Rüdiger Urbanek
Illustrationen: Eva Czerwenka und Isabelle Metzen

## Gezielte Förderung

*Unsinnswörter nachsprechen*
Die Kinder lernen, ihre Aufmerksamkeit vom Inhalt der Wörter abzuziehen und auf den Klang zu richten, wenn sie Kunstwörter nachsprechen müssen, z. B. *Mulum, Simola, Foruleso, Sedokanina, Breloprotaka – Gnischifruknoffi, Sprendogladusumbri.* (Schon beim Lesen dieser Wörter merkt man, dass sie unterschiedlich leicht auszusprechen sind.)
Den Kindern vorgesprochen, stellen sie an deren auditives Diskriminierungsvermögen, aber auch an ihr Kurzzeitgedächtnis und ihre Artikulationsfähigkeit immer höhere Ansprüche.

*Die Laute fassbar machen*
Der Lautkonkretisierung beim Abhören der Wörter dient

- das klare Vorsprechen des Wortes,
- das Aussprechen des Wortes durch das Kind (gedehntes Sprechen, flüsterndes Sprechen),
- die Betrachtung des Munds beim Partner oder mithilfe eines Taschenspiegels,
- das Erfühlen eines Lauts im Mund selbst und indem die eigene Hand vor den Mund, auf die Lippen, an den Kehlkopf, auf den Kopf, vor die Ohren gelegt bzw. gehalten wird (so lässt sich die Stimmhaftigkeit bzw. Stimmlosigkeit des S-Lauts und der Lautopponenten W/F, D/T, G/K, B/P am Kehlkopf ertasten, aber noch deutlicher hören, wenn man mit beiden Händen die Ohren verschließt; auch kleine Experimente, etwa dass man das /M/ oder /N/ nicht mehr dauerhaft klingen lassen kann, wenn man sich die Nase zuhält, dienen solcher Konkretisierung),
- die Einführung von phonomimischen Zeichen/Lautgebärden (diese können parallel zum Sprechen des TINTO-Rap eingeübt werden; der **TINTO-Buchstabenkurs** und der **TINTO-Buchstabenordner** machen für alle Buchstaben bzw. Laute einen entsprechenden Vorschlag; die Lautgebärden in DIN-A4-Größe inkl. kleiner Erläuterungen dazu können zudem über www.cornelsen.de [Eingabe der ISBN 978-3-06-084366-4 ins Suchfeld] als kostenloser Download bezogen werden),
- die Benutzung von Bildern, an denen sich die Kinder die Wörter merken, deren Anlaut sie z. B. heraushören sollen (wie in den folgenden Übungen),
- das an anderer Stelle erläuterte gemeinsame Verschriften von (in den einzelnen Kapiteln vorgeschlagenen) Wörtern sowie
- die Benutzung von Symbolen für die Laute, d. h. der Umgang mit den Buchstaben selbst. Dieser fördert auch die auditive Differenzierungsfähigkeit, da er hilft, einen betrachtenden Abstand von der Sprache zu bekommen. Damit kann auch erklärt werden, warum viele Kinder in der ersten Klasse eine ausreichende auditive Differenzierungsfähigkeit aufbauen, auch wenn keine gezielten Abhörübungen durchgeführt werden. Verstehbar wird auch, warum beim Arbeiten mit dem Buchstabenhaus viele Kinder, aber eben nicht alle, durch ständiges Probehandeln fast ohne Unterstützung durch die Lehrerin ihr auditives Differenzierungsvermögen immer weiter ausbauen.

*Eins von diesen dreien passt nicht zu den anderen*
Die Lehrerin stellt aus der oben schon beschriebenen Lautbilder-Kartei oder den Wort-Bild-Karten mit TING-Hörfunktion jeweils drei Bilder zusammen, von denen zwei mit dem gleichen Laut beginnen.

Die Kinder sollen hören, welche der Wörter mit dem gleichen Laut anfangen. Dazu müssen sie die Wörter „in den Mund nehmen", d. h. mit deutlichen Lippenbewegungen gedehnt sprechen. Die Lehrerin spricht die Wörter vor bzw. lässt sie von einzelnen Kindern benennen. Dann werden sie von allen beteiligten Kindern im Chor nachgesprochen (das „Nur-Hören" reicht nicht aus). Danach entscheidet ein Kind z. B.: „*Mond* und *Messer* fangen gleich an, mit dem /M/."
Dieser Übungstyp lässt sich im Schwierigkeitsgrad steigern: Am leichtesten ist die Gleichheit des Anlauts zu hören, wenn es sich um ein Wort mit einem Dauerkonsonanten (F, J, L, M, N, R, S, W) oder einem Diphthong handelt und dieser im Kontrast zu einem Begriff mit einem Verschlusslaut (B, D, G, K, P, T) im Anlaut steht (s. a. Abb. oben).
Achtung: Auf die gleichen Anlaute müssen unterschiedliche Vokale folgen, also nicht *L**a**mpe* und *L**a**terne,* sondern *L**a**mpe* und *L**u**ftballon.*

Am schwierigsten wird das Entscheiden, wenn am Wortanfang Plosive stehen, denen ein Dauerkonsonant folgt, wie z. B. in der Dreiergruppe *Blume, Buch* und *Lampe.* Bei *Blume* verdeckt der Dauerkonsonant /l/ quasi den Eindruck des nur kurz aufklingenden Verschlusslautes /B/. Das könnte bei einzelnen Kindern zu dem falschen Schluss führen, dass *Blume* und *Lampe* mit /L/ beginnen, *Buch* also nicht zu den anderen beiden Begriffen passt.

*Horch und finde Paare*
16 Bilder der Lautbilder-Kartei oder der Wort-Bild-Karten mit TING-Hörfunktion, von denen jeweils zwei mit dem gleichen Anlaut beginnen, werden auf dem Boden zu einem Quadrat ausgelegt. Die Kinder sitzen mit der Lehrerin um diese Bilder herum im Kreis (so wie es das Eingangsbild im TINTO-Erstlesebuch, Seiten 4/5, zeigt).

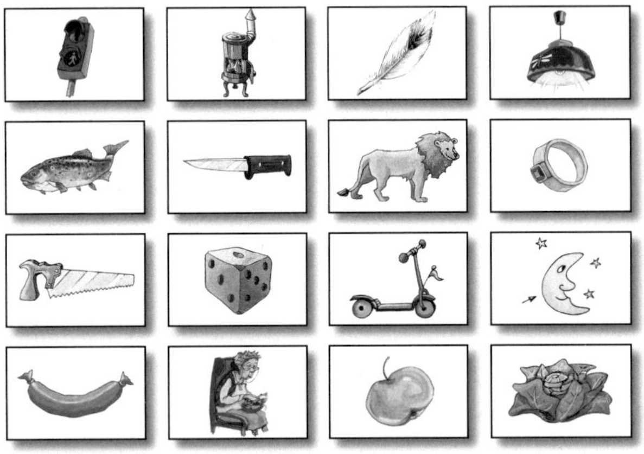

Zunächst benennen die Kinder alle Bilder. Dann zeigt die Lehrerin auf ein Bild und wendet sich einem Kind zu, das beginnen möchte. Das wiederholt zunächst die Bezeichnung des gezeigten Bildes und zeigt und benennt dann das Bild, das seiner Ansicht nach mit dem gleichen Anlaut beginnt, z. B.: „*Feder* und *Fisch* fangen gleich an, mit dem /F/."

Hat das Kind recht, darf es die beiden Bilder nehmen, vor sich hinlegen und auf ein weiteres zeigen. Zu diesem muss dann sein Nachbar wiederum das passende finden. Hat sich das Kind getäuscht, ist sein Nachbar ebenfalls an der Reihe, versucht aber die ursprüngliche Aufgabe zu lösen.
Nebeneffekt der Übungen: Wortschatzerweiterung vor allem für Kinder mit geringen Deutschkenntnissen.

Bei der Durchführung dieser Übungen ist es wichtig, dass die Kinder die jeweils gestellte Aufgabe wirklich durch das Abhören der Laute und nicht durch andere Strategien lösen. Werden z. B. immer wieder die gleichen Wörter zum Hörvergleich angeboten, so merken sich manche Kinder u. U. die Wörter, die gleich anfangen. Auch wenn Kinder die Wörter schon geschrieben kennen, können sie zu richtigen Lösungen über die Erinnerung an das Schriftbild kommen, ohne eine auditiv-analytische Leistung zu vollbringen.

*Anlautdomino*
Auf **KV 33** und **KV 34** finden sich Anlautdominos, die die Kinder in Kleingruppen spielen können, wenn sich bei den oben genannten Übungen bereits Erfolge eingestellt haben. Dabei werden mit Anlautdomino 1 **(KV 33)** die leichter zu hörenden Vokale, Diphthonge sowie /Sch/ und /Ch/ trainiert, mit Anlautdomino 2 **(KV 34)** die schwierigeren Konsonanten. Zur Kontrolle prüfen die Kinder, ob der letzte Buchstabe/Laut mit dem Anlaut des ersten Begriffs übereinstimmt. Ein leistungsstärkeres Kind könnte hier auch als Spielbeobachter (Schiedsrichter bei Streitigkeiten) eingesetzt werden.

*Auditive Übungsbögen*
Um sicherzugehen, dass die oben beschriebenen Übungen auch gegriffen haben, finden Sie eine Reihe von Übungen zum Abhören der Anlaute mit aufsteigendem Schwierigkeitsgrad auf **KV 27, 28** und **29.**

*Weitere Kopiervorlagen*
Die TINTO-Kopiervorlagen halten zudem auf den **KV 80–195** Förder-Kopiervorlagen zu jedem Buchstaben bereit (Motorik, visuelles Erkennen, auditive Analyse).

*Grundübungen zum Lesen und Schreiben*
Das Heft enthält wesentliche Vorübungen zum Schreiben- und Lesenlernen. Insbesondere werden die phonologische Bewusstheit und die Grafomotorik geschult, die von besonderer Bedeutung für den sicheren Laut- und Buchstabenerwerb sind.

*Interaktive Übungen*
Die interaktiven Übungen zu TINTO umfassen die Module *Vorkurs, Buchstabenhaus, Wortschatz* und *Lesen und Schreiben.* Es sind unterschiedliche Übungen auf der Laut-, Silben, Wort-, Satz- und Textebene enthalten. Eine besondere Hilfe erfahren die Kinder mit eingeschränkter Sprachkompetenz: Sie können sich alle abzuhörenden Bilder vom Computer vorsprechen lassen. Bei jeder Lösung einer Aufgabe erfolgt zudem ein Feedback, sodass insbesondere das selbstständige Üben im Unterricht und zu Hause gestützt wird (s. a. Kapitel 2.6).

## 5.2 Regelmäßige Lernstandserfassung und Förderung

Jede Lehrerin, jeder Lehrer bevorzugt unterschiedliche Wege und zeitliche Intervalle, um den Lernstand eines Kindes zu überprüfen und zu dokumentieren, und jede Lerngruppe ist anders. Im Folgenden beschreiben wir drei verschiedene Möglichkeiten der Lernstandserfassung und Förderung:

**A** Die auf bestimmte Buchstaben abgestimmte, engmaschige Überprüfung des Lernfortschritts mit den **„Das kann ich schon"-Seiten des Buchstabenkurses** (nach jedem Kapitel des Erstlesebuches, d. h. immer nach ca. vier bis fünf neuen Buchstaben)

**B** Die regelmäßige Dokumentation der Lernentwicklung mit dem **Lernentwicklungsheft „Das kann ich schon"** (immer dann, wenn ein Kind ein neues Übungsformat beherrscht/eine neue Kompetenz erworben hat)

**C** Die periodische Erfassung der Schreibentwicklung durch eine **Schreibprobe** (ca. dreimal im Jahr)

### Zu A: Die „Das kann ich schon"-Seiten des Buchstabenkurses

Als Abschluss eines Buchstabenplateaus bietet der Buchstabenkurs jeweils eine blaue Doppelseite an, auf der die vier bis fünf Buchstaben des Erstlesebuchkapitels wiederholt und gefestigt bzw. geprüft werden können. Der Katzenkopf kann dabei jeweils zur Selbsteinschätzung genutzt werden.
Hier finden Sie Vorschläge für Fördermöglichkeiten, die TINTO bereitstellt, falls ein Kind mit Übungsformaten auf diesen Seiten Schwierigkeiten hat.

**Zur Übung 1 auf den „Das kann ich schon"-Seiten 28, 50, 72, 94 im Teil A und Seite 30 im Teil B**

Hat ein Kind mit der **auditiven** Zuordnungsübung 1 im Teil A auf den Seiten 28, 50, 72, 94 und im Teil B auf der Seite 30 Probleme, dann sollte zunächst geprüft werden, ob es die Bedeutung der Bilder erfasst hat. Kennt es die Bildbedeutung, so muss Unsicherheit bei der Buchstabenkenntnis oder bei der Fähigkeit des Abhörens von Wörtern angenommen werden.

Folgende Kopiervorlagen können herangezogen werden:

Teil A:
Zu Seite 28: **KV 82, 85, 88, 91**
Zu Seite 50: **KV 94, 97, 99, 105, 108**
Zu Seite 72: **KV 111, 114, 117**
Zu Seite 94: **KV 123, 126, 132**

Teil B:
Zu Seite 30: **KV 138 (2), 144 (2)**

Das tägliche Sprechen des TINTO-Rap – verbunden mit den Lautgebärden – ist für die Entwicklung einer sicheren Laut-Buchstaben-Verbindung hilfreich.
Das Kind kann den TINTO-Rap anhören:
▸ Interaktive Übungen: Modul *TINTO-Rap*

Zur Sicherung der Bedeutung der Anlautbilder werden hier Übungen angeboten:
▸ Interaktive Übungen: Modul *Buchstabenhaus*
Darüber hinaus können folgende interaktiven Übungen empfohlen werden:
▸ Interaktive Übungen: Modul *Lesen und Schreiben: Laute/Buchstaben*

**Zur Übung 2 auf den „Das kann ich schon"-Seiten 28, 50, 72, 94 im Teil A und Seite 30, 48 (Übung 1), 64, 76 und 92 im Teil B**

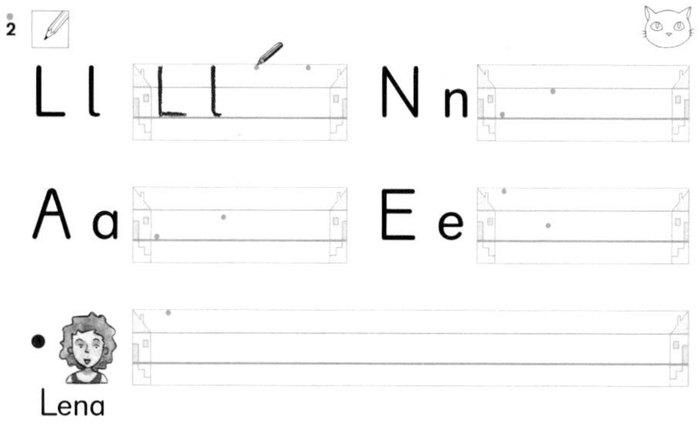


Hat ein Kind motorische Probleme bei der Übung 2 auf den Seiten 28, 50, 72, 94 und im Teil B auf der Seite 30, 48, 64, 76 und 92, dann kann ihm folgendes Angebot gemacht werden:

Zu Seite 28: **KV 80, 83, 86, 89** (L l, A a, N n, E e)
Zu Seite 50: **KV 92, 95, 98, 101, 104** (O o, M m, I i, T t, S s)

Zu Seite 72: **KV 107, 110, 113, 116, 119** (F f, G g, B b, R r, Ei ei)
Zu Seite 94: **KV 122, 125, 128, 131, 134** (D d, H h, U u, P p, Ch ch)
Zu Seite 30 (B): **KV 137, 140, 143, 146, 148, 151** (Z z, Au au, K k, -ie, W w, Sch sch)
Zu Übung 1, Seite 48 (B): **KV 154, 158, 161, 163** (Ö ö, Ä ä, -ck, Ü ü)
Zu Übung 2, Seite 64 (B): **KV 166, 168, 171, 174, 176** (-ng, V v, J j, St st, Sp sp)
Zu Übung 2, Seite 76 (B): **KV 179, 182, 184, 186** (Eu eu, -nk, Pf pf, -tz)
Zu Übung 2, Seite 92 (B): **KV 188, 191–195** (Äu äu, -ß, X x, Qu qu, Y y, C c)

Zur Entwicklung der Feinmotorik können auch die Übungen zum visuellen Erkennen genutzt werden, da hier beim Ausmalen von Flächen oder auch beim Einkreisen von Buchstaben die genaue Führung des Stiftes erwartet wird. Entsprechende Übungen sind die Übungen 2 auf **KV 81, 84, 87, 90, 93, 96.**
Darüber hinaus können feinmotorische Übungen wie in den Sand schreiben, ausmalen, nachspuren usw. hilfreich sein.

**Zur Übung 3 auf den „Das kann ich schon"-Seiten 29, 51 und 73**

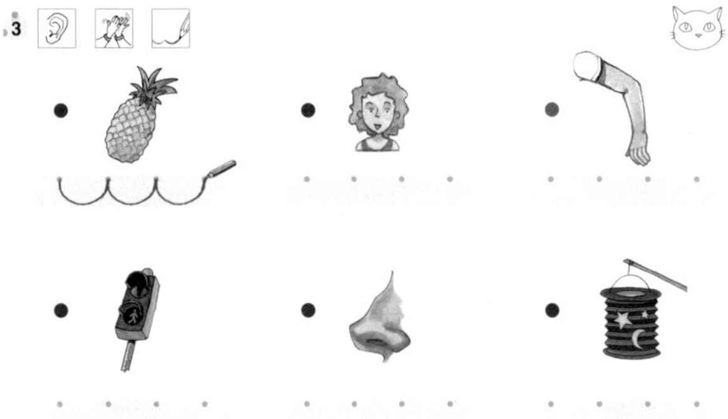

Hat ein Kind Schwierigkeiten beim Erfassen der Silben auf den Seiten 29, 51 und 73, so wird es dieses Problem zunächst durch gemeinsames Sprechen und Schwingen angehen müssen.
Aus den Kopiervorlagen kann ihm folgendes Angebot gemacht werden:

- Übung 2 auf **KV 97, 102, 108, 114**

Darüber hinaus können folgende Übungen empfohlen werden:

- Interaktive Übungen: Modul *Lesen und Schreiben: Silben*

Treten darüber hinaus bei den Aufgaben auf Seite 51 und 73 Schwierigkeiten beim Erfassen der Laute und Nutzung der Buchstaben auf, so wird sich die Lehrerin vergewissern, ob das Kind die Laut-Buchstaben-Zuordnung beherrscht, die Bilder kennt und das Wort abhören kann.
Die Kenntnis der Bildbedeutungen wird hier unterstützt:

- Interaktive Übungen: Modul *Wortschatz: Abhörwortschatz zum Buchstabenkurs*

Aus den Kopiervorlagen kann dem Kind folgendes Angebot gemacht werden:

- Übung 2 auf **KV 120**

**Zur Übung 4 auf den „Das kann ich schon"-Seiten 29, 51, 73, 95 und im Teil B auf Seite 31 sowie Übung 3 auf den Seiten 65 und 77**

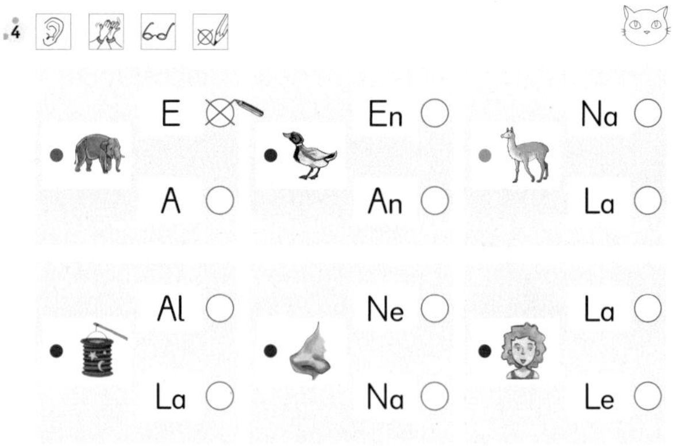


Hier geht es darum, dass das Kind durch Ankreuzen zeigt, dass es ähnliche Silben am Wortanfang oder ähnliche Wörter unterscheiden kann. Folgende Kopiervorlagen halten ein entsprechendes Angebot bereit:

- **KV 103, 106, 109, 115, 118, 121, 124 (1), 127 (1), 130 (1), 136 (1)**

Das Lesen von einzelnen Wörtern, aber auch ihr schrittweiser Aufbau wird besonders gefördert mit:

- Interaktive Übungen: Modul *Lesen und Schreiben: Wörter*

**Zur Übung 3 auf den „Das kann ich schon"-Seiten im Teil A, Seite 95 und im Teil B, Seite 31, 48 (2)**

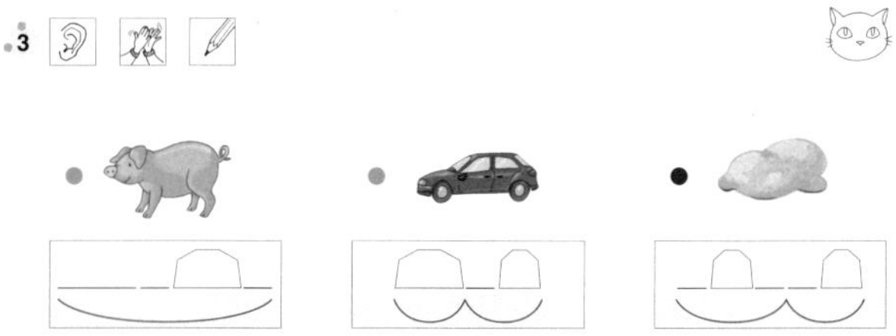

Die Kinder sollen zu einem Bild die Buchstaben des Wortes entsprechend den vorgegebenen Silbenbögen und Strichen eintragen. Dabei werden die Vokale besonders hervorgehoben. Entsprechende Übungen finden sich auf folgenden Kopiervorlagen:

- **KV 42, 43, 60** und **KV 129, 141, 149, 152, 155, 159, 164, 180, 189**

Das Abhören und Schreiben von Silben wird hier besonders gefördert:

- Interaktive Übungen: Modul *Lesen und Schreiben: Silben*

**Zur Übung 5 auf den „Das kann ich schon"-Seiten im Teil A, Seite 95 und im Teil B, Seite 31, 49 (3), 65 (4)**

5

Tim und Lena rechnen. ○
Tim und Lena lesen. ○

Papa und Fatma lochen. ○
Papa und Mama lachen. ○

Im Glas ist Milch. ○
Im Becher ist Limo. ○

Die Kinder zeigen durch Ankreuzen, dass sie aus zwei Sätzen den zum Bild passenden finden können, dass sie Sätze also lesend verstehen.
Entsprechende Übungen finden sich auf folgenden Kopiervorlagen:

- **KV 127, 130, 133, 136, 142, 150, 181, 190, 196**

Das Lesen von Sätzen wird hier besonders gefördert:

- Interaktive Übungen: Modul *Lesen und Schreiben: Sätze*

**Zur Übung 4 auf den „Das kann ich schon"-Seiten im Teil B, Seite 49**

4

**Beim Zahnarzt**

Das grüne Krokodil muss zum Zahnarzt.
Es hat zwei schwarze Zähne.

Der nette Arzt trägt ein rotes Hemd und eine blaue Hose.

Am Waschbecken liegt eine rote Zahnbürste.

Die Kinder sollen eine vorgegebene Schwarz-Weiß-Zeichnung entsprechend den im Text enthaltenen Angaben vervollständigen (Lese-Mal-Bild).
Entsprechende Lese-Mal-Aufgaben finden sich auf folgenden Kopiervorlagen:

- **KV 153, 156, 160, 162, 165, 170, 173**

## Zu B: Das Lernentwicklungsheft „Das kann ich schon"

Das 16-seitige Heft zur Lernentwicklung „Das kann ich schon" ist eine Beilage zum TINTO-Erstlesebuch. Es kann zudem im Zehnerpack nachgekauft werden (ISBN 978-3-06-084191-2).
In ihm wird den Schülerinnen und Schülern die Möglichkeit gegeben zu zeigen, welche Fähigkeiten im Lesen und Schreiben sie bereits erworben haben.
Im Prinzip könnte ein Kind, das mit Lese- und Schreibfähigkeiten in die Schule kommt, alle Aufgaben schon in den ersten Wochen lösen. Es müsste dann aber auch alle Aufgabenformate verstehen – und das ist eher unwahrscheinlich.
**Ein Kind soll eine Aufgabe immer erst bekommen, wenn die Lehrerin der Meinung ist, dass das Kind diese Aufgabe schon gut lösen kann.*** Das kann bei jedem Kind zu einem anderen Zeitpunkt sein. Das Datum auf der Übersicht (letzte Seite des Lernentwicklungsheftes) dokumentiert, zu welchem Zeitpunkt ein Kind eine Aufgabe erfolgreich bewältigt hat.
Der Katzenkopf am Fuß jeder Aufgabe kann dabei jeweils zur Selbsteinschätzung genutzt werden.

Im Folgenden geben wir die Seiten im Buchstabenkurs, Buchstabenordner und im Arbeitsheft Schreiben/Lesen an, die bearbeitet sein sollten, damit ein Kind die von der Lehrerin vorgeschlagene Aufgabe des Lernentwicklungsheftes mit Erfolg bewältigen kann. Für Kinder, die mit dem Buchstabenordner arbeiten, werden zudem die erforderlichen Buchstabenkenntnisse (analog zum Buchstabenkurs) mit aufgezeigt.

**Aufgabe 1: Das leere Blatt**
Auf dieser Seite sollen die Kinder zeigen, mit welchen Buchstabenkenntnissen sie schon in die Schule kommen. Sie kennen möglicherweise einzelne Buchstaben, die Buchstaben des eigenen Namens oder vereinzelt auch schon andere Wörter. Die Spannbreite wird sehr unterschiedlich sein.

**Aufgabe 2: Bilder mit passendem Anlaut verbinden**
*Buchstabenkenntnisse:*
nicht zwingend erforderlich
*Aufgabenformat bekannt aus:*

- Buchstabenkurs, Teil A, Seite 8, 13, 15, 17, 19 ff.
- Buchstabenordner, Anlautübungen auf jeder dritten und fünften Seite zu einem Buchstaben
- Arbeitsheft Schreiben/Lesen, Seiten 5–7

* *Daher haben wir hier auch auf die Darstellung von sich anschließenden Fördermöglichkeiten verzichtet.*

**Aufgabe 3: Silbenbögen einzeichnen**
*Buchstabenkenntnisse:*
noch nicht erforderlich
*Aufgabenformat bekannt aus:*
- Buchstabenkurs, Teil A, Seite 6, 14, 18 ff.
- Buchstabenordner, auf jeder dritten Seite zu einem Buchstaben
- Arbeitsheft Schreiben/Lesen, Seite 11, 16, 22 ff.

**Aufgabe 4: Anlaute abhören und notieren**
*Buchstabenkenntnisse:*
L, A, N, E – O, M, I, T, S (bis einschließlich Kapitel 2)
*Aufgabenformat bekannt aus:*
- Buchstabenkurs, Teil A, Seite 14, 18, 22, 26, 32 ff.
- Buchstabenordner, Anlautübungen auf jeder dritten, vierten und fünften Seite zu einem Buchstaben
- Arbeitsheft Schreiben/Lesen, Seite 12, 17

**Aufgabe 5: Auslaute abhören und notieren**
*Buchstabenkenntnisse:*
L, A, N, E – O, M, I, T, S – F (bis Anfang Kapitel 3)
*Aufgabenformat bekannt aus:*
- Buchstabenkurs, Teil A, Seite 36, 44, 53 ff.
- Buchstabenordner, auf jeder vierten Seite zu einem Buchstaben
- Arbeitsheft Schreiben/Lesen, Seite 23, 29

**Aufgabe 6: Zum Bild passende Anfangssilbe lesen und ankreuzen**
*Buchstabenkenntnisse:*
L, A, N, E – O, M, I, T, S – F, B, R – H, U (bis einschließlich Kapitel 4)
*Aufgabenformat bekannt aus:*
- Buchstabenkurs, Teil A, Seite 37, 40, 48
- Buchstabenordner, Aufgabenformat nicht enthalten*, dafür aber regelmäßig im Heft TINTO-Training: Richtig lesen 1
- Arbeitsheft Schreiben/Lesen, Seite 15, 21, 27, 33

**Aufgabe 7: Fehlende Vokale im Wort ergänzen**
*Buchstabenkenntnisse:*
L, A, N, E – O, M, I, T, S – F, B, R, Ei – D, U, Ch – Z, Au, K (bis einschließlich Kapitel 5)
*Aufgabenformat bekannt aus:*
- Buchstabenkurs, Teil A, Seite 84, 87, Teil B, Seite 4
- Buchstabenordner, Aufgabenformat nicht enthalten*
- Arbeitsheft Schreiben/Lesen, Seite 35, 41

**Aufgabe 8: Wörter verschriften**
*Buchstabenkenntnisse:*
L, A, N, E – O, M, T, S – F, G, B, R, Ei – H – Au, K (bis einschließlich Kapitel 5)
*Aufgabenformat bekannt aus:*
- Buchstabenkurs, Teil A, Seite 44, 48, 53, 61, 65, 69, 75 ff.
- Buchstabenordner, auf jeder dritten und fünften Seite zu einem Buchstaben
- Arbeitsheft Schreiben/Lesen, Seite 10, 16, 22, 28, 31, 34 ff.

**Aufgabe 9: Zum Bild passendes Wort lesen und ankreuzen**
*Buchstabenkenntnisse:*
L, A, N, E – O, M, I, T, S – F, G, B, R, Ei – D, U, P, K (bis einschließlich Kapitel 5)
*Aufgabenformat bekannt aus:*
- Buchstabenkurs, Teil A, Seite 37, 41, 58, 62, 66, 70, 76 ff.
- Buchstabenordner, Aufgabenformat nicht enthalten*, dafür aber regelmäßig im Heft TINTO-Training: Richtig lesen 1 und 2
- Arbeitsheft Schreiben/Lesen, Seite 15, 21, 27, 33, 39 ff.

**Aufgabe 10: Zum Bild passende Sätze schreiben**
*Buchstabenkenntnisse:*
L, A, N, E – O, M, I, T, S – F, G, B, R, Ei – D, H, U, P, Ch – Z, Au, K, ie, W, Sch (bis einschließlich Kapitel 5)
*Aufgabenformat bekannt aus:*
- Buchstabenkurs, Teil A, Seite 15, 19, 23, 27, 33 ff.
- Buchstabenordner, auf der dritten Seite zu vielen Buchstaben
- Arbeitsheft Schreiben/Lesen, Seite 14, 19, 20, 24, 26, 32, 38 ff.

**Aufgabe 11 oben: Wortgruppen lesen und die zum Bild passenden ankreuzen**
*Buchstabenkenntnisse:*
L, A, N, E – O, M, I, T, S – F, B, R, Ei – D – Au, ie, Sch (bis einschließlich Kapitel 5)
*Aufgabenformat bekannt aus:*
- Buchstabenkurs, Teil A, Seite 41, 45
- Buchstabenordner, Aufgabenformat nicht enthalten*, dafür aber regelmäßig im Heft TINTO-Training: Richtig lesen 2 und 3
- Arbeitsheft Schreiben/Lesen, Seite 39, 45 ff.

** Kinder, die nur mit dem Erstlesebuch und dem Buchstabenordner arbeiten, kennen dieses Aufgabenformat nicht. Es sollte ihnen erläutert werden.*

**Aufgabe 11 unten: Bilder entsprechend der Wortgruppe anmalen und ergänzen**
*Buchstabenkenntnisse:*
L, A, N, E – O, M, T, S – G, B, R, Ei – D – Z, K (bis einschließlich Kapitel 5)
*Aufgabenformat bekannt aus:*
- Buchstabenkurs, Teil B, Seite 9, 13, 17 ff.
- Buchstabenordner, auf einigen vierten grünen Seiten, z. B. zu Sp, St
- Arbeitsheft Schreiben/Lesen, Seite 39, 45, 49 ff.

**Aufgabe 12 oben: Sätze lesen und die zum Bild passenden ankreuzen**
*Buchstabenkenntnisse:*
L, A, N, E – O, M, I, T, S – F, G, B, R, Ei – D, H – Au, K, ie, W, Sch (bis einschließlich Kapitel 5)
*Aufgabenformat bekannt aus:*
- Buchstabenkurs, Teil A, Seite 55, 59, 63, 67, 71, 77 ff.
- Buchstabenordner, Aufgabenformat nicht enthalten*, dafür aber regelmäßig im Heft TINTO-Training: Richtig lesen 1 und 2
- Arbeitsheft Schreiben/Lesen, Seite 15, 21, 27, 33, 45 ff.

**Aufgabe 12 unten: Bild den Sätzen entsprechend anmalen und ergänzen**
*Buchstabenkenntnisse:* L, A, N, E – O, M, I, T, S – F, B, R, Ei – D, H, U, Ch – Au, K, W, Sch (bis einschließlich Kapitel 5)
*Aufgabenformat bekannt aus:*
- Buchstabenkurs, Teil B, Seite 9, 13, 17, 21, 25 ff.
- Buchstabenordner, auf einigen vierten grünen Seiten, z. B. zu Sp, St
- Arbeitsheft Schreiben/Lesen, Seite 39, 45, 49 ff.

**Aufgabe 13: Text lesen und fehlende Wörter ergänzen**
*Buchstabenkenntnisse:*
L, A, N, E – O, M, I, T, S – F, G, B, R, Ei – D, H, U, P, Ch – Au, K, ie, W, Sch (bis einschließlich Kapitel 5)
*Aufgabenformat bekannt aus:*
- Buchstabenkurs, Teil B, Seite 83, 89, 91
- Buchstabenordner, Aufgabenformat nicht enthalten*
- Arbeitsheft Schreiben/Lesen, Seite 51, 54, 57, 60 ff.

## Zu C: Die Schreibprobe

Zur periodischen Erfassung des Lernstandes und der Lernentwicklung der Kinder empfehlen sich Schreibproben stets derselben Wörter, etwa im November, Januar und Mai. Sie sind für die Lehrerin aussagekräftig und eignen sich auch gut für Rückmeldungen an die Eltern. Die folgende Wörterliste eignet sich für eine solche Kontrolle. Die Bedeutung der Wörter ist sicher allen Kindern bekannt, wird aber auch durch die Bilder unterstützt. Die entsprechende Kopiervorlage finden Sie auf der folgenden Seite.

| | |
|---|---|
| *Sofa* | kurzes Wort, lauttreu |
| *Schokolade* | langes Wort, lauttreu, Sch-Schreibung |
| *Kind* | kurzes Wort, Plosiv, i-Laut, Auslautverhärtung |
| *Leiter* | kurzes Wort, Verschriftung von ei und er-Endung |
| *Zange* | kurzes Wort, Verschriftung von Z und ng |
| *Löffel* | kurzes Wort, Verschriftung von ö, Doppelkonsonant und el-Endung |
| *Strumpf* | kurzes Wort, Konsonantenhäufung, Verschriftung von St, u und pf |
| *Regenwurm* | langes Wort, Verschriftung von en, u und r |

Es empfiehlt sich, die Schreibproben zu sammeln, sodass Lernfortschritte sowie Förderbedarf der einzelnen Kinder festgestellt werden können.

*Lernfortschritte von Jana:*

* *Kinder, die nur mit dem Erstlesebuch und dem Buchstabenordner arbeiten, kennen dieses Aufgabenformat nicht. Es sollte ihnen erläutert werden.*

Name: Datum:

# Schreibprobe

**1**  

 ▶ ____________________

 ▶ ____________________

 ▶ ____________________

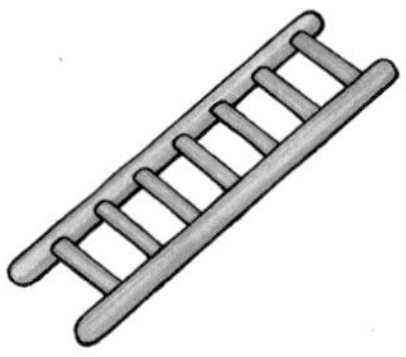 ▶ ____________________

 ▶ ____________________

 ▶ ____________________

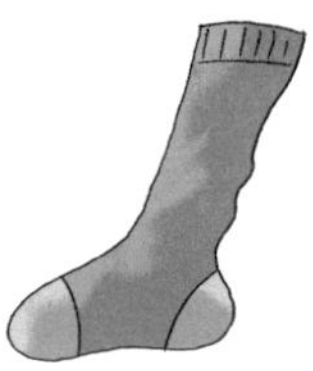 ▶ ____________________

 ▶ ____________________

Wenn es nun darum geht, sich mit den Ergebnissen dieser Schreibproben auseinanderzusetzen, dann sind uns zwei Vorbemerkungen wichtig:

1. Spezifische individualisierte Fördermaßnahmen müssen wir erst angehen, wenn das vom Kind Geschriebene weit hinter dem zurückbleibt, was die Kinder der Klasse durchschnittlich leisten (starke Verzögerung der Schreibentwicklung).
2. Ein bestimmtes Erscheinungsbild der Schreibprobe kann unterschiedliche Ursachen haben. Entsprechend kann man vom Erscheinungsbild nicht immer eindeutig auf die hilfreichen Fördermaßnahmen schließen.

Letzteres lässt sich leicht am dramatischsten aller Fälle erläutern, dem Fall nämlich, dass das Kind nichts schreibt oder eine sinnlose Buchstabenfolge. Ursachen könnten hier sein:

a) Das Kind hat gelernt: „Wenn ich nichts oder Unsinniges schreibe, bekomme ich die erhöhte Aufmerksamkeit meiner Lehrerin und/oder meiner Eltern."
b) Das Kind hat ein schweres seelisches Problem, das es ganz gefangen hält.
c) Es glaubt, das Buchstabenhaus bei diesem „Test" nicht benutzen zu dürfen.
d) Das Kind kennt die Bedeutung der Bilder nicht und die Begriffe wurden ihm fälschlicherweise von der Lehrerin nicht genannt.
e) Es schreibt nichts oder Falsches, weil es die Wörter nicht abhören kann.
f) Es handelt so, weil es zu den richtig abgehörten Lauten die Buchstaben nicht findet.

Alle Hinweise also, die wir im Folgenden zu den aus der Schreibprobe abzulesenden Besonderheiten geben, können nur Anregungen sein, wie dem Kind vielleicht geholfen werden kann.
Die gleichen Kategorien können übrigens auf jeden Kindertext angewendet werden. Nicht selten treten in einem Wort mehr als eines der unten beschriebenen Phänomene auf.

*1. Das Kind schreibt nichts oder eine sinnlose Buchstabenfolge (s. o.).*

Auf diese Beobachtung kann bei vermuteten Ursachen a) und b) nur pädagogisch reagiert werden.

Bei c) und d) ist dem Kind schon durch eine veränderte Lehrerinstruktion geholfen.

Kinder, bei denen man die Ursachen e) oder f) vermutet, wird man im Unterricht verstärkt beim gemeinsamen Verschriften der Wörter beobachten und zum Mitmachen ermutigen. Ein weit fortgeschrittenes Kind könnte als Helfer/Trainer eingesetzt werden. Hilfen bieten auch die interaktiven Übungen über scook.de (s. dazu auch 2.6):

▶ Interaktive Übungen: Modul *Lesen und Schreiben: Wörter*

Bei der vermuteten Ursache e) verweisen wir auf alle Hilfen, die wir in diesem Kapitel unter 5.1 „Auditive Analyse" zur Herausbildung der phonologischen Bewusstheit gegeben haben, und auf die entsprechenden Lernangebote aus den TINTO-Grundübungen.
Darüber hinaus kann genutzt werden:

▶ Interaktive Übungen: Modul *Lesen und Schreiben: Laute/Buchstaben*

Bei der vermuteten Ursache f) kann über das im vorletzten Absatz Gesagte hinaus hilfreich sein:

▶ Interaktive Übungen: Modul *Buchstabenhaus*

*2. Bei vielen Wörtern fehlen Vokale.*

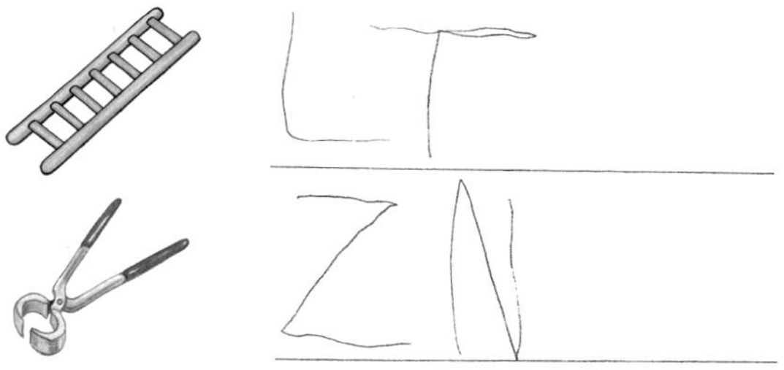


Dem Kind muss bewusst werden, dass in jeder Silbe ein Buchstabe aus dem Dach des Buchstabenhauses auftreten muss. Die Lehrerin wird neben dem Silbenklatschen und -schwingen bevorzugt das Format der Aufgabe 6 aus dem Buchstabenkurs, Teil A, Seite 22, 32, 44 und der Aufgabe 4, Seite 87 oder aus dem Arbeitsheft 1 Schreiben/Lesen, Seite 28 einsetzen (Beispiel *Bruder*: Vokale im Wort rot markieren und zusätzlich in die Silbenbögen eintragen).
Ebenfalls einsetzbar sind die folgenden Kopiervorlagen:

▶ **KV 42, 43, 60**

Außerdem kann genutzt werden:

▶ Interaktive Übungen: Modul *Lesen und Schreiben: Silben*

*3. Stimmhafte und stimmlose Konsonanten sind vertauscht (T ⟷ D, K ⟷ G, P ⟷ B, F ⟷ W).*

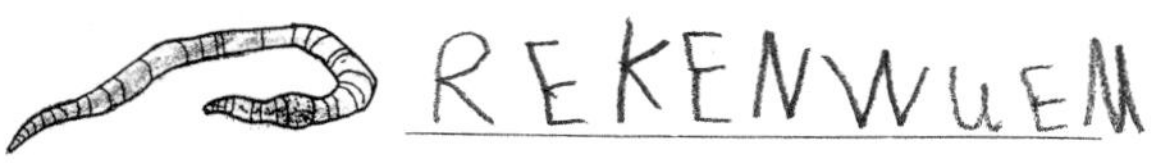


Hier muss zunächst beobachtet werden, ob das Kind diese Laute korrekt spricht. In bestimmten Dialekten wird zwischen stimmhaften und stimmlosen Verschlusslauten nicht unterschieden oder sie werden geradezu gegenteilig gebraucht. Dann kann das Kind über das Abhören nicht zur richtigen Schreibung gelangen. Es muss sich die entsprechenden Stellen merken wie andere Merkwörter, was dann u. U. wieder Auswirkungen auf seine Aussprache hat. Grundsätzlich ist das Problem nur zu lösen, wenn das Kind neben seiner dialektalen Sprachkompetenz auch eine für das Hochdeutsche aufbaut.
Spricht das Kind hingegen die betreffenden Laute korrekt und verwechselt diese Buchstaben dennoch, dann liegt wahrscheinlich eine „Ähnlichkeitshemmung" vor. Diese Kinder sollten ihre „Problembuchstaben" als vergrößerte Buchstaben mit Anlautbild (Buchstaben-Bild-Kombination) auf ihren Tisch kleben und als Routine in ihr Schreibverhalten aufnehmen, jeden geschriebenen Text nach „Problembuchstaben" zu durchsuchen. Innerer Monolog: „Ich wollte *re**d**en* schreiben; der Buchstabe klingt wie der Anfang bei ***D**omino*."

*4. Buchstaben sind richtungsverkehrt geschrieben.*

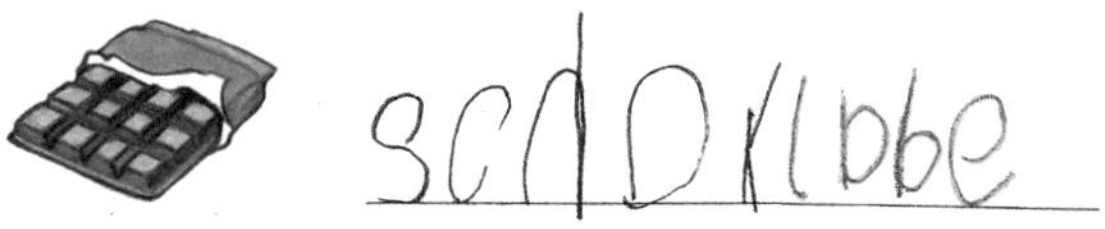

Hier kann trotz anderer Ursache die gleiche Hilfestellung gegeben werden wie bei 3.: „Problembuchstaben" überprüfen, Blick auf die Buchstaben-Bild-Kombination richten. „Richtig, der Bauch schaut in die gleiche Richtung wie auf dem Kärtchen." Mit den Begriffen links und rechts zu arbeiten, hat meist keinen Sinn, weil es sich bei den Kindern häufig um solche handelt, die keine Richtungsdominanz ausbilden konnten, z. B. um umgestellte Linkshänder.
Auf folgenden Kopiervorlagen kann das Kind einzelne Buchstabenformen üben, die manchmal seitenverkehrt geschrieben werden:

- **KV 89** (e), **KV 104** (s), **KV 110** (g), **KV 113** (b), **KV 122** (d), **KV 125** (h), **KV 131** (p), **KV 137** (z)

*5. Die Reihenfolge der Buchstaben ist vertauscht.*

Dieses Phänomen wird in der zur Lese-Rechtschreib-Schwäche erschienenen Literatur häufig beschrieben. Hilfen könnten hier die unter 1 e) und f) angegebenen sein. Besonders zu beachten ist, dass die Wörter mit dem Kind oder der Kindergruppe gemeinsam langsam und genau artikuliert gesprochen werden. Das Silbenklatschen/-schwingen verzögert den Wortablauf und strukturiert ihn. Dem Kind wird geraten, sich immer wieder die Frage zu stellen: „Was habe ich schon geschrieben, was kommt jetzt?"

*6. Buchstaben, die deutlich abhörbar sind, fehlen häufig oder sind durch andere ersetzt.*

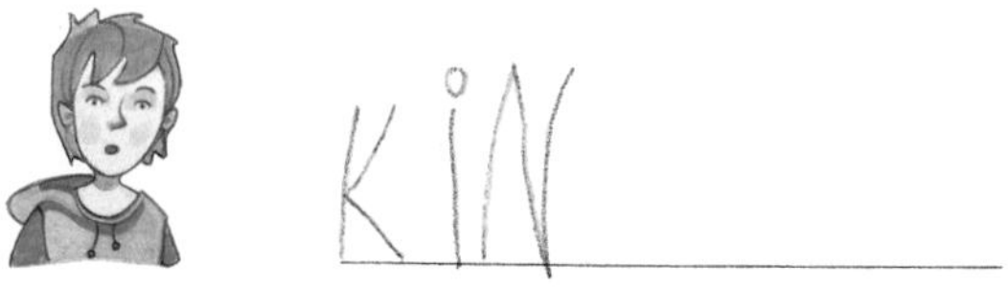

Wiederum können als Förderung die unter 1 e) und f) angegebenen genutzt werden. Außerdem kann genutzt werden:

- Interaktive Übungen: Modul *Lesen und Schreiben: Wörter*

*7. Helle, kurze, offene Vokale (i) und dunkle, kurze, offene Vokale (u) werden durch den ähnlich klingenden „Nachbarvokal" (e bzw. o) ersetzt.*

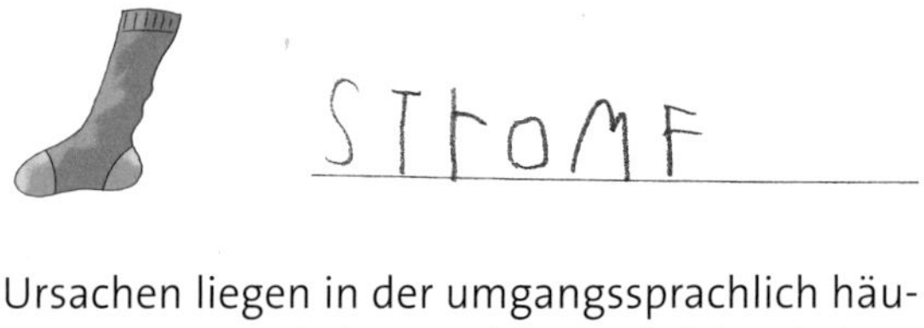


Die Ursachen liegen in der umgangssprachlich häufig ungenauen Artikulation; /i/ und /u/ deutlich zu sprechen, erfordert mehr Anstrengung in der Mundmuskulatur. Das Vorsprechen von Kontrastwörtern durch die Lehrerin (und das Nachsprechen durch das Kind) ist hier eine Hilfe: „Hör mal, heißt es Kent oder Kind? Richtig, es heißt Kind."

Der Einsatz der Sprechbewegungskanons (TINTO-Erstlesebuch, Seite 100/101) hat sich bewährt, um den Kindern Freude am genauen Artikulieren zu vermitteln.
Zum vollständigen Schreiben aller Buchstaben können die Kinder auch mit folgenden KVs angeregt werden:
- ▶ **KV 141, 149, 152, 155, 159**

Außerdem kann genutzt werden:
- ▶ Interaktive Übungen: Modul *Lesen und Schreiben: Wörter*

*8. Buchstaben, die aufgrund der Sprache des Kindes für dieses kaum oder nicht abhörbar sind, fehlen oder sind ersetzt.*

Das Rechtschreibgespür für dieses Phänomen bildet sich erst allmählich aus: Erst wenn das Kind an einer Reihe von Wörtern z. B. die Erfahrung gemacht hat „Immer wenn ich am Ende -a höre, muss ich -er schreiben", kann sich das entsprechende Rechtschreibmuster einstellen – natürlich mit der Konsequenz, dass es nun auch *Om**er*** und *Op**er*** schreibt statt *Om**a*** und *Op**a*** (Übergeneralisierung), bis es wiederum gelernt hat, dass es einige Wörter gibt, bei denen die er-Regelung nicht gilt.
Vereinzelt werden Sie in Schreibproben auch das Wort *Sofer* finden, das in der Regel zeigt, dass die Rechtschreibkompetenz des Kindes schon weit fortgeschritten ist.
Zum vollständigen Schreiben aller Buchstaben können die Kinder auch mit folgenden KVs angeregt werden:
- ▶ **KV 141, 149, 152, 155, 159**

*9. Nach Verschlusslauten fehlt das Murmel-e am Ende der unbetonten Silbe.*

Weil die Verschlusslaute nur gesprochen werden können, wenn der Luftstrom wieder freigegeben wird, hängen wir bei der einzelnen Artikulation einen kurzen e-Laut an. Das Ende von Wörtern wie *Schokolade, Karte, Lupe, Säge* etc. klingt dann wie der isoliert gesprochene Laut und das e wird logischerweise vom Kind nicht geschrieben. Ähnlich wie bei 7. muss das Kind erst häufig die Erfahrung gemacht haben, dass hier ein e notiert werden muss. Die Lehrerin wird bei den gemeinsam zu verschriftenden Wörtern immer wieder solche mit End-e auswählen.

*10. Buchstaben, die nur aufgrund bestimmter Rechtschreibregeln notwendig sind, fehlen oder sind durch solche ersetzt, die lauttreu sind.*

Hilfen: keine, denn das muss ein Kind in Klasse 1 auf keinen Fall können. (Das Wort *Kind* wurde z. B. in die Schreibprobe aufgenommen, um besonders weit fortgeschrittenen Kindern die Gelegenheit zu geben, ihre Rechtschreibkompetenz zu zeigen.) Um keine Missverständnisse aufkommen zu lassen: Das heißt nicht, dass man nicht auch in Klasse 1 Kindern, sobald sie sicher lauttreu schreiben können, gezielt Informationen über besondere orthografische Regelungen geben sollte – vor allem wenn sie danach fragen (s. beispielsweise „Spezialbuchstaben" im Arbeitsheft Schreiben/Lesen und im Buchstabenordner).

Es gibt einen Weg, der ziemlich sicher die Gründe für die besonderen Schwierigkeiten aufdeckt: Das ist die teilhabende Beobachtung des Kindes beim Schreiben, die den Dialog über sein Handeln einschließt (Aneignungsdiagnostik). Man bittet das Kind also, sein Denken bei seinem Verschriftungsversuch zu kommentieren, und fragt evtl. zurück, warum es etwas tut. Dieses Verfahren ist allerdings nur erfolgreich, wenn die Lehrerin eine positive Beziehung zum Kind aufgebaut hat.

Ein Überblick über die gesamte Schriftsprachentwicklung jedes Kindes kann schließlich mit dem „Beobachtungsbogen Schreiben und Lesen" (s. nächste Seite) regelmäßig über das ganze Jahr dokumentiert werden.

Name: Datum:

# Beobachtungsbogen Schreiben und Lesen 1/2

**Name:** **Datum:** **Klasse:** **Schuljahr:** 20 /20

| Herbst | Winter | Ostern | Sommer | Schriftsprachentwicklung | Bemerkungen |
|---|---|---|---|---|---|
| ○ | ○ | ○ | ○ | bildet erste Laute der Wörter durch passende Buchstaben ab | |
| ○ | ○ | ○ | ○ | bildet „Lautskelette“ der Wörter | |
| ○ | ○ | ○ | ○ | schreibt für fast alle Laute im Wort passende Buchstaben auf | |
| ○ | ○ | ○ | ○ | unterscheidet auch ähnlich klingende Buchstaben | |
| ○ | ○ | ○ | ○ | schreibt Wörter lautrein auf | |
| ○ | ○ | ○ | ○ | hält Wortgrenzen ein | |
| ○ | ○ | ○ | ○ | schreibt innerhalb des Wortes klein | |
| ○ | ○ | ○ | ○ | wendet erste Rechtschreibregeln an | |
| ○ | ○ | ○ | ○ | schreibt einige Wörter in freien Texten orthografisch korrekt auf | |
| ○ | ○ | ○ | ○ | bemüht sich um Rechtschreibung: fragt oder schlägt nach | |
| ○ | ○ | ○ | ○ | schreibt häufige Wörter/Lernwörter normgerecht | |
| | | | | **Wortübergreifende Regelung** | |
| ○ | ○ | ○ | ○ | schreibt den Satzanfang groß | |
| ○ | ○ | ○ | ○ | kennzeichnet das Satzende | |
| ○ | ○ | ○ | ○ | schreibt Nomen mit großem Anfangsbuchstaben | |
| | | | | **Strategien und Lerntechnik** | |
| ○ | ○ | ○ | ○ | nutzt Silben als Strukturierungshilfe | |
| ○ | ○ | ○ | ○ | findet verwandte Wörter, nutzt Ableitungen als Schreibhilfe (Baum – Bäume) | |
| ○ | ○ | ○ | ○ | kann kurze und lange Selbstlaute unterscheiden und dies nutzen | |
| ○ | ○ | ○ | ○ | schreibt methodisch sinnvoll ab (in Schritten) | |
| ○ | ○ | ○ | ○ | nutzt die eingeführten Übungsmethoden (Trainingskarte, Partnerdiktat ...) | |
| | | | | **Texte schreiben** | |
| ○ | ○ | ○ | ○ | schreibt einzelne Wörter (z.B. zu Bildern) | |
| ○ | ○ | ○ | ○ | schreibt einzelne Sätze (z.B. zu Bildern) | |
| ○ | ○ | ○ | ○ | schreibt kurze, verständliche Geschichten (z.B. zu Bildern) | |
| ○ | ○ | ○ | ○ | entwickelt selbstständig Schreibideen | |
| ○ | ○ | ○ | ○ | liest das Geschriebene und überprüft die Stimmigkeit | |
| | | | | **Schreibmotorik** | |
| ○ | ○ | ○ | ○ | hält das Schreibgerät sicher und korrekt | |
| ○ | ○ | ○ | ○ | beachtet beim Schreiben von Buchstaben die Größenverhältnisse | |
| ○ | ○ | ○ | ○ | schreibt in gut lesbarer Druckschrift | |
| ○ | ○ | ○ | ○ | schreibt zügig in Druckschrift | |
| | | | | **Lesen** | |
| ○ | ○ | ○ | ○ | kennt die häufig vorkommenden Buchstaben (gelbe „Stockwerke“) sicher | |
| ○ | ○ | ○ | ○ | kennt Umlaute und Diphthonge (rote „Dach“-Buchstaben) sicher | |
| ○ | ○ | ○ | ○ | kennt die Spezialbuchstaben (grüne „Keller“-Buchstaben) sicher | |
| ○ | ○ | ○ | ○ | kennt alle Buchstaben sicher | |
| ○ | ○ | ○ | ○ | verbindet erste Buchstaben beim Lesen | |
| ○ | ○ | ○ | ○ | erliest einfache Wörter lautierend | |
| ○ | ○ | ○ | ○ | kann mehrsilbige Wörter lesen und verstehen | |
| ○ | ○ | ○ | ○ | kann einfache Sätze lesen und verstehen | |
| ○ | ○ | ○ | ○ | kann einfache Texte lesen und verstehen | |
| ○ | ○ | ○ | ○ | kann komplexe Texte lesen und verstehen | |
| ○ | ○ | ○ | ○ | beantwortet Fragen zu einem Text | |
| ○ | ○ | ○ | ○ | kann Arbeitsaufträge verstehen und ausführen | |
| ○ | ○ | ○ | ○ | kann einem Sachtext Informationen entnehmen | |
| ○ | ○ | ○ | ○ | äußert Meinungen zu einem Text | |
| ○ | ○ | ○ | ○ | kann einfache Texte gut verständlich vorlesen | |
| ○ | ○ | ○ | ○ | kann komplexe Texte ansprechend vorlesen | |

Einzelbogen zur Beobachtung des Entwicklungsstandes im Lernbereich Sprache. Nur einen Bogen pro Schuljahr und Kind verwenden.